财务管理与分析研究

张丽庆　单文静　李　鹏　主编

哈尔滨出版社
HARBIN PUBLISHING HOUSE

图书在版编目（CIP）数据

财务管理与分析研究 / 张丽庆，单文静，李鹏主编. — 哈尔滨：哈尔滨出版社，2022.12
ISBN 978-7-5484-6690-1

Ⅰ. ①财… Ⅱ. ①张… ②单… ③李… Ⅲ. ①财务管理—研究 Ⅳ. ①F275

中国版本图书馆CIP数据核字（2022）第154554号

书　　名：财务管理与分析研究
CAIWU GUANLI YU FENXI YANJIU

作　　者：张丽庆　单文静　李　鹏　主编
责任编辑：王利利　韩伟锋
封面设计：张　华
出版发行：哈尔滨出版社（Harbin Publishing House）
社　　址：哈尔滨市香坊区泰山路82-9号　邮编：150090
经　　销：全国新华书店
印　　刷：廊坊市广阳区九洲印刷厂
网　　址：www.hrbcbs.com
E-mail：hrbcbs@yeah.net
编辑版权热线：（0451）87900271　87900272
开　　本：787mm×1092mm　1/16　印张：12.75　字数：280千字
版　　次：2023年1月第1版
印　　次：2023年1月第1次印刷
书　　号：ISBN 978-7-5484-6690-1
定　　价：68.00元

凡购本社图书发现印装错误，请与本社印制部联系调换。
服务热线：（0451）87900279

前　言

　　企业管理对一个企业的发展有不可忽视的作用，是企业在市场竞争中生存下去的关键，而企业的财务管理，对企业有着决定性的影响，是促进企业发展的关键所在，同样是企业进一步发展中应对市场变化的重要保障。对企业财务进行严格的管理，根据企业的发展情况进行具体的资金分配，能够实现企业的进一步扩展和夯实。而企业在实际的财务管理中，经常会出现不同的问题，本书就陈述此类问题并进行一定的改进，提出有效的财务管理方法。

　　企业能否有一个更加全面的发展，与企业管理有密不可分的关系，而就企业管理内容而言，财务管理是重中之重，科学合理的财务管理方法，是企业应对市场变化的基础，是促进企业进一步发展的坚定基石，对提高企业的核心竞争力是至关重要的。就财务管理而言，出现的问题都是简单且又容易但在具体操作中被忽视的问题，而想要解决此类问题，只要稍加注意，就能够避免。

　　企业财务管理对企业管理有不可忽视的作用，因此，在企业发展中，一定要注重对财务管理人员的专业培训，推动员工综合素质的提高，使其为企业发展做出贡献。

　　本书是一本关于财务管理与分析研究的专著，共八章。首先，对财务管理的基础内容和价值观念进行了介绍；其次，对企业财务的运营、筹资、利润等进行分析研究，使读者对整个企业的财务有更多的了解；最后，对财务进行全面的分析，以期为企业的财务管理提供参考。

目 录

第一章 财务管理概论 ... 1
- 第一节 财务管理的基本概念 ... 1
- 第二节 财务管理的目标 ... 4
- 第三节 财务管理的环节 ... 11
- 第四节 财务管理的环境 ... 13

第二章 财务管理的价值观念 ... 17
- 第一节 货币时间价值 ... 17
- 第二节 风险与报酬 ... 19
- 第三节 证券估值 ... 31

第三章 预算编制与方法 ... 41
- 第一节 预算概述 ... 41
- 第二节 预算的编制方法 ... 42
- 第三节 全面预算编制 ... 53

第四章 营运资本管理 ... 55
- 第一节 营运资本管理概述 ... 55
- 第二节 现金管理 ... 60
- 第三节 应收账款管理 ... 65
- 第四节 存货管理 ... 69
- 第五节 流动负债管理 ... 77

第五章 筹资管理 ... 85
- 第一节 企业筹资概述 ... 85
- 第二节 债务筹资 ... 91
- 第三节 股权筹资 ... 100

  第四节 衍生工具筹资 ·· 113

  第五节 资金需要量预测 ·· 117

第六章 利润分配管理 ·· 120

  第一节 利润分配管理概述 ·· 120

  第二节 股利理论 ·· 126

  第三节 股利政策 ·· 130

第七章 资金与项目投资管理 ··· 138

  第一节 资本成本 ·· 138

  第二节 杠杆效应 ·· 147

  第三节 资本结构 ·· 153

  第四节 项目投资 ·· 163

  第五节 财务可行性要素的估算 ··· 167

第八章 财务分析 ·· 170

  第一节 财务分析概述 ·· 170

  第二节 财务能力分析 ·· 174

  第三节 财务综合分析 ·· 181

结 语 ··· 193

参考文献 ··· 194

第一章 财务管理概论

第一节 财务管理的基本概念

一、财务管理的概念

随着商品经济的不断发展，企业生产经营过程的社会化程度和现代化水平不断提高，企业的财务活动也越来越复杂，企业财务管理也经历了一个由单一到复杂、由低级到高级的发展过程，财务管理在企业管理中的地位与作用逐渐显现，并被人们所认识。

财务（Finance），顾名思义是理财的事务，即企业在生产过程中的资金运动及其体现的财务关系。企业的资金运动过程总是与一定的财务活动相联系，或者说，资金运动形式是通过一定的财务活动来实现的。如企业在生产经营过程中运用各种方式、通过不同渠道，筹集一定数量的资金，用于必要的投资和生产经营的各个方面，以获得一定的经济效益，并将其实现的利润对投资者进行合理地分配，保证投资者的合法收益等。企业在进行各项财务活动时，必然要与国家有关行政管理机关、企业所有者（股东）、债权人、债务人和职工等发生经济利益关系，这种关系称为财务关系。

从企业管理角度看，财务管理（Financial Management）是指企业组织财务活动、处理财务关系的一项经济管理工作，它是企业管理的重要组成部分。

二、财务活动

财务活动是指资金的筹集、投放、使用、收回和分配等一系列活动。从整个过程来看，财务活动包括以下四个方面。

1. 筹资活动

筹资活动是指企业为了满足内外部的资金需要，筹集所需资金的过程。在筹资过程中，企业一方面要确定筹资的规模，另一方面还要通过对筹资渠道、筹资方式的选择，合理确定筹资结构，来降低筹资的成本和风险，提高企业价值。

企业可供选择的筹资渠道主要有两种：一是企业权益资金，即企业通过发行股票，吸收直接投资和用留存收益转增资本等方式取得所需资金；二是企业债务资金，企业可以通过向银行借款、发行债券、利用商业信用等方式取得。当然，资金的使用都是有成本的，要付出股利、利息等。

2. 投资活动

企业的投资可以分为广义的投资和狭义的投资两种。广义的投资是指企业将筹集的资金投入使用的过程，包括对内部经营所需的投入和对外部的投放。狭义的投资仅指对外投资。企业在投资过程中，必须考虑投资规模，还要考虑投资的方向和投资的方式。合理的投资结构可以提高投资效益，降低投资风险。

3. 资金营运活动

企业在日常生产经营过程中，要发生一系列的资金收付。企业的营运资金主要是为了满足企业日常营运的需要而垫支的资金，运营资金的周转与生产经营周期具有一致性。在一定时期内，资金周转越快，资金利用效率就越高，就可能生产出更多的产品，取得更多的收入，获得更多的报酬。因此，如何加速资金周转、提高资金使用效率，是财务管理的主要内容之一。

4. 分配活动

企业经营的目的是获取盈利，增加企业价值。企业所取得的盈利在弥补生产经营耗费后，需要在不同利益主体（如股东、债权人、国家等）中进行合理分配。随着分配的进行，资金退出或者留存企业，必然会影响企业的资金运动，这不仅表现在资金运动的规模上，而且表现在资金运动的结构上，如筹资结构。因此，企业应依据财经法规的要求，合理确定分配规模和分配方式，以促进企业的可持续增长。利润分配不仅是资金运动的终点，还是资金运动的起点。

三、财务关系

企业在筹资、投资、营运和分配等财务活动中必然要与有关方面发生广泛的经济关系，企业财务关系是指企业在组织财务活动中与各有关方面发生的经济关系。财务关系的状况反映了企业理财环境的客观状况。如何协调处理好企业与有关方面的财务关系，是财务管理工作的重要内容。在市场经济条件下，企业的财务关系主要有以下几个方面。

1. 企业与政府之间的财务关系

这个关系是指企业要按照税法的规定依法纳税而与国家有关行政管理机关所形成的经济关系。任何企业都必须按照国家税法的规定缴纳各种税款，以保证国家财政收入的实现，及时、足额纳税是企业履行社会义务的表现。企业与国家税务机关之间的财务关系是依法纳税义务和征税权利的关系。

2. 企业与投资者之间的财务关系

这个关系是指企业的投资者向企业投入资金，而企业向其支付投资报酬所形成的经济关系。企业的所有者包括国家、法人单位、个人和外商。企业所有者按投资合同、协议、章程的约定履行其出资义务，以便及时形成企业的资本金，企业运用其进行经营。实现利润后，按出资比例或合同章程的规定向投资者分配利润。企业与投资者之间的财务关系不仅表现在股息、红利的支付上，还表现在财务权利与财务责任上。一般，投资者出资不同，他们承担的责任和享有的权益也不同。一方面，股东以其所拥有的股权大小对企业的运作施以不同程度的影响；另一方面，以其对企业投资额的大小对企业偿债风险承担有限责任。

3. 企业与债权人之间的财务关系

这个关系是指企业向债权人借入资金，并按合同定时支付利息和归还本金所形成的经济关系。企业的债权人包括向企业贷款的银行、非银行金融机构、企业债券的持有者、商业信用的提供者，以及其他向企业拆借资金的单位和个人。企业利用债权人的资金，要按规定的利率及时向债权人支付利息；债务到期时，要合理调度资金，按时向债权人归还本金。企业与债权人之间的财务关系在性质上属于债务与债权的关系。

4. 企业与受资者之间的财务关系

这个关系主要是指企业利用闲置资金，以购买股票或直接投资的形式向其他单位投资所形成的经济关系。它体现的是企业与受资者之间的所有权性质的投资与受资的关系。随着市场经济的不断深入发展，企业经营规模和经营范围的不断扩大，这种关系也会越来越广泛。企业向其他单位投资，应按约定履行出资义务，并据其出资额参与被投资者单位的经营管理和利润分配。

5. 企业与债务人之间的财务关系

这个关系主要是指企业将其资金以购买债券、提供借款或商业信用等形式出借给其他单位所形成的经济关系。这种关系体现的是企业与其债务人之间的债权与债务关系。企业将资金借出后，有权要求其债务人按约定的条件支付利息，归还本金。

6. 企业内部各单位之间的财务关系

这个关系主要是指企业内部资本的结算关系。它表现为两方面：一方面，企业以财务部门为中心，内部各部门、各单位与财务部门之间发生收支结算关系。如企业内部各部门、各单位向财务部门领款、报销及办理收付款业务等，体现了企业内部资本集中管理的要求，有利于企业资金的优化配置。另一方面，在企业内部各部门、各单位实行责任预算和责任考核与评价的情况下，企业内部各责任中心相互提供产品与劳务，应以内部转移价格进行核算，它体现了内部资本分散管理的要求。企业内部这种集中和分散的资本结算关系，体现了企业在生产经营过程中分工与协作的权责关系。

7. 企业与职工之间的财务关系

这个关系主要是指企业向职工支付劳动报酬过程中形成的经济利益关系。企业按照"各尽所能、按劳分配"的原则，主要以货币形式支付职工的劳动报酬，包括工资、补贴、奖金及福利等。企业应本着不断提高职工生活水平的基本要求，正确处理好企业内部积累与消费之间的比例关系，调动广大职工生产经营的积极性与创造性。

第二节 财务管理的目标

企业财务管理目标是指在特定的财务管理活动中，通过组织财务活动，处理财务关系所要达到的目的。企业是指依法设立的以营利为目的的从事生产经营活动的独立核算的经济组织。企业财务管理的目标离不开企业的总目标，并且受财务管理本身特点的制约。企业是在国家宏观政策的调控下，按照市场需求自主组织生产经营，以提高经济效益、劳动生产率和实现保值增值为目的的经济组织。企业财务管理的目标离不开企业的总目标，并受财务管理自身特点的制约。

一、企业的目标及其对财务管理的要求

市场经济中的企业管理的总目标应该是保持长期、稳定的可持续发展，其本质目标就是获利，但是由于环境的影响以及企业发展的制约，在不同的生命周期会有不同的目标。企业一旦成立，就会面临激烈的竞争，在这种条件下，企业必须力争生存下去，生存下去才能获利，只有不断地发展才能生存下去。因此，企业管理的具体目标应该是生存、发展和获利。

企业在市场中生存下去应该具备两个基本条件。

第一，以收抵支。企业成立之初，就筹集了一定数量的资金，企业一方面要支付货币从市场上取得所需的原料；另一方面要向市场提供适销的商品或服务，从市场上换回货币。企业从市场上换回的货币至少应该等于付出的货币，以便维持原有的经营规模。如果从市场上换回的货币，不能满足企业正常的支出，企业日常经营难以为继，直到无法维持最低的运营条件而终止。

第二，到期偿债。企业在成立或经营过程中，为扩大生产规模及经营周转的临时需要，定会举债。在市场经济中到期还债，是债务人义不容辞的义务，也是必须遵守的一项法律。如果企业到期不能偿债，必要时就要破产偿债。

因此企业要想生存下去，就必须实现以收抵支和到期偿债，这两种能力的持续保持才能使企业长期、稳定地生存下去，这是企业生存的目标对企业财务管理提出的本质要求。在市场竞争中，企业不仅要生存，还必须求得发展，企业在不断发展中才能获得生存。在竞争激烈的市场上，各个企业此消彼长，优胜劣汰。如果一个企业不能将产品不断地更新换代，不能提高产品或服务的质量，不能扩大自己的市场份额，就会被其他企业挤垮。企业发展的关键是扩大销售以取得更多的收入，要扩大销售就要扩大生产规模，就必须有足够的资金，企业通过多种渠道、采用多种办法筹集到资金，用于更新改造设备、改进技术和管理。

企业的发展离不开资金，因此企业不断发展的目标要求企业理财人员筹集企业发展所需的资金，这是对财务管理的又一个本质要求。建立企业的目的是盈利。从财务看，盈利就是使资产获得超过其投资的回报，是企业综合能力的体现。企业在经营过程中，要组织资金，运用资金，最大限度地发挥资金的效用。因此，通过合理、有效地使用资金的方式使企业获利是对财务管理最根本的要求。

综上所述，企业的目标是生存、发展和获利。企业的这个目标要求财务管理必须完成资金筹集，并有效地使用资金的任务。

二、企业财务管理的目标

根据现代企业财务理论和管理实践，企业财务管理的目标有多种表达，其中最有代表性的有以下四种观点。

1. 产值最大化的目标

在传统的计划经济体制下，国家对企业下达总产值指标。然后根据企业完成产值计划指标的程度来决定企业管理者的经营业绩、企业福利待遇及职工的个人利益等。如此，企业就必然把总产值最大化作为财务管理的主要目标。在社会主义建设初期，百废待兴，各种商品物资非常匮乏，用这种目标来指导生产，可以在短时间内生产出大量的产品，以满足全国工农业生产和消费的需要。因此，总产值最大化的财务管理目标对于稳定我国成立初期的社会经济生活，保障工业企业的稳定建设和发展、奠定我国国民经济基础以及社会主义建设曾起到过积极的作用。但是随着时代的发展，这一目标的缺陷日益暴露出来，表现为：第一，忽视经济效益。在这一目标的指导下，企业只注重产出，而不考虑投入。有时产出比投入少，出现了亏损，但是增加了产值，企业仍愿意生产，从而造成了经济效益的低下。第二，产品的品种单一，质量低劣。总产值最大化使企业把注意力都集中到数量上而忽视了产品的品种和质量。第三，造成资源的浪费。在总产值最大化目标的支配下，一方面，企业不愿进行技术改造和采用节约资源的集约化经营方式，而是愿意采用容易达到目标的粗放型的经营方式；另一方面，企业只顾一味地增加产值，而不管产品是否能够卖得出去、市场是否需要，造成产销失衡，浪费大量资源，出现了"工业报喜，商业报忧"的不正常现象。

2. 利润最大化的目标

利润最大化目标是指在企业投资收益确定的条件下，通过企业财务管理行为实现企业利润总额的最大值。该观点认为：利润代表着企业新创造的财富，利润越多，则企业财富越多；当每个企业都在努力追求自身利润最大化的同时，也就实现了社会总财富的最大化。利润最大化目标是企业财务管理目标的最早表达，目前越来越受到财务理论界的批评，主要问题是：第一，没有考虑利润取得时间。将不同时期取得的利润看成等效的，缺乏科学性。第二，不具有可比性。利润最大化是一个绝对数，没有考虑获利和投入资本额的关系，不能用于不同规模企业之间的比较。第三，没有考虑风险因素。在静态下，完全忽略了风险的大小来考察利润额的状态，与现实经济生活相脱节，因为一个企业只要从事生产经营活动，风险就时时刻刻伴随着它，完全忽视风险的存在会做出错误的判断。第四，会造成企业的短期行为。在利润最大化目标的驱使下，企业管理者会选择近期获利较多的项目，以提高其经营业绩，而对于那些有利于企业长期发展的项目和近期收益并不显著的项目会选择放弃。因而，利润最大化的财务管理目标并不利于企业的长期可持续发展。

利润最大化目标就是假定在投资预期收益确定的情况下，财务管理行为将朝着有利于企业利润最大化的方向发展。以追逐利润最大化为财务管理的目标，其主要原因有三：第一，人类从事生产经营活动的目的是为了创造更多的剩余产品，在商品经济条件下，剩余产品的多少可以用利润这个价值指标来衡量。第二，在自由竞争的资本市场中，资本的使用权最终属于获利最多的企业。第三，只有每个企业都最大限度地获得利润，整个社会的财富才可能实现最大化，从而带来社会的进步和发展。

在社会主义市场经济条件下，企业作为自主经营的主体，所创利润是企业在一定期间全部收入和全部费用的差额，是按照收入和费用配比原则加以计算的。它不仅可以直接反映企业创造剩余产品的多少，也从一定程度上反映出企业经济效益的高低和对社会贡献的大小。同时，利润是企业补充资本，扩大经营规模的源泉。因此，以利润最大化为理财目标是有一定的道理的。利润最大化目标在实践中存在以下难以解决的问题：

第一，这里的利润是指企业在一定时期实现的税后净利润，它没有考虑资金时间价值。第二，没有反映创造的利润与投入的资本之间的关系。第三，没有考虑风险因素，高额利润往往要承担过大的风险。第四，片面追求利润最大化，可能导致企业的短期行为，与企业发展的战略目标相背离。

3. 每股收益最大化的目标

每股收益最大化是公司制企业的财务管理目标。每股收益是收益额与普通股的相对数，把企业的利润与股东投入的资本联系起来考察，有利于不同规模企业之间的比较，可以避免"利润最大化目标""无可比性"的缺点，但也有一定的问题，主要是：

第一，没有考虑每股盈余的风险。作为企业可以利用负债资本进行生产经营，从而减少普通股数，增加每股收益，但负债经营有着较大的风险。

第二，仍然没有考虑每股盈余取得的时间性，将不同时点上的每股盈余看成等效的，缺乏合理性。

所有者作为企业的投资者，其投资目标是取得资本收益，具体表现为净利润与出资额或股份数（普通股）的对比关系，这种关系可以用每股收益这一指标来反映。每股收益是指归属于普通股股东的净利润与发行在外的普通股股数的比值，它的大小反映了投资者投入资本获得回报的能力。每股收益最大化的目标将企业实现的利润连同投入的资本或股本数进行对比，能够说明企业的盈利水平，可以在不同资本规模的企业或同一企业不同期间进行比较，揭示其盈利水平的差异。与利润最大化目标一样，该指标仍然没有考虑资金时间价值和风险因素，也不能避免企业的短期行为，可能会导致与企业的战略目标相背离。

投资者建立企业的重要目的，在于创造尽可能多的财富。这种财富首先表现为企业的价值。企业价值就是企业的市场价值，是企业所能创造的预计未来现金流量的现值，反映了企业潜在的或预期的获利能力和成长能力。未来现金流量的现值这一概念，包含资金的时间价值和风险价值两个方面的因素。

由于企业未来收益的不确定性，企业价值很难用该公式衡量，而只能是理论公式。对于股份公司来说，股票价格被认为是企业各方面因素共同作用的结果，可以用来衡量企业价值的大小。以企业价值最大化作为财务管理的目标，其优点主要表现在：

第一，该目标考虑了资金的时间价值和风险价值，有利于统筹安排长期或短期规划、合理选择投资方案，有效筹措资金、合理制订股利政策等。

第二，该目标反映了对企业资产保值增值的要求。从某种意义上说，股东财富越多，企业市场价值就越大，追求股东财富最大化的结果可促使企业资产保值或增值。

第三，该目标有利于克服管理上的片面性和短期行为。

第四，该目标有利于社会资源合理配置。社会资金通常投向企业价值最大化或股东财富最大化的企业或行业，有利于实现社会效益最大化。

以企业价值最大化作为财务管理的目标也存在以下问题：

第一，企业的价值过于理论化，不易操作。

第二，对于非股票上市企业，只有对企业进行专门的评估才能真正确定其价值。

而在评估企业的资产时，由于受评估标准和评估方式的影响，这种估价不易做到客观和准确，这也导致企业价值确定的困难。

4. 股东财富最大化的目标

股东财富最大化也是公有制企业，尤其是上市公司财务管理追逐的目标。投资者总是希望自身的财富越多越好，企业的所有者在共同追求自身企业财富最大化这种观点认为：股票的市场价格代表了股东财富的多少，因此，也可以说股东财富最大化就是每股市价的最大化。这种观点认为影响每股市价的主要因素如下：

（1）每股利润或股东投资报酬率

投资报酬率，是指公司的税后净利润与流通在外的普通股股数的比值。衡量股东财富多少的尺度应该是每股利润或者股东投资报酬率，而不是税后净利润，因为股东投资报酬率的高低直接影响着股东财富的多少。

（2）风险与收益

每项投资都是面向未来的，影响项目的各种未来因素是不确定的（有风险的），所以不能只考虑每股利润，不考虑风险。例如，一个投资项目每股利润较低，但几乎没有风险；另一个投资项目每股利润较高，但有一定的风险。在财务决策时，要看风险大的方案成功概率是否能超过50%，若能超过也就是可取的，因为风险与收益相均衡的原理告诉人们：冒了高风险就应该获得高报酬。

（3）资本结构与财务风险

资本结构是指在企业资本总额中所有者权益资本和负债资本的比例关系。两大资本的比例关系会影响企业的报酬率和风险。比如在利息率低于投资报酬率的情况下，可以扩大举债金额，利用财务杠杆原理提高企业的每股利润或自有资本利润率，但是，同时也加大了企业的财务风险，因为一旦资不抵债，会导致企业破产。

（4）股利政策与企业留利

股利政策是指在企业获得的当期盈余中，有多少作为股利发放给股东，有多少保留下来作为企业再投资使用。前者是股东的眼前利益，后者是企业的长远利益。例如，当企业采用高股利政策时，较高的现金股利收益会刺激投资者的积极性，导致股票市价上涨。因此股利政策会影响企业报酬率和风险，影响股票市价的变化。

在现在企业是多边契约关系总和的前提下，要确立科学的财务管理目标首先就要考虑哪些利益关系会对企业发展产生影响。在市场经济条件下，企业的理财主体更加细化和多元化。企业的利益相关者应当包括股东、债权人、企业经营者、商品购买者、原材料供应商、企业员工、政府等。因此，在确定企业财务目标时，不能忽视这些相关利益群体的利益。相关者利益最大化目标的具体内容包括如下几个方面。

1）强调风险与报酬的均衡，将风险限制在企业可以承受的范围内。

2）强调股东的首要地位，并强调企业与股东之间的协调关系。

3）强调对代理人，即企业经营者的监督和控制，建立有效的激励机制以便企业战略目标的顺利实施。

4）关心本企业一般职工的利益，创造优美和谐的工作环境和合理恰当的福利待遇，鼓励职工长期努力地为企业工作。

5）不断加强与债务人的关系，培养可靠的资金供应者。

6）关心客户的长期效益，以便保持销售收入的长期稳定增长。

7）加强与供应商的协作，共同面对市场竞争，并注重企业形象的宣传，遵守承诺，讲究信誉。

8）保持与政府部门的良好关系。

相关者利益最大化作为财务管理目标，具有以下优点。

1）有利于企业的长期稳定发展。

2）体现了共赢的价值理念，有利于实现企业经济效益和社会效益的统一。

3）这一目标本身是一个多元化、多层次的目标体系，较好地兼顾了各利益主体的利益。

4）体现了前瞻性和可操作性的统一。

正因为如此，相关者利益最大化是现代企业财务管理的理想目标。企业应在相关者利益最大化的基础上，确立现代企业财务管理的理论体系和方法体系，并在企业实际工作中，围绕这个目标开展各项生产经营活动。一般情况下，人们认为股东承担了企业的绝大部分风险，因而也应该享受企业的绝大部分经营利润；同时，他们的风险与收益并存，承担了高风险，就应该获得高收益。但是，在现实经济生活中，企业及其所处的环境已经发生了翻天覆地的变化，债权人、企业职工、国家等相关的利益关系人所承担的风险越来越大，这已经是人们的共识，因而财务管理的目标如果继续片面地过分强调股东利益则是不合适的；再者，由于股票市价经常处于波动之中，有时很难真正反映企业的价值；另外，非上市公司的企业价值不好确定。在这种情况下，一般认为企业价值的最大化是财务管理的最优目标。这个目标充分考虑了企业各方面的利益关系和企业各个利益集团的利益，是很合适的，也更科学合理。

5. 企业价值最大化的目标

企业价值最大化是指通过企业财务上的合理经营，采用最优的财务决策，充分考虑资金的时间价值和风险报酬的关系，在保证企业长期稳定发展的基础上使企业总价值达到最大。

主张将企业价值最大化作为财务管理目标的观点认为，这个目标具有许多优点，主要表现在以下这些方面：

第一，考虑了取得报酬的时间，采用时间价值的原理进行计算。

第二，科学地考虑了风险与报酬的关系。

第三，能够克服企业决策的短期行为。

第四，全面考虑了企业各利益关系人的利益，有利于企业的长远发展和健康成长。

第五，更符合中国的实际情况。

中国作为社会主义国家，更强调职工的利益与权利，强调社会财富的积累，强调协调各方利益关系，实现共同发展和共同富裕。所以，以企业价值最大化作为财务管理的目标更符合中国的特点。

企业财务管理的目的就在于衡量企业风险与报酬的对比关系，权衡企业的得与失，从而实现企业价值的最大化。因此说，企业价值最大化的财务管理目标，体现了对经济效益的深层次认识，它是现代财务管理的最优目标。在它的基础上，才能确立企业财务管理的理论体系与方法体系。

三、不同利益主体财务管理目标的矛盾与协调

企业从事财务管理活动，必然发生企业与各个方面的经济利益关系，在企业财务关系中最为重要的关系是所有者、经营者、债权人之间的关系。企业必须处理好、协调好三者之间的矛盾与利益关系。

1. 所有者与经营者的矛盾与协调

企业是所有者的企业，企业价值最大化代表了所有者的利益。现代公司制企业所有权与经营权完全分离，经营者不持有公司股票或部分持有股票，其经营的积极性就会降低，因为经营者拼命干的所得不能全部归自己所有。经营者与所有者的主要矛盾就是经营者希

望在提高企业价值和股东财富的同时，能更多地增加享受成本，而所有者和股东则希望以最小的享受成本支出带来更高的企业价值和股东财富。解决这一矛盾主要采取让经营者的报酬与绩效相联系的办法，并辅之以一定的监督措施。主要的措施有以下三种。

（1）解聘

这是一种通过所有者约束经营者的办法。所有者对经营者予以监督，如果经营者未能使企业价值达到最大，就解聘经营者，经营者害怕被解聘而被迫实现财务管理目标。

（2）接收

这是一种通过市场约束经营者的办法。如果经营者的经营决策失误，经营不力，未能采取一切有效措施使企业价值提高，该公司就可能被其他公司强行接收或并吞，相应经营者也会被解聘。为此，经营者为了避免这种接收，必须采取一切措施提高股东财富和企业价值。

（3）激励

激励是将经营者的报酬与其绩效挂钩，以使经营者自觉采取能提高股东财富和企业价值的措施。其通常有两种基本方式：

1)"股票期权"的方式。它是允许经营者以固定的价格购买一定数量的公司股票，当股票的市场价格高于固定价格时，经营者所得的报酬就越多，经营者为了获得更大的股票涨价益处，必然主动采取能够提高股票的行动。

2)"绩效股"形式。它是指公司运用每股收益、净资产收益率等指标来评价经营者的业绩，视其业绩大小给予经营者数量不等的股票作为报酬。如果公司经营业绩未能达到规定目标，经营者将部分丧失原先持有的"绩效股"。这种方式使经营者不仅为了多得"绩效股"而不断采取措施提高公司的经营业绩，而且为了使每股市价最大化，也采取各种措施使股票市价稳定上升，从而增加股东财富和企业价值。

2.所有者与债权人的矛盾与协调

所有者的财务目标可能与债权人期望实现的目标发生矛盾。首先，这可能要求经营者改变举债资金的原定用途，将其用于风险更高的项目，这会增大偿债的风险，债权人的负债价值也必然会实际降低。如若高风险的项目一旦成功，额外的利润就会被所有者独享，但若失败，债权人却要与所有者共同负担由此造成的损失，这对债权人来说风险与收益是不对称的。其次，所有者或股东可能未征得现有债权人同意，而要求经营者发行新债券或举借新债，致使旧债券或老债券的价值降低（因为相应的偿债风险增加）。

为协调所有者与债权人的上述矛盾，通常可采用以下方式：

第一，限制性借债，即在借款合同中加入某些限制性条款，如规定借款的用途及借款的担保条款和借款的信用条件等。

第二，收回借款或停止借款，即当债权人发现公司有侵蚀其债权价值的意图时，采取收回债权和不给予公司增加放款，从而来保护自身的权益。除债权人外，与企业经营者有关的各方面都与企业有合同关系。企业经营者若侵犯雇员、客户、供应商和所在社区的利益，都将影响企业目标的实现。所以说企业是在一系列限制条件下实现企业价值最大化的。

第三节 财务管理的环节

财务管理的环节包括财务预测、财务决策、财务预算、财务控制和财务分析等。这也是财务管理的工作步骤与一般程序，是企业为了达到财务目标而对财务环境发展变化所做的能动反应，也可以称为财务管理的职责和功能。

1. 财务预测

财务预测是根据企业财务活动的历史资料，考虑现实的要求和条件，对企业未来的财务活动做出较为具体的预计和测算的过程。财务预测可以测算各项生产经营方案的经济效益，为决策提供可靠的依据；可以预计财务收支的发展变化情况，以确定经营目标；可以测算各项定额和标准，为编制计划、分解计划指标服务。

财务预测工作包括以下几方面内容：（1）明确预测的对象和目的；（2）搜集和整理有关信息资料；（3）选定预测方法，利用预测模型进行测算。

财务预测的方法主要有定性预测和定量预测两类。定性预测法是利用直观材料，依靠个人的主观判断和综合分析能力，对事物未来的状况和趋势做出预测的一种方法。这种方法一般在企业缺乏完备、准确的历史资料的情况下采用。定量预测法是根据变量之间存在的数量关系建立数学模型来进行预测的一种方法。这种方法是在掌握大量历史数据的基础上进行预测的。定量预测法又分为趋势预测法和因果预测法。

定性预测法和定量预测法各有优缺点，实际工作中可把两者结合起来运用，既进行定性分析，又进行定量分析。

2. 财务决策

财务决策是财务人员在财务管理目标的总体要求下，从若干个可选择的财务方案中选出最优方案的过程。财务决策是财务管理的中心环节，决策的好坏直接影响着企业的生存和发展。在财务决策中，应深入调查，寻找做出决策的条件和依据，根据一定的价值标准评选方案。

财务决策的方法主要有对比优选法、数学微分法、线性规划法、概率决策法及损益决策法等。

（1）对比优选法是通过比较不同方案的经济效益进行选优的决策方法。对比优选法是财务决策的基本方法。根据对比方式的不同，可分为总量对比法、差量对比法和指标对比法等。

（2）数学微分法是运用数学微分的原理，对具有曲线关系的极值问题进行求解并确定最优方案的决策方法。在决策中，最佳现金余额决策、最佳资本结构决策和存货的经济批量决策适用此方法。

（3）线性规划法是根据运筹学的原理，对具有线性关系的极值问题进行求解并确定最优方案的决策方法。这种方法可以帮助管理人员合理组织人力、物力和财力。

（4）概率决策法是通过方案的各种可能结果及其发生的概率，计算期望值和标准差与标准离差率，并进行最优决策的方法。这种方法适用于风险型决策。

（5）损益决策法是指未来情况很不清楚，只能预测可能出现的结果，而且出现这种结果的概率也无法确切地进行估计的决策。常用的方法有最大最小后悔值法、小中取大法和大中取大法等。这种方法适用于不确定型决策。

3. 财务预算

财务预算是根据财务战略、财务计划和各种预测信息，确定预算期内各种预算指标的过程。它是财务战略的具体化，是财务计划的分解和落实。

财务预算一般包括以下内容：（1）分析财务环境，确定预算指标；（2）协调财务能力，组织综合平衡；（3）选择预算方法、编制财务预算。

财务预算的方法通常包括固定预算与弹性预算、增量预算与零基预算、定期预算和滚动预算等。

4. 财务控制

财务控制是根据企业财务预算目标、财务制度和国家有关法规，对实际（或预计）的财务活动进行对比、检查，发现偏差并及时纠正，使之符合财务目标与制度要求的管理过程。通过财务控制，能使财务计划与财务制度对财务活动发挥规范与组织作用，使资金占用与费用水平控制在预定目标的范围之内，保证企业经济效益的提高。

财务控制要适应定量化的控制需要，其主要内容包括以下三个方面：（1）制订控制标准，分解落实责任；（2）实施追踪控制，及时调整误差；（3）分析执行差异，搞好考核奖惩。

财务控制的方式多种多样。按控制时间的不同，可分为事前控制、事中控制和事后控制；按控制的具体方式的不同，可分为定额控制、预算控制和开支标准控制；按控制指标的不同，可分为绝对数控制和相对数控制。财务控制必须根据财务活动的不同情况，分别采取不同的控制方式，才能收到良好的效果。

5. 财务分析

财务分析是以财务的实际和计划资料为依据，结合业务经营活动情况，对造成财务偏差的主观和客观因素进行揭示，并测定各影响因素对分析对象的影响程度，提出纠正偏差对策的过程。通过财务分析，可以深入了解和评价企业的财务状况、经营成果，掌握企业各项财务预算指标的完成情况，查找管理中存在的问题并提出解决问题的对策。财务分析的主要内容包括以下四个方面：（1）占有资料，掌握信息；（2）指标对比，揭示问题；（3）分析原因，明确责任；（4）提出措施，改进工作。

财务分析常用的方法主要有对比分析法、比率分析法和综合分析法等。对比分析法是通过对有关指标进行比较来分析财务状况的方法。比率分析法是将相互联系的财务指标进行对比，以形成财务比率，用来分析和评价企业财务状况和经营成果的方法。综合分析法是结合多种财务指标，综合考虑影响企业财务状况和经营成果的各种因素的分析方法。

第四节 财务管理的环境

一、经济环境

经济环境是指影响那些对企业财务活动的各种经济因素，如经济发展水平、经济周期、通货膨胀、政府的经济政策等。

1. 经济发展水平

经济发展水平制约并决定着财务管理水平的高低，经济越发达，财务管理水平也越高。同时，在不同的经济发展水平下，财务管理的内涵和要求也有较大差异。随着中国经济的高速发展，企业财务管理水平日益增高，财务管理内容也更加丰富，方法也更加多样化。因此，企业财务管理工作者必须积极探索与经济发展水平相适应的财务管理模式。

2. 经济周期

市场经济总是在周期性波动中运行，并依次经历萧条、复苏、繁荣和衰退四个不同阶段，这就是经济周期。而在不同阶段企业理财的方法、原则、具体措施等都会有很大差异。例如，在繁荣阶段企业一般会增加投资，扩大生产；而在萧条时期通常会收缩投资，加速资金回笼。

另外，作为一个高水平的理财人员，要对经济的周期性波动做出预测，并适度调整理财策略和方法。

3. 通货膨胀

通货膨胀是指流通中的货币供应量超过商品流通所需量而引起价格普遍和持续上升的一种经济现象。通货膨胀会引起商品价格不断上升，货币贬值，严重影响企业经济活动，为解决成本上升、商品滞销、企业资金周转困难。成本补偿不足、虚盈实亏、企业资金流失等，企业必须采用积极主动的措施来减少通货膨胀所造成的负面影响，如使用套期保值、签订长期合同等办法。

4. 政府的经济政策

我国经济体制改革的目标是建立社会主义市场经济体制，以进一步解放和发展生产力。在这个总目标的指导下，我国正在进行财税体制、金融体制、外汇体制、外贸体制、计划体制、价格体制、投资体制、社会保障制度、会计准则体系等各项改革。所有这些改革措施，深刻地影响着我国的经济生活，也深刻地影响着我国企业的发展和财务活动的运行。如金融政策中货币的发行量、信贷规模都能影响企业投资的资金来源和投资的预期收益；财税政策会影响企业的资金结构和投资项目的选择等；价格政策能影响资金的投向和投资的回收期及预期收益；会计准则的改革会影响会计要素的确认和计量，进而对企业财务活动的事前预测、决策以及事后的评价产生影响等。可见，经济政策对企业财务的影响是非常大的，这就要求企业财务人员必须把握经济政策，更好地为企业的经营理财活动服务。

二、法律环境

法律环境对企业的影响是多方面的，影响范围包括企业组织形式、公司治理结构、投融资活动、日常经营、收益分配等。公司法规定，企业可以采用独资、合伙、公司制等企业组织形式。企业组织形式不同，业主（股东）权利责任、企业投融资、收益分配、纳税、信息披露等不同，公司实力结构也就不同。影响企业理财活动的法律规范很多，主要包括以下三个方面。

1. 企业组织法规

企业组织必须依法设立。企业通过依法设立，才能取得相应的法人地位，获得合法身份，得到国家法律的认可和保护。组建不同的企业，需要依照不同的法律规范。中国的企业组织法律规范主要包括公司法、全民所有制工业企业法、个人独资企业法、中外合资经营企业法、外资企业法等。这些法律法规对各种不同类型企业设立、组织结构、活动需求等方面分别做出了细致全面的规定，既是企业的组织法，又是企业的行为法，企业除筹资、设立以外，投资经营以及变更或终止等经营活动都必须依法进行，否则就要受到法律的制裁。

2. 税务法规

企业应依法纳税。税收是国家财政收入的重要保证，但税金对企业来说是一项费用，会增大企业的现金流出。因此，税务法规对企业理财活动有着重要的影响。税务法规主要包括所得税的法规、流转税的法规和其他地方税的法规等内容。精通税法，对企业财务管理人员来说有着重要意义。财务管理人员首先必须保证遵守税收法规的规定，履行纳税义务，避免偷税漏税。在此前提下，可以通过分析和研究税收政策及其变动对企业产生的影响，做出精心的安排和筹划，使企业合理地减少税负，从而保持良好的财务状况。企业的财务管理人员在决策时，应将税务法规因素作为一个重要的参数加以考虑。

三、金融环境

企业需要资金从事投资和经营活动，而资金的取得，除了自有资金外，主要从金融机构和金融市场取得。金融政策的变化会影响企业的筹资、投资和资金运营活动。所以，金融环境是企业最为主要的环境因素之一。财务管理的金融环境，主要包括金融机构、金融工具、金融市场和利率四个方面。

1. 金融机构

金融机构包括银行金融机构和其他金融机构。银行金融机构主要包括各种商业银行和政策性银行。商业银行，包括国有商业银行（如中国工商银行、中国农业银行、中国银行和中国建设银行）和其他商业银行（如交通银行、广东发展银行、招商银行、光大银行等）；国家政策性银行主要包括中国进出口银行、国家开发银行等。其他金融机构包括金融资产管理公司、信托投资公司、财务公司和金融租赁公司等。

2. 金融工具

金融工具是能够证明债权债务关系或所有权关系，并据以进行货币资金交易的合法凭证，它对于交易双方所应承担的义务与享有的权利均具有法律效力。金融工具一般具有期限性、流动性、风险性和收益性等四个基本特征：第一，期限性是指金融工具一般规定偿还期，也就是规定债务人必须全部归还本金之前所经历的时间。第二，流动性是指金融工具在必要时迅速转变为现金而不致遭受损失的能力。第三，风险性是指购买金融工具的本金和预定收益遭受损失的可能性，它一般包括信用风险和市场两个方面。第四，收益性是指持有金融工具所能够带来的一定收益。金融工具若按期限不同可分为货币市场工具和资本市场工具，前者主要有商业票据、国库券（国债）、可转让大额定期存单、回购协议等，后者主要是股票和债券等。

3. 金融市场

金融市场是指资金供应者和资金需求者双方通过金融工具进行交易的场所。从企业财务管理角度来看，金融市场作为资金融通的场所，是企业向社会筹集资金必不可少的条件。财务管理人员必须熟悉金融市场的各种类型和管理规则，有效地利用金融市场来组织资金的筹措和进行资本投资等活动。金融市场的要素主要有市场主体、金融工具、交易价格和组织形式。

金融市场按不同的标准有不同的分类：第一，按期限划分为短期金融市场和长期金融市场。短期金融市场又称货币市场，是指以期限一年以内的金融工具为媒介，进行短期资金融通的市场。长期金融市场是指以期限一年以上的金融工具为媒介，进行长期性资金交易活动的市场，又称资本市场。第二，按证券交易的方式和次数分为初级市场和次级市场。初级市场，也称一级市场或发行市场，是指新发行证券的市场，这类市场使预先存在的资产交易成为可能。次级市场，也称二级市场或流通市场，是指现有金融资产的交易场所。初级市场我们可以理解为"新货市场"，次级市场我们可以理解为"旧市场"。第三，按金融工具的属性分为基础性金融市场和金融衍生品市场。

除上述分类外，金融市场还可以按交割方式分为现货市场、期货市场和期权市场；按交易对象分为拍卖局市场、证券市场、衍生工具市场、外汇市场、黄金市场等；按交易双方在地理上的距离而划分为地方性的、全国性的、区域性的金融市场和国际金融市场。

4. 利率

利率也称利息率，是利息占本金的百分比指标。从资金的借贷关系看，利率是一定时期内运用资金资源的交易价格。资金作为一种特殊商品,以利率为价格标准的融通,实质上是资源通过利率实行的再分配,因此利率在资金分配及企业财务决策中起着重要作用。利率可按照不同的标准进行分类:第一,按利率之间的变动关系,分为基准利率和套算利率。第二,按利率与市场资金供求情况的关系,分为固定利率和浮动利率。第三,按利率形成机制不同,分为市场利率和法定利率。就如任何商品的价格均由供应和需求两方面来决定一样,这种特殊商品的价格利率,也主要由供应与需求来决定。但除这两个因素外,经济周期、通货膨胀、国家货币政策和财政政策、国际经济政治关系、国家利率管理制度等,对利率的变动均有不同程度的影响。因此,资金的利率通常由三部分组成:纯利率、通货膨胀补偿率（或称通货膨胀贴水）、风险利率。利率的一般计算公式可表示为:

利率 = 纯利率 + 通货膨胀补偿率 + 风险收益率

纯利率是指没有风险和通货膨胀情况下的社会平均资金利润率;通货膨胀补偿率是指由于持续的通货膨胀会不断降低货币的实际购买力,为补偿其购买力损失而要求提高的利率;风险收益率包括违约风险收益率、流动性风险收益率和期限风险收益率。其中,违约风险收益率是指为了弥补因债务人无法按时还本付息而带来的风险,由债权人要求提高的利率;流动性风险收益率是指为了弥补因债务人资产流动性不好而带来的风险,由债权人要求提高的利率;期限风险收益率是指为了弥补因偿债期长而带来的风险,由债权人要求提高的利率。

四、技术环境

财务管理的技术环境,是指财务管理得以实现的技术手段和技术条件,它决定着财务管理的效果。目前,我国进行财务管理所依据的会计信息是通过会计系统所提供的,占企业经济信息总量的60%~70%。在企业内部,会计信息主要是提供给管理层决策使用;而在企业外部,会计信息则主要是为企业的投资者、债权人等提供服务。目前,我国正全面推进会计信息化工作,力争通过5~10年的努力,建立健全会计信息化法规体系和会计信息化标准体系（包括可扩展商业报告语言分类标准）,全力打造会计信息化人才队伍,基本实现大型企事业单位会计信息化与经营管理信息化的融合,进一步提升企事业单位的管理水平和风险防范能力,做到资源共享,便于不同信息使用者获取、分析和利用,进行投资和相关决策,基本实现大型会计师事务所采用信息化手段对客户的财务报告和内部控制进行审计,进一步提升社会审计质量和效率;基本实现政府会计管理和会计监督的信息化,进一步提升会计管理水平和监管效能。通过全面推进会计信息化工作,使我国的会计信息化达到或接近世界先进水平。我国企业会计信息化的全面推进,必将促使企业财务管理的技术环境进一步完善和优化。

第二章 财务管理的价值观念

在企业管理当中，应该给予财务管理极为高度的重视，只有在经济的推动下才能保证其他各项管理有序稳定进行。本章对现有经济体制下的财务管理价值做了简单的分析，并基于实际情况对财务管理当中的价值观念做了详细的阐述。

第一节 货币时间价值

一、货币时间价值的概念

货币时间价值，是指货币经历一定时间的投资和再投资所增加的价值。在商品经济中，有这样一种现象，即现在的1元钱和1年后的1元钱其经济价值不相等，或者说其经济效用不同。现在的1元钱，比1年后的1元钱的经济价值要大一些，即使不存在通货膨胀也是如此。为什么会这样呢？例如，将现在的1元钱存入银行，1年后可得到1.10元（假设存款利率为10%）。这1元钱经过1年时间的投资增加了0.10元，这就是货币的时间价值。

任何企业的财务活动都是在特定的时空中进行的。货币的时间价值原理正确地揭示了在不同时点上资金之间的换算关系。货币投入生产经营过程后，其金额随时间的流动不断增长，这是一种客观的经济现象。企业资金循环的起点是投入货币资金，企业用它来购买所需的资源，然后生产出新的产品，产品出售时得到的货币量大于最初投入的货币量。资金的循环及因此实现的货币增值，需要或多或少的时间，每完成一次循环，货币就增加一定金额，周转的次数越多，增值额也越大。因此，随着时间的延续，货币总量在循环中按几何级数增长，形成了货币的时间价值。

需要注意的是，将货币作为资本投入生产过程所获得的价值增加并不全是货币的时间价值。这是因为，所有的经营都不可避免地具有风险，而投资者承担风险也要获得相应的报酬，此外，通货膨胀也会影响货币的实际购买力。

因此，对所投资项目的报酬率也会产生影响。资金的供应者在通货膨胀的情况下，必然要求索取更高的报酬以补偿其购买力损失，这部分补偿称为通货膨胀贴水。可见，货币在经营过程中产生的报酬不仅包括时间价值，还包括货币资金提供者要求的风险报酬和通货膨胀贴水。因此，笔者认为，时间价值是扣除风险报酬和通货膨胀贴水后的真实报酬率。

货币的时间价值有两种表现形式：相对数形式和绝对数形式。相对数形式，即货币时间价值率，是指扣除风险报酬和通货膨胀贴水后的平均资金利润率或平均报酬率；绝对数形式，即时间价值额，是指资金与时间价值率的乘积。时间价值虽有两种表示方法，但在实际工作中并不进行严格的区分。因此，在述及货币时间价值的时候，有时用绝对数，有时用相对数。

银行存款利率、贷款利率、各种债券利率、股票的股利率都可以看作投资报酬率，它们与时间价值都是有区别的，只有在没有风险和通货膨胀的情况下，时间价值才与上述各报酬率相等。

货币的世界价值与货币的信用扩张过程和货币的分配及使用方式有关，主要表现在四个方面，一是货币自身随着时间流动发生的贬值或升值，即通胀和通缩的过程；二是货币放在不同时间使用的价值不同；三是货币的时间价值表现为机会成本；四是货币用于投资理财，生产活动过程中创造的新的价值。

二、货币的通胀和通缩

货币的通胀和通缩过程，其实就是货币随着时间流动贬值和升值的过程。从货币的供需角度看，我们向市场投放的信用货币增加，超过了市场真实的需求，随着时间的流逝，货币流通起来，就会带来通胀，使得钱不值钱、货币贬值。而如果我们回收投入市场的货币，使得货币紧缺不足，随着时间的流逝带来的就是货币价值上升，钱变得值钱，信贷市场进入一个紧缩的状态。

货币的信用扩张和收缩，随着时间的流逝，使得自身的价值发生变化，这就是货币时间价值的一个表现形式。

三、货币的使用时间和机会成本

货币的时间价值表现在使用时间的不同。货币随着时间流逝会带来通胀和通缩，这个过程伴随着货币价值变化，而这也意味着信用扩张过程中，现在使用的钱和未来使用的钱价值是不一样的。货币信用扩张使得货币资本化，而资本是对货币的预估价值的贴现，贴现就是把手里暂时不用的钱在未来的某个时间点投放到市场中，给他人使用，而自身可以通过放出货币使用权而得到一定的回报。举个例子，我们买房钱不够，凑了首付，再从信贷市场借来一笔钱，然后买下了房子，分期还房贷，最后你会发现除了偿还本金，还需要支付大量利息，甚至利息超过了房子的本来价值，这里面其实就是货币的时间价值，现在的100万和30年后的100万不是一个价值，需要进行贴现补偿才能弥补时间价值的部分的损失。

在经济学的定义里，我们把机会成本叫作放弃了的最大代价，也可以理解为，做了这件事情而放弃另一件事情的代价。货币的时间价值的另一个表现就是机会成本，在当下的这个时间点，我们用手里的货币消费和投资了某个项目，就会失去拿这笔钱去做其他投资的机会，也就意味着会损失，需要进行补偿，货币的时间价值和机会成本，就是一个硬币的两面。

四、货币的投资再创造

货币的时间价值来自信贷扩张和收缩的一个过程，这个过程中，我们通过信用扩张，产生了购买力。货币从零到一的这个过程，也就伴随着一个生产创造的过程，我们通过信用扩张赋予了市场购买力，当我们拿着这个购买力投资、消费、生产的时候，会创造出新的价值，这个价值是货币随着时间流动带来的，货币的投资生产和再创造就是货币的时间价值体现，在金融市场中表现为资产价格上升，在实体经济中代表新的财富创造和价值创造。放到家庭理财来看，就是我们用手里的钱去理财，随着时间的变化，实现了理财的保值增值，家庭财富积累随着时间发生了变化。

第二节 风险与报酬

企业的经济活动大都是在风险和不确定的情况下进行的，离开了风险因素就无法正确评价企业收益的高低。风险价值原理揭示了风险和收益之间的关系，它同资金时间价值原理一样，是财务管理的基本依据。

一、风险和风险管理的基本概念

（一）风险的含义

某一行动的结果具有多种可能而不肯定，就叫有风险；反之，若某一行动的结果很肯定，就叫没有风险。企业决策者一般都讨厌风险，并尽可能地回避风险。愿意要肯定的某一报酬率，而不愿要不肯定的某一报酬率，是决策者的共同心态，这种现象叫风险反感。风险反感心理普遍存在，因而一提到风险，多数人都将其理解为与损失是同一个概念。事实上，风险不仅能带来超出预期的损失，呈现其不利的一面，而且还可能带来超出预期的收益，呈现其有利的一面。一般来说，投资者对意外损失比意外收益更加关注，因而在研究风险时主要从不利的方面来考察，经常把风险看成不利事件发生的可能性。从财务管理角度理解，风险也是对企业目标产生负面影响的事件发生的可能性。所以，一般情况下，从财务管理角度来说，风险就是实际收益无法达到预期收益的可能性。或者说，风险是在企业各项财务活动中，由于各种难以预料或无法控制的因素作用，使企业的实际收益与预计收益发生背离，从而蒙受经济损失的可能性。

（二）风险的类别

风险可以从不同角度进行分类。

1. 从投资主体角度划分，风险可以分为系统风险和非系统风险

系统风险是指对所有企业产生影响的因素引起的风险。系统风险大多是由于宏观经济形势和政治形势的变化造成的，如国家政治形势的变化、国家经济政策的调整、自然灾害、战争、经济周期的变化、通货膨胀及世界能源状况的变化等，这些因素往往会对证券市场上所有资产的收益产生影响，因此系统风险不可能通过多角化投资来分散。由于系统风险是影响整个资本市场的风险，所以也称"市场风险"。由于系统风险不能通过分散化投资的方法消除，所以也称为"不可分散风险"。系统风险虽然对整个证券市场产生影响，但是，对于不同行业、不同企业的影响是不同的，有些行业或企业受其影响较大，有些则受其影响要小一些。

非系统风险是指发生于个别公司的特有事件造成的风险，如罢工、诉讼失败、失去销售市场等。这种风险不是每个企业都面临的，而是发生于个别企业，而且事件发生的可能性是不确定的，因而，要想回避这个风险可以通过多角化投资来分散，即非系统风险可以通过将资金同时投资于多种资产来有效地分散。例如，一家公司的工人罢工、新产品开发失败、失去重要的销售市场、诉讼失败，或者宣告发现新矿藏、取得一个重要订单合同等。这类事件是非预期的、随机发生的，它只影响一个或少数公司，不会对整个市场产生太大影响。这种风险可以通过多样化投资来分散，即发生于一家公司的不利事件可以被其他公司的有利事件所抵消。由于非系统风险是个别公司或个别资产所特有的，因此也称"公司特有风险"。由于非系统风险可以通过投资多角化分散掉，因此也称为"可分散风险"。

2. 从公司经营本身划分，风险又可分为经营风险和财务风险

经营风险是指因生产经营方面的原因给企业盈利带来的不确定性。企业的供、产、销等各种生产经营活动都存在着很大的不确定性，都会对企业收益带来影响，因而经营风险是普遍存在的。产生经营风险的因素既有内部的因素，又有外部的因素。例如，原材料供应地政治经济情况变动、运输方式改变、价格变动等，这些因素会造成供应方面的风险；由于所生产产品质量不合格、生产组织不合理、设备事故等因素而造成生产方面的风险；由于出现新的竞争对手、消费者爱好发生变化、销售决策失误、产品广告推销不力及货款回收不及时等因素带来的销售方面的风险。所有这些生产经营方面的不确定性，都会引起企业的利润或利润率的变化，从而导致经营风险。

财务风险又称筹资风险，是指由于举债而给企业财务成果带来的不确定性。企业举债经营，全部资金中除自有资金外还有一部分借入资金，这会对自有资金的盈利能力造成影响；同时，借入资金需还本付息，一旦无力偿付到期债务，企业便会陷入财务困境甚至破产。当企业息税前资金利润率高于借入资金利息率时，使用借入资金获得的利润除了补偿利息外，还有剩余，因而使自有资金利润率提高。但是，当息税前资金利润率低于借入资金利

息率时，借入资金所获得的利润不足以支付利息，需动用自有资金利润来支付利息，从而使自有资金利润率降低。总之，由于诸多因素的影响，使得息税前资金利润率与借入资金利息率具有不确定性，从而引起自有资金利润率的变化，这种风险即为财务风险。其风险大小受借入资金与自有资金比例的影响，借入资金比例越大，风险程度越大；借入资金比例减小，风险程度就会随之减小。对财务风险的管理，关键是要保证有一个合理的资金结构，维持适当的负债水平，既要充分利用举债经营这一手段获取财务杠杆利益，提高资金盈利能力，又要注意防止过度举债而引起的财务风险加大，避免陷入财务困境。

（三）风险管理的意义

随着风险的日趋严重和竞争的日益激烈，风险管理已经逐渐被提到议事日程上来，越来越多的金融机构和跨国公司已经设置了专门的风险管理机构。风险管理是经济单位通过对风险的确认和评估，采用合理的经济和技术手段对风险进行规避或者控制，缩小实际和期望之间的偏差，达到保护风险管理者目的的一种管理活动。以上定义有三层含义：（1）风险管理的主体是经济单位，即个人、家庭、社会团体、企业和政府机关都可以运用风险管理进行自我保护；（2）风险管理过程中，风险辨识和风险评估是基础，而选择合理的风险控制手段才是关键；（3）风险管理必须采取合理经济的手段，也就是说，如果风险规避是有成本的话，那么只有当规避风险产生的收益大于规避风险的成本时，风险规避才有意义。

风险管理的意义：如果一个公司采取积极有效的措施管理其经营风险和财务风险，公司价值的波动就会下降。公司的风险管理行为有利于公司价值的最大化，公司应该采取积极的态度开展风险管理活动。

（四）风险衡量

客观存在的风险时刻影响着企业的财务活动，因此，正视风险并将风险程度予以量化，进行较为准确的衡量，便成为企业财务管理中的一项重要工作。对于投资活动来讲，由于风险是与投资收益的不确定相联系的，对风险的计量必须从投资收益的概率分布开始分析，尤其是在长期投资决策中，投资者必须考虑风险，而且还要对风险程度进行衡量。

1. 概率分布和预期收益

一般情况下，风险的大小与未来各种可能结果变动程度的大小有直接关系，人们在对风险进行计量时，往往采用概率和数理统计的方法来进行。

在经济活动中，某一事件在相同的条件下可能发生也可能不发生，这类事件称为随机事件。概率就是用来表示随机事件发生可能性大小的数值。通常，把必然发生的事件的概率定为1，把不可能发生的事件的概率定为0。

将随机事件的各种可能后果按其可能性数值的大小顺序排列，并列出各种后果的相应概率，这一完整的描述，称为概率分布。

如果随机变量（如收益率）只取有限个值，并且对应于这些值有确定的概率，则称随机变量是离散型分布。如果随机变量的取值为无数个，也对应着无数个相应的概率，则随机变量的概率分布为连续型分布,比如正态分布就是连续型分布的一种常见的形态。我们在进行投资分析时,为了简化计算,通常假设经济情况的个数是有限的,并为每一种经济情况赋予一定的概率,这种概率分布就属于离散型分布。

离散型概率分布必须符合以下两条规则:

(1)所有的概率(P_i)都在0和1之间,即:$0 \leqslant P_i \leqslant 1$

(2)所有的概率之和必须等于1,即:

$$\sum_{i=1}^{n} P_i = 1$$

式中:n为可能出现结果的个数。

在投资活动中,我们一般用概率来表示每一种经济情况出现的可能性,同时也就是各种不同预期收益率出现的可能性。在这里,收益率作为一个随机变量,受到多种因素的影响和制约。但为了简化计算,我们一般假设其他的因素都相同,只有经济情况这一个因素影响收益率。

但需注意的是,实际上出现的经济情况往往远不止几种,有无数可能的情况发生,如果对每种情况都赋予一个概率,并分别测定其收益率,则可以用连续型分布描述。统计上,我们常用正态分布这种连续型分布。虽然实际上并非所有的问题都符合正态分布,但是,根据统计学的理论,无论总体分布是正态还是非正态,当样本很大时,其样本平均数都呈正态分布。一般说来,如果被研究的变量受彼此独立的大量偶然因素的影响,并且每个因素在总的影响中只占很小一部分,那么,这个总影响所引起的数量上的变化,就近似服从于正态分布。

随机变量的各个取值,以相应的概率为权数的加权平均数,叫作随机变量的期望值(数学期望或均值),它反映随机变量取值的平均化。在投资活动中,我们以各种经济情况出现的概率(各种收益率出现的概率)为权数计算收益率的加权平均数,即期望收益。期望收益率计算公式如下:

$$\overline{R} = \sum_{i=1}^{n} R_i P_i$$

式中:$\overline{R}$表示预期收益率;P_i表示第i种经济情况出现的概率;R_i表示第i种结果出现后的期望报酬率;n表示所有可能的经济情况的数目。

2.风险程度的衡量

实际生活中存在着很多投资机会,它们的期望收益相同,但是它们的收益率的概率分布差别很多,也就是说它们能否达到期望收益的可能性相差很大,这就是我们所说的投资风险。为了定量地衡量风险大小,还需使用统计学中衡量概率分布离散程度的指标。统计学中表示随机变量离散程度的指标很多,包括平均差、方差、标准差和全距等,最常用的是方差、标准差和标准离差率。

二、单项资产投资的收益与风险

在有效市场假设条件下,风险与报酬是相互匹配的,即高风险高报酬、低风险低报酬。投资者可以根据自身风险承受能力的大小选择适度风险的投资品种,获得预期报酬。

理性投资者具有两个基本特征:一是追求收益最大化;二是厌恶风险。这两个特征决定着理性投资者在投资决策时必定会遵循以下两条基本原则:一是在两个风险水平相同的投资项目中,投资者会选择预期收益较高的投资项目;二是在两个预期收益相同的投资项目中,投资者会选择风险较小的投资项目。尽管人们对风险的厌恶程度不完全相同,有的人对风险厌恶程度较强,有的较弱,甚至有的人可能偏好风险,但是,从理论上讲,理性投资者一般是厌恶风险的。对于厌恶风险的理性投资者来说,要使之接受风险较大的投资项目,就必须给予风险补偿,风险越大,风险补偿也应越高。投资者在投资时总是追求效用最大化,效用最大化就是投资者上述两个行为特征的综合反映,其中投资收益带来正效用,风险带来负效用,因此,投资者效用函数就取决于投资的预期收益和风险两个因素。

由于我们假定了资产交易的参与者都是风险回避者,因此他们都会寻求风险和收益的一种衡量。对风险的厌恶并不意味着他们会不惜任何代价来回避风险,对风险的消极态度能被较高的收益水平所抵消。对于每项资产,投资者都会因承担风险而要求额外的补偿,其要求的最低收益率应该包括无风险收益率与风险收益率两部分。因此,对于每项资产来说,所要求的必要收益率可以用以下模式来度量:

$$必要收益率 = 无风险收益率 + 风险收益率$$

式中,无风险收益率(通常用 R_f 表示)是纯粹利率与通货膨胀补贴率之和,通常用短期国债的收益率来近似地替代,而风险收益率表示因承担该项资产的风险而要求的额外补偿,其大小则视所承担风险的大小及投资者对风险的偏好程度而定。

从理论上来说,风险收益率可以表述为风险价值系数(b)与标准离差率(V)的乘积,即:

$$风险收益率 = b \times V$$

因此,

$$必要收益率 R = R_f + b \times V$$

标准离差率(V)反映了资产全部风险的相对大小;而风险价值系数(b)则取决于投资者对风险的偏好。对风险的态度越是回避,要求的补偿也就越高,因而要求的风险收益率就越高,所以风险价值系数(b)的值也就越大;反之,如果对风险的容忍程度越高,则说明风险的承受能力较强,那么要求的风险补偿也就没么高,所以风险价值系数的取值就会较小。

风险价值系数 b 的计算可采用统计回归方法对历史数据进行分析得出估计值,也可结合管理人员的经验分析判断得出。但是,由于 b 受风险偏好的影响,而风险偏好又受风险种类、风险大小及心理因素的影响,因此对于 b 的准确估计就变得相当困难和不可靠。

三、资产组合的收益与风险

两个或两个以上资产所构成的集合，称为资产组合。如果资产组合中的资产均为有价证券，则该资产组合也可称为证券组合。采取资产组合方式投资决策，必然会遇到如何计算资产组合的收益率及其风险的问题。

现代资产组合理论（MPT），也有人将其称为现代证券投资组合理论、证券组合理论或投资分散理论。现代资产组合理论的提出主要是针对解决投资风险的可能性。该理论认为，有些风险与其他证券无关，分散投资对象可以减少个别风险。

（一）资产组合的预期收益率

资产组合的预期收益率就是组成资产组合的各种资产的预期收益率的加权平均数，其权数等于各种资产在组合中所占的价值比例。其计算公式为：

$$E(R_p) = \sum_{i=1}^{n} W_i \times R_i$$

式中：$E(R_p)$ 表示资产组合的预期收益率；R_i 表示第 i 项资产的预期收益率；W_i 表示第 i 项资产在整个组合中所占的价值比例。

（二）资产组合风险的度量

1. 两项资产组合的风险

两项资产组合收益率的方差满足以下关系式：

$$\sigma_p^2 = W_1^2 \sigma_1^2 + W_2^2 \sigma_2^2 + 2W_1 W_2 \rho_{1,2} \sigma_1 \sigma_2$$

式中：σ_p^2 表示资产组合的方差，它衡量的是组合的风险；σ_1 和 σ_2 分别表示组合中两项资产的标准差；W_1 和 W_2 分别表示组合中两项资产所占的价值比例；$\rho_{1,2}$ 反映两项资产收益率的相关程度，即两项资产收益率之间相对运动的状态，称为相关系数。理论上，相关系数介于区间 [-1, 1] 内。

当 $\rho_{1,2}=1$ 时，表明两项资产的收益率具有完全正相关的关系，即他们的收益率变化方向和变化幅度完全相同，这时 $\sigma_p^2 = (W_1 \sigma_1 + W_2 \sigma_2)^2$，即 σ_p^2 达到最大。由此表明，组合的风险等于组合中各项资产风险的加权平均值。换句话说，当两项资产的收益率完全正相关时，两项资产的风险完全不能互相抵销，所以这样的组合不能降低任何风险；当 $\rho_{1,2}=-1$ 时，表明两项资产的收益率具有完全负相关的关系，即他们的收益率变化方向和变化幅度完全相反。这时 $\sigma_p^2 = (W_1 \sigma_1 - W_2 \sigma_2)^2$，即 σ_p^2 达到最小，甚至可能是零。因此，当两项资产的收益率具有完全负相关关系时，两者之间的风险可以充分地相互抵消，甚至完全消除。因而，由这样的资产组成的组合就可以最大限度地抵消风险。

在实际中，两项资产的收益率具有完全正相关和完全负相关的情况几乎是不可能的。绝大多数资产两两之间都具有不完全的相关关系，即相关系数小于 1 且大于 -1（多数情况下大于零）。因此，会有 $0 < \sigma_p < (W_1\sigma_1 + W_2\sigma_2)$，即资产组合的标准差小于组合中各资产标准差的加权平均，也即资产组合的风险小于组合中各资产风险之加权平均值，因此，资产组合才可以分散风险，但不能完全消除风险。

2. 多项资产组合的风险

一般来讲，随着资产组合中资产个数的增加，资产组合的风险会逐渐降低，当资产的个数增加到一定程度时，资产组合的风险程度将趋于平稳，这时组合风险的降低将非常缓慢直到不再降低。有数据显示，当资产组合中不同行业的资产数量达到 20 个左右时，绝大多数非系统性风险已被消除。此时，如果继续增加资产数目，对分散风险已经没有多大的实际意义。另外，不要指望通过资产多样化达到完全消除风险的目的，因为系统风险是不能够通过风险的分散来消除的。

如果投资分散于多种不同的资产，资产组合的投资收益波动幅度将会下降。如果资产组合中各种资产的收益并不随时间同时且一致地变动，即它们不完全相关，则收益风险就会降低。因为，资产组合的投资净生产力等于各种资产投资净生产力的加权平均数，但资产组合的方差不等于各种资产方差的加权平均数，而是比方差的加权平均数要小。

由于公司特有风险或非系统风险可以通过分散投资予以消除，所以，证券市场不会为此风险给予额外收益的补偿。因此，对风险的度量应放在一种股票或资产组合如何随市场全部证券组合的波动规律的预测上。

（三）系统风险的衡量

如前所述，从投资主体角度划分，风险可以分为系统风险和非系统风险。非系统风险可以通过有效的资产组合分散掉，因此投资者在组合投资中只需考虑系统风险。

尽管绝大部分企业和资产都不可避免地受到系统风险的影响，但并不意味着系统风险对所有资产或所有企业有相同的影响。有些资产受系统风险的影响大一些，而有些资产受的影响则较小。单项资产或资产组合受系统风险影响的程度，可以通过系统风险系数（β 系数）来衡量。

1. 单项资产的系统风险系数（β 系数）

系统性风险通常用 β 系数来计量。β 系数是一种风险指数，它用于衡量个股收益率的变动对市场组合收益率变动的敏感性。β 系数有多种计算方法，实际计算过程十分复杂，通常由一些投资服务机构定期计算并公布。在美国有很多服务机构提供一些公司的 β 系数数据资料。这些 β 系数资料通常是过去 3~5 年间的周收益率或月收益率为基础计算出来的。从这些服务机构取得 β 系数数据较为方便。证券收益率的单位时段可以按日、按周、按月计算。计算单位时段长短不同，可能会对 β 系数产生影响。如果投资者认为某股票过去的系统风险适用于未来,则过去的 β 值可以代替预期的 β 值。

作为整体的证券市场的 β 系数为1。如果某种股票的风险情况与整个证券市场的风险情况一致,则这种股票的 β 系数等于1;如果某种股票的 β 系数大于1,说明其风险大于整个市场的风险;如果某种股票的 β 系数小于1,说明其风险小于整个市场的风险。

或者说,如果 $\beta=1$,说明该资产(或资产组合)的风险溢价变化与市场是同步的。假设市场风险溢价为5%,那么,该项资产(或资产组合)的风险溢价也是5%。如果 $\beta=0.5$,说明该资产(或资产组合)的风险溢价变化是市场的1/2,市场风险溢价为5%,该项资产(或资产组合)的风险溢价为2.5%。如果 $\beta=0$,说明该项资产(或资产组合)的系统风险为零。如果 $\beta>1$,说明该项资产(或资产组合)的系统风险超越了市场风险。通常情况下,股票的 β 系数取值范围在0.60~1.60之间。

上述内容侧重讨论 β 系数的直观含义。实际上,β 系数的定义如下:

$$\beta_i = \frac{Cov(R_i, R_m)}{\sigma_m^2}$$

式中:$Cov(R_i, R_m)$ 是第 i 种证券的收益与市场组合收益之间的协方差;σ_m^2 是市场组合收益的方差。

协方差是一个用于测量投资组合中某一具体投资项目相对于另一投资项目风险的统计指标。从本质上讲,组合内各种投资组合相互变化的方式影响着投资组合的整体方差,从而影响其风险。其与相关系数的关系如下:

$$Cov(R_1, R_2) = \rho_{1,2} \sigma_1 \sigma_2$$

这里 $Cov(R_1, R_2)$ 为投资于两种资产收益率的协方差,R_1 为投资第一种资产的投资净生产力,R_2 为投资第二种资产的投资净生产力,σ_1 和 σ_2 分别为投资第一种资产和投资第二种资产的收益率的标准差。协方差的计算结果可能为正值,也可能为负值,符号与相关系数相同,它们分别显示了两个投资项目之间收益率变动的方向。当协方差为负值时,表示两种资产的收益率呈相反方向变化。协方差的绝对值越大,表示这两种资产收益率的关系越密切;协方差的绝对值越小,则表示这两种资产收益率的关系越疏远。

根据前述公式可得:

$$\beta_i = \frac{Cov(R_i, R_m)}{\sigma_m^2} = \frac{\rho_{i,m} \sigma_i \sigma_m}{\sigma_m^2} = \rho_{i,m} \times \frac{\sigma_i}{\sigma_m}$$

式中:$\rho_{i,m}$ 表示第 i 项资产的收益率与市场组合收益率的相关系数;σ_i 是该项资产收益率的标准差,表示该资产的风险大小;σ_m 是市场组合收益率的标准差,表示市场组合的风险。

根据上式可以看出，一种股票的 β 值的大小取决于以下方面：（1）该股票与整个股票市场的相关性；（2）它自身的标准差；（3）整个市场的标准差。β 系数的一个最重要的特征：当以各种股票的市场价值占市场组合总的市场价值的比重为权数时，所有证券的 β 系数的平均值等于1，即

$$\sum_{i=1}^{n} W_i \beta_i = 1$$

式中：W_i 代表各种股票的市场价值占市场组合的比重。显然，如果将所有的证券按照它们的市场价值进行加权，组合的结果就是市场组合。

2. 资产组合的系统风险系数（β 系数）

投资组合的 β 系数是单个证券 β 系数的加权平均数，权数为各种证券在投资组合中所占的比重。其计算公式如下：

$$\beta_p = \sum_{i=1}^{n} W_i \beta_i$$

式中，β_p 代表证券组合的 β 系数；W_i 代表证券组合中第 i 种股票所占的比重；β_i 代表第 i 种股票的系数；n 为证券组合中股票的数量。

四、资本资产定价模型

在西方金融学和财务管理学中，有许多模型论述风险和收益率的关系，其中一个最重要的模型为资本资产定价模型（CAPM）。尽管其他模型也想更好地描述市场行为，但 CAPM 仍是一个概念简单、贴近现实的模型。这里的资本资产，是指股票、债券等有价证券，它代表对真实资产所产生的收益的求偿权利。资本资产定价模型的重要贡献在于它提供了一种与组合资产理论相一致的有关个别证券的风险量度。这种模型使投资者能够估计单项资产的不可分散风险，形成最优投资组合，引导投资者做出合适的投资决策。同时，这种模型对于财务学的发展有着极其重要的作用，并且被广泛地用于资本预算编制、资产估价，以及确定股权资本的成本和解释利率的结构风险。

这一模型如下：

$$R_i = R_f + \beta_i \times (R_m - R_f)$$

式中，R_i 为第 i 种股票或第 i 种证券组合的必要收益率；R_f 为无风险收益率；β_i 为第 i 种股票或第 i 种证券组合的 β 系数；R_m 为所有股票或所有证券的平均收益率。

公式中 $(R_m - R_f)$ 是投资者为补偿承担超过无风险收益的平均风险而要求的额外收益，称为风险溢价，反映市场作为整体对风险的平均"容忍"程度，也就是市场整体对风险的厌恶程度。对风险越是厌恶和回避，要求的补偿就越高，因此，市场风险溢价的数值就越

大。反之，如果市场的抗风险能力强，则对风险的厌恶和回避就不是很强烈，因此，要求的补偿就越低，所以，市场风险溢价的数值就越小。某项资产的风险收益率是市场风险溢价与该资产系统风险系数的乘积，即

$$风险收益率 = \beta \times (R_m - R_f)$$

无风险收益率加风险收益率即为必要报酬率。

必要报酬率是指投资者购买或持有一种资产所要求的最低报酬率，这种资产可能表现为一种证券、证券组合或一项投资项目。这一定义考虑了投资者投资时的资本机会成本，也就是说，如果投资者将资本投入了某个项目，那么，投资者就失去了将资本投向次优方案可能带来的收益，这种失去的收益就是投资者选择投资于某项目的机会成本，因此，也是投资者要求的必要报酬率。否则，投资者会选择次优的投资方案。换言之，投资者之所以投资是因为购买一项资产的价格足够低，并确保未来获得的现金流足以弥补必要的报酬率要求。

资本资产定价模型说明如下结论：

1. 任何风险性资产的期望收益率等于无风险利率加风险收益率。风险收益率决定于投资者的风险回避程度。

2. 一种股票的风险由两部分组成：系统风险和非系统风险。

3. 非系统风险可通过多角化投资来消除。对于那些理性的、从事多角化投资的投资者来说，只有系统风险才是与他们相关的风险，因为他们能消除可分散风险。

4. 投资者承担风险必须得到补偿，股票风险越大，必要报酬率越高。但是，要求补偿的风险只是不能通过多角化投资加以消除的不可分散风险。如果可分散风险的溢价存在，证券组合的投资者将购买这部分股票（对这些投资者来说，它们没有特殊的风险）从而抬高其价格，它们最后的（均衡的）期望报酬率，只反映不可分散的市场风险。

例如，假定股票 A 的风险一半是市场风险（因为它随着市场波动而产生），另一半是可分散风险。你只持有股票 A，则面临所有的风险。作为对承担如此多风险的补偿，你需要超过国库券利率 10% 之外的 8% 的风险溢价，你所要求的必要报酬率为：$R=10\%+8\%=18\%$。但假定其他投资者实行证券组合投资，他们同样持有股票 A，但他们消除了可分散风险。因此，面临比你小一半的风险，他们的风险溢价也为你的一半，所要求的必要报酬率为：$R=10\%+4\%=14\%$。

如果股票 A 在市场上的报酬率高于 14%，实行组合的投资者将会购买它；如果它的报酬率达到 18%，你也愿意购入。但组合投资者的大量买入将抬高股价，导致报酬率下降。因此，你不能以较低的价格购买到能给你提供 18% 报酬率的这种股票，最后，你不得不接受 14% 的报酬率，否则，你只有将钱存入银行。在投资者为理性的并且实行组合投资的市场里，风险溢价只能反映出市场风险。

5. 股票的市场风险可通过股票的 β 系数来衡量。β 系数是股票相对波动性的指数。一些可用来作为参照的 β 系数如下：

$\beta=0.5$ 表示该股票的波动或风险仅为平均股票风险的一半。

$\beta=1.0$ 表示该股票的风险与平均股票风险相同。

$\beta=2.0$ 表示该股票的风险是平均股票风险的两倍。

6. 若个别证券的 β 系数低，则由它们所构成的投资组合的 β 系数越低，这是因为投资组合的 β 系数是组合中各个股票的 β 系数的加权平均。

五、有效市场理论

所谓有效市场理论，是指金融市场上的预期等于运用所有可知信息做出最佳预测，它是理性预期理论在证券定价上的应用。

（一）有效市场理论

如果价格已经很快反映了新信息，那么通过传统分析方法就不能击败市场，即不能获得高于市场平均水平的投资收益，这就叫作有效市场理论。投资者都试图利用可获得的信息获得更多的报酬；证券价格对新的市场信息的反应迅速而准确；市场竞争使证券价格从一个平衡水平过渡到另一个平衡水平。

在有效市场中，任何新的信息都会迅速而充分地反映在价格中，证券的价格能迅速而充分地对这些信息做出反应。有利的信息会立刻导致证券价格上升，不利的信息会使证券价格立即下跌。因此，任何时候的证券价格都已经充分反映了当时所得到的一切有关信息。其特征如下：（1）有效市场上证券的价格充分反映新信息；（2）有效市场上的证券价格是其价值的可靠反映；（3）有效市场上证券价格的变动是随机的；（4）有效市场上的投资者不能获得超常利润。

根据市场对以上三类信息的不同反映，一般将有效市场分为以下三种类型：

1. 弱式有效市场。其特征如下：证券的现行价格反映了证券本身所有的信息，过去的证券价格不影响未来的证券价格，未来的证券价格与其过去的价格之间没有任何关系。在弱式有效市场，由于目前的证券价格充分反映了过去证券价格所提供的各种信息，过去价格变动的历史不包括任何对预测未来价格变动有用的信息，有关证券的历史信息与现在和未来的证券价格或收益无关，这就说明有关证券的历史信息已被投资者所充分利用，因此任何投资者都不可能在弱式有效市场上通过分析历史信息来决定何时买卖证券从而获取超额收益。

2. 半强式有效市场。其特征如下：证券的现行价格反映了所有已经公开的信息，这些信息不仅包括证券价格和交易量等历史信息，而且包括所有公开发表的信息，如公司收益、股利分配、拆股和利率、汇率等宏观指标及有关政治与社会信息等。因此，在半强式有效市场上，不但所有证券价格变化的历史资料，而且所有公开发表的最新信息也都对判断证券价格的变化趋势毫无用处，因为所有对证券价格有影响的信息都会马上在证券价格上反映出来。

3. 强式有效市场。其特征是证券的价格充分反映了已公开和未公开的所有信息,这些信息不仅包括历史信息和公开信息,而且包括内幕信息和私人信息。显然强式有效市场是一个极端的假设,是一个理想的市场状态,它以市场参与者无信息垄断为前提,以信息传播系统具有多元、自由、无时滞为条件,以证券市场价格对信息的反应迅速而无偏差为基础。大量的实证研究结果表明,目前各国的证券市场都未达到强式有效。

有效市场类型的划分表明,证券价格总是不同程度地反映了各类相关信息。其中,弱式有效市场所描述的信息是半强式有效市场中所描述的信息集的一个子集,而半强式有效市场中所描述的信息又恰好是强式有效市场所描述的信息集的一个子集。因此,强式有效隐含着半强式有效,半强式有效又隐含着弱式有效。在有效市场上,价格所反映的信息来源越广,反应的速度越快,投资者就越难通过证券交易获得超额回报。

(二)有效市场理论对会计信息披露的重要意义

会计信息反映着上市公司的经营状况,而这一状况必将及时地被市场价格所反映。公司市场价值的升降,是各种信息(包括会计信息)综合作用的结果。也就是说公司必须按照有效市场的要求,生产符合标准的会计信息,并输出到资本市场,使市场了解企业,这对于提升公司价值、提高资本市场效率具有双重作用。有效市场理论对会计信息的披露提供了有益的启示。

1. 充分认识会计信息的非唯一性。有效市场理论认为,证券价格能同步地反映全部有关的和可用的信息,这些信息既包括企业所披露的信息,如会计信息、统计信息和管理信息等,又包括宏观经济发展所反映的信息。投资者在获取会计信息的同时,会最大限度地使用其他的信息。但就目前而言,会计信息对投资者还是普遍适用的,因为会计信息的披露有着科学而系统的方法,并具有真实性、连续性和综合性的特点,从而使其成为包含一定信息量而又具有成本效益的披露工具。反过来讲,如果会计不能提供投资者所需的准确、及时、可靠的信息,会计的有用性就会令人质疑,甚至有可能被其他渠道的信息所替代。

2. 在会计报表上不存在幻觉。财务估价论认为,任何资产的市场价值都是其未来现金流量的折现值,因此,投资者只关心公司财务决策所带来的现金流量。在有效市场上,信息表面的变化并不会影响企业的风险程度和预期的现金流入,当然也不会影响证券的价格。因为市场有效意味着证券市场接受的是所披露信息的真实内容,而不是信息披露的形式。因此,只要会计政策的选择不会带来现金流量的差别,或者公司以任何形式向公众披露所采用的会计政策,投资者和证券分析师都会做出必要的分析,以判断这些会计政策的改变对现金流带来的变化,公司所采用的会计政策不会影响证券的价格,也不会提升其价值。因此,试图通过会计处理方法的选择来提供表面的、虚假的会计信息,实属无益之举。

3. 充分披露会计信息。首先,弱式有效市场表明,所有过去价格变动的结果对于未来的价格变动趋势毫无影响,即在目前的股票价格中,不包含任何有助于预测未来的有用信息。经济学家将这种状况称作"市场没有记忆"。因此，会计报告的披露应具有较大的信息含量，特别是应向市场及时传递企业未来发展趋势的会计信息。其次，在半强式有效市场中，有效仅指对公众可获得信息的有效，但在现实经济生活中确实存在信息的不对称，由此导致的逆向选择和道德风险会降低市场配置资源的效率。会计信息的充分披露，包括内部信息和可能泄露竞争优势信息的披露，无疑会增加公众所获取信息的含量，最终会在一定程度上降低由于信息不对称造成的市场不完全性。公司应认识充分披露所带来的正面效应。

4. 披露真实而公允的会计信息。会计信息的质量特征，对资本市场效率的有效发挥有着重要的影响。相关可靠的会计信息，能使投资者做出正确的决策，实现社会资本的优化配置。而虚假的、不可靠的、不相关的会计信息，则会误导投资者做出错误决策，扭曲资本市场正常反应机能；同时也会引发人们的投机行为，使资本市场大起大落，也使企业的经营业绩难以取信于民，从而引发信用危机，导致股价下跌，企业财富缩水。

第三节 证券估值

证券是商品经济和社会化大生产发展的产物，其含义非常广泛。从法律意义上来说，证券是指各类记载并代表一定权利的法律凭证的统称。它代表了一定量的财产权利、证明证券持有人有权按期取得一定的利息或股息等收入并可自由转让和买卖的所有权或债权凭证，其中包括股票、债券及其衍生品等。

一、债券估价

债券是发行者为筹集资金，按法定程序向债权人发行的，在约定时间支付一定比率的利息，并在到期时偿还本金的一种有价证券。发行者必须在债券上载明债券面值、债券利率、付息日及到期日。目前我国发行的债券有到期一次还本付息债券，分期付息、到期还本债券，贴现发行的债券三种形式。本节仅对估价模型与收益率予以介绍，其余相关知识将在第三章予以阐述。

（一）债券的估价模型

债券的价值是发行者按照合同规定从现在至债券到期日所支付的款项的现值。影响债券价值的因素主要有债券的面值、期限、票面利率和所采取的折现率等因素。计算现值时使用的折现率取决于当前市场利率和现金流量的风险水平。下面介绍几种最常见的债券估价模型。

1. 分期付息、到期还本的债券估价模型

分期付息、到期还本的债券估价模型是债券估价的基本模型，其一般计算公式为：

债券价值 = 未来收取的利息和收回本金的现值合计

= 每期利息 × 年金现值系数 + 债券面值 × 复利现值系数

即：

$$V = \sum_{t=1}^{n} \frac{I}{(1+k)^t} + \frac{M}{(1+k)^n}$$

$$= I \times (P/A, k, n) + M \times (P/F, k, n)$$

式中：I——每期利息；M——债券面值或到期本金；k——市场利率或投资者要求的最低报酬率；n——付息期数。

2. 贴现发行债券的估价模型

债券以贴现方式发行，没有票面利率，到期按面值偿还，这种债券也称零票面利率债券。这种债券以贴现方式发行，也即以低于面值的价格发行，到期按面值偿还。其估价模型为：

债券价值 = 债券面值 × 复利现值系数

即：

$$V = \frac{M}{(1+k)^n} = M \times (P/F, k, n)$$

公式中的符号含义同前式。

（二）债券的收益率

债券的收益水平通常用到期收益率来衡量。到期收益率是指以特定价格购买债券并持有至到期日所能获得的收益率。它是使未来现金流量现值等于债券购入价格的折现率，相当于投资者按照当前市场价格购买并且一直持有到满期时可以获得的年平均收益率。

一般的债券到期都按面值偿还本金，所以，随着到期日的临近，债券的市场价格会越来越接近面值。

1. 短期债券到期收益率

对处于最后付息周期的附息债券、贴现债券和剩余流通期限在 1 年以内（含 1 年）的到期一次还本付息债券，其到期收益率的计算公式为：

$$到期收益率 = \frac{(到期本息和 - 债卷买入价) / 债卷买入价}{剩余到期年限} \times 100\%$$

2. 长期债券到期收益率

（1）到期一次还本付息债券

剩余流通期限在 1 年以上的到期一次还本付息债券的到期收益率采取复利计算。计算公式为：

$$PV = (M + M \times i \times n) \times (P/F, k, t)$$

式中：k——到期收益率；PV——债券买入价；i——债券票面年利率；n——债券有效年限；M——债券面值；t——债券的剩余年限。

（2）按年付息债券

不处于最后付息期的固定利率附息债券的到期收益率可用下面的公式计算，各字母代表的含义同上式：

$$PV = M \times i \times (P/A, k, n) + M \times (P/F, k, t)$$

二、股票估价

股票是股份有限公司为筹措股权资本而发行的有价证券，是公司签发的证明股东持有公司股份的凭证。股票作为一种所有权凭证，代表着对发行公司净资产的所有权。股票只能由股份有限公司发行。

（一）股票估价模型

股票作为一种投资，现金流出是其购买价格，现金流入是股利和出售价格。股票未来现金流入的现值，称为股票的价值或股票的内在价值。股票的价值不同于股票的价格，受社会、政治、经济变化和心理等诸多因素的影响，股票的价格往往背离股票的价值。

下面介绍几种最常见的股票估价模型：

1. 短期持有股票，未来准备出售的股票估价模型

一般情况下，投资者投资于股票，不仅希望得到股利收入，更期望在股票价格上涨时出售股票获得资本利得。如果投资者不打算永久地持有该股票，而在一段时间后出售，它的未来现金流入是几次股利和出售时的股价。此时的股票估价模型为：

$$V = \sum_{t=1}^{n} \frac{D_t}{(1+k)^t} + \frac{P_n}{(1+k)^n}$$

式中：V——股票的内在价值；

D_t——第 t 期的预期股利；

P_n——未来出售时预计的股票价格；

k——贴现率，一般采用当时的市场利率或投资人要求的必要收益率；

n——预计持有股票的期数。

2. 长期持有、股利稳定不变的股票估价模型

在每年股利稳定不变，投资人持有期限很长的情况下，股票的估价模型可在第一种模型的基础上简化为：

$$V = \frac{D}{k}$$

式中：V 为股票的内在价值，D 为每年固定股利，k 为投资人要求的必要收益率。

3.长期持有、股利固定增长的股票估价模型

如果一个公司的股利不断增长，投资者的投资期限又非常长，则股票的估价就相对复杂，只能计算近似值。设今年股利为 D_0，第 t 年股利为 D_t，每年股利比为 k，上年增长率为 g，则：

$$V = \frac{D_0(1+g)}{k-g} = \frac{D_1}{k-g}$$

4.非固定增长股票的价值

在现实生活中，有的公司股利是不固定的。例如，在一段时间里高速增长，在另一段时间里正常固定增长或固定不变。在这种情况下，就要分段计算才能确定股票的价值。

（二）股票投资的收益率

股票投资收益是指投资者从购入股票开始到出售股票为止整个持有期间所获得的收益，这种收益由股利收入和股票买卖差价两方面组成。

股票投资收益率是指使股票未来现金流量的折现值等于目前的购买价格时的折现率，也就是股票投资的内含报酬率（或内部收益率）。股票投资收益率可按下式计算：

$$P = \sum_{t=1}^{n} \frac{D_t}{(1+k)^t} + \frac{P_n}{(1+k)^n}$$

式中：P——股票的买入价格；

D_t——第 t 期的股利；

P_n——股票的卖出价格；

k——股票投资收益率；

n——持有股票的期限。

三、证券投资概述

（一）证券

证券是指用以证明或设定权利所做成的书面凭证，它表明证券持有人或第三者有权取得该证券拥有的特定权益，或证明曾经发生过的行为。证券是用来证明证券持有人享有的某种特定权益的凭证。如股票、债券、本票、汇票、支票、保险单、存款单、借据、提货单等各种票证单据都是证券。

证券具备两个最基本的特征：

一是法律特征，即它反映的是某种法律行为的结果，本身必须具有合法性。

二是书面特征，即必须采取书面形式或与书面形式有同等效力的形式，并且必须按照特定的格式进行书写或制作，载明有关法规规定的全部必要事项。

证券按其性质不同可分为凭证证券和有价证券两大类。

凭证证券又称无价证券，是指本身不能使持有人或第三者取得一定收入的证券。

有价证券是一种具有一定票面金额，证明持券人有权按期取得一定收入，并可自由转让和买卖的所有权或债权证书，通常简称为证券。其主要形式有股票和债券两大类。其中债券又可分为公司债券、国家公债和不动产抵押债券等。有价证券本身并没有价值，只是由于它能为持有者带来一定的股息或利息收入，因而可以在证券市场上自由买卖和流通。

（二）证券投资的目的

单位进行证券投资一般具有以下目的：

1. 为保证未来的现金支付进行证券投资。
2. 进行多元化投资，分散投资风险。
3. 为了对某一单位进行控制或实施重大影响而进行股权投资。
4. 为充分利用闲置资金进行营利性投资。

总体来讲，证券投资在各项投资活动中是处于从属地位的，是为单位的整体经营目标服务的。

（三）证券投资与证券投机

证券投资是指基于对投资对象的发展趋势判断，为获得经济利益而投入的资金或资源用以转化为实物或金融资产的行为和过程。

证券投机指根据对证券市场的判断，把握机会，利用市场出现的价差进行买卖，并从中获得利润的交易行为。投机就是投资机会，没有机会就不进场交易。

（四）证券投资的种类

证券投资主要包括以下几种形式：

1. 债券投资。
2. 股票投资。
3. 基金投资。

四、债券投资

债券是发行者为筹集资金向债权人发行的，于未来约定时间支付一定比例的利息，并在到期时偿还本金的一种有价证券。

和其他证券投资相比，债券投资风险比较小、本金安全性高、收入稳定性强，但投资者对发行债券的单位没有经营管理权。

评价债券投资收益水平的指标主要有两项：债券价值和到期收益率。

（一）债券价值和到期收益率

债券价值是指债券未来现金流入的现值总和。

在债券的投资过程中，投资者需要考虑债券价格和所购买债券在未来所获得的现金流量的现值之和。

根据债券购买价格和债券价值计算公式，即可计算债券的到期收益率。

债券价值的计算公式如下：

$$V=I_1/(1+i)+I_2/(1+i)^2+\cdots+I_n/(1+i)^n+M/(1+i)^n$$
$$=I(P/A,i,n)+M(P/S,i,n)$$

式中：V——债券价值；

i——票面利息率；

I_1，$I_2\cdots I_n$——债券持有期的每阶段利息；

M——债券账面价值；

P/A——年金现值系数；

P/S——复利现值系数。

（二）债券投资风险

投资债券的单位可能存在以下风险：

1. 违约风险。违约风险是指发行债券的单位无法按时支付债券利息和偿还本金的风险。

2. 利率风险。利率风险是指由于市场利率变动，如利率升高所引起的风险。

3. 变现风险。变现风险是指由通货膨胀引起的债券价值降低所形成的变现损失风险。

4. 回收性风险。回收性风险是指购买具有回收性条款的债券，遭遇强制收回的可能。这种可能常常在市场利率下降时发生。

五、股票投资

股票是股份公司发给股东的所有权凭证，是股东借以取得股利的一种有价证券。股票主要有普通股和优先股两种类型。

单位投资股票往往具有以下投资目的：

1. 短期股票投资目的：获取差价。

2. 长期股票投资目的：获得所投资公司的控制权。

股票投资收益高，风险高。但与此同时，股票价格不稳定，因此，收入亦不稳定。

股票投资一般针对普通股进行。因此，这里以普通股为标的展开分析。

由于股票投资期限不确定，未来股利和变现价值也不确定，所以在确定股票投资收益率时经常使用折现法来计算其收益率。

六、基金投资

基金投资是一种利益共享、风险共担的集合投资方式。

（一）基金投资的特点

基金投资的优点：

1. 可以在不承担太大风险的情况下获得较高收益。
2. 具有专家理财优势，具有资金规模优势。

基金投资的缺点：

1. 无法获得很高的投资收益。
2. 在大盘整体大幅度下跌时，投资人可能承担较大风险。

（二）基金投资的分类

1. 按基金的组织形式划分，可分为契约型基金和公司型基金。契约型基金也称信托型投资基金，它是依据信托契约通过发行受益凭证而组建的投资基金。该类基金一般由基金管理人、基金保管人及投资者三方当事人订立信托契约。基金管理人可以作为基金的发起人，通过发行受益凭证将资金筹集起来组成信托财产，并依据信托契约由基金托管人负责保管信托财产，具体办理证券、现金管理及有关的代理业务等。投资者也是受益凭证的持有人，通过购买受益凭证参与基金投资，享有投资受益。基金发行的受益凭证表明投资者对投资基金所享有的权益。

公司型基金又叫作共同基金，指基金本身为一家股份有限公司，公司通过发行股票或受益凭证的方式来筹集资金。投资者购买了该家公司的股票，就成为该公司的股东，凭股票领取股息或红利、分享投资所获得的收益。

2. 按基金的发行限制条件划分，可分为封闭型基金和开放型基金，开放型基金是和封闭型基金相对而言的。封闭型基金的资本额是确定的，不允许投资者随时赎回其投资，投资者只能在流通市场转让其所持有的基金单位而兑现。而开放型基金是指设立基金时发行的基金单位总数不固定，可以根据经营策略的实际需要连续发行，投资人可以随时申购基金单位，也可以随时要求基金管理人赎回其基金单位，申购或赎回基金单位的价格按基金的净资产值计算。

（三）基金的价值

基金的价值表现在，基金能给投资者带来一定的现金流量。

在实践中，基金单位净值（NAV）是指在某一时点每一基金单位（或基金股份）所具有的市场价值。

其计算公式为：

$$基金单位净值 = 基金净资产价值 / 基金份数$$

其中：

$$基金净资产价值 = 基金总资产市场价值 - 基金负债总额$$

七、证券投资组合

在证券投资界，有一句经典的指导原则："不要把所有的鸡蛋放在一个篮子里。"进行证券投资就要求我们做好证券的投资组合工作。

（一）证券投资组合的类型

证券组合有多种形式，投资者从中选择什么样的投资组合主要取决于投资者对风险的偏好以及承受能力。由于投资者厌恶风险的程度不同，这样就形成了各种不同类型的证券投资组合。

常见的证券投资组合类型有以下几种：

1. 保守型证券投资组合

这种证券投资组合尽量模拟证券市场的某种市场指数，以求分散掉全部可分散风险，获得与市场平均报酬率相同的投资报酬。这种证券投资组合所承担的风险主要是证券市场的系统性风险，非系统性风险基本上能够消除，但其投资收益也不会高于市场的平均收益，因此是比较保守的投资组合类型。信奉有效市场理论的投资者通常会选择这种投资组合。

2. 进取型证券投资组合

进取型证券投资组合也称成长型证券投资组合，它以资本升值为主要目标，尽可能多选择一些成长性较好的股票，而少选择低风险低报酬的股票，这样就可以使投资组合的收益高于证券市场的平均收益。这种投资组合的收益较高，风险也高于证券市场的平均风险。所以，采用这种投资组合，如果做得好，可以取得远高于市场平均报酬的投资收益；如果失败，会造成较大的损失。采用这种投资组合不仅要求投资者具备较好的证券投资知识，还要对投资组合进行深入细致地分析。

3. 收入型证券投资组合

收入型证券投资组合也称稳健型证券投资组合，它是一种比较常用的投资组合类型。这种投资组合以追求低风险和稳定的收益为主要目标。收入型投资组合通常选择一些风险不大、效益较好的公司的股票。

这些股票虽然不是高成长的股票，但能够给投资者带来稳定的股利收益。因此，收入型投资组合的风险较低，但收益比较稳定。

（二）证券投资组合管理的基本程序

1. 确定证券投资组合的基本目标

由于投资者的风险偏好不同，不同类型的投资组合也具有不同的目标。进行证券投资组合管理，必须根据投资者对风险与收益的偏好来确定所选择投资组合的基本目标。

2. 制订证券投资组合的管理政策

证券投资组合的管理政策一般应包括证券组合的投资范围、投资品种的选择办法、风险控制办法、投资组合的资金管理办法等。证券投资组合的管理政策是为实现投资组合的基本目标服务的，同时也是进行具体投资活动的行为准则。

3. 确定最优证券投资组合

确定最优证券投资组合首先必须对证券市场上各种证券的特点进行分析，确定适合投资的类别，然后根据投资组合的基本目标确定符合自己风险偏好的最优证券组合。

4. 调整证券投资组合

最优投资组合确定之后，并非万事大吉。由于证券市场是处于不断变动状态的，个别证券的收益与风险特征都可能发生变化。由于这些变化，有些证券可能已不再适合投资者的投资目标，因此，投资者应当及时了解这些变化，并对证券组合做出适时的调整，修订原来的证券投资组合。

5. 进行证券投资组合的业绩评估

这是进行证券组合管理的最后一个环节。经过一段时间的投资之后，投资者应当对证券组合的业绩进行评估，这是非常重要的工作，它既涉及对过去投资活动的业绩评价，也关系将来投资组合管理的方向。业绩评价要以投资组合的基本目标为基准，分析现有的证券组合是否有利于实现投资组合的目标。业绩评价既要评价组合的投资收益，也要分析组合的风险水平。投资组合的风险水平应当符合投资者的风险偏好和承受能力，如果超过了投资者的风险承受能力，即便取得了较高的投资收益也是不可取的。

（三）证券投资组合的具体方法

1. 投资组合的三分法

在西方一些发达国家，比较流行的投资组合三分法是：1/3 的资金存入银行以备不时之需，1/3 的资金投资于债券、股票等有价证券，1/3 的资金投资于房地产等不动产。同样，投资于有价证券的资金也要进行三分，即 1/3 投资于风险较大的、有发展前景的成长性股票；1/3 投资于安全性较高的债券或优先股等有价证券，1/3 投资于中等风险的有价证券。

2. 按风险等级和报酬高低进行投资组合

证券的风险大小可以分为不同的等级，收益也有高低之分。投资者可以测定出自己期望的投资收益率和所能承受的风险程度，然后在市场中选择相应风险和收益的证券作为投资组合。一般来说，在选择证券投资组合时，同等风险的证券，应尽可能选择报酬高的；同等报酬的证券，应尽可能选择风险低的，并且要尽可能选择一些风险呈负相关的证券投资组合，以便分散掉证券的非系统性风险。

3. 选择不同的行业、区域和市场的证券作为投资组合

这种投资组合的做法是：

（1）尽可能选择足够数量的证券投资组合，这样可以分散掉大部分可分散风险。

（2）选择证券的行业也应分散，不可集中投资于同一个行业的证券。

（3）选择证券的区域也应尽可能分散。

（4）将资金分散投资于不同的证券市场。

4. 选择不同期限的证券进行投资组合

这种投资组合的方法就是根据投资者未来的现金流量来安排各种证券不同的投资期限，进行长、中、短期相结合的投资组合。投资者对现金的需求总是有先有后，长期不用的资金可以进行长期投资，以获得较大的投资收益；近期就可能要使用的资金最好投资于风险较小、易于变现的有价证券。

第三章　预算编制与方法

预算管理作为一项重要的管理手段越来越受现代企业的重视。预算管理首先为企业确立经营目标提供依据，然后将经营目标逐步分解，制订出具体工作计划，将责任落实到每个责任部门。预算管理为如何实现经营目标提供了理论基础，编制预算是预算管理中的第一步，企业能否编制出一个全面且符合实际的预算是预算管理成败的关键。本章主要介绍了预算的编制内容与编制的方法。

第一节　预算概述

一、预算的定义、特征与作用

预算管理作为企业建立科学管理体系的核心，逐渐成为我国企业应用面最广、应用量最大的管理会计方法，但在应用的深度上，许多企业距离实现全面预算管理尚有不小的差距。随着管理会计应用日益广泛，越来越多企业的预算管理已经或正在迈入全面预算阶段。

二、预算的分类

1. 业务预算

业务预算是指以公司经营预算目标为基础，分析用户需求、资费标准、市场份额和市场竞争情况，对预算年度各业务的用户发展数量等进行预测，并以此为起点编制的业务收入预算。同时根据业务发展需要，预测业务促销、委托代办等支出，编制业务发展费用预算，最后形成业务预算。

2. 财务预算

财务预算是一系列专门反映企业未来一定期限内预计财务状况和经营成果，以及现金收支等价值指标的各种预算的总称。

3. 专门决策预算

专门决策预算又称特种决策预算，是指企业为不经常发生的长期投资项目或者一次性专门业务所编制的预算。专门决策预算通常是指与企业投资活动、筹资活动或收益分配等相关的各种预算。

三、预算工作的组织结构

预算管理组织，是指负责企业集团预算编制、审定、监督、协调、控制与信息反馈、业绩考核的组织机构，其中居于主导地位的是母公司董事会及预算管理委员会。预算管理委员会是实施全面预算管理的最高决策和管理机构，以预算会议的形式审议出资者各所属单位的预算草案。该委员会是董事会的一个专门委员会，主任由董事长兼任，委员由董事会其他成员兼任，董事长助理兼任执行委员。委员会下设办公室，负责日常预算事务的处理，由集团财务总监兼任办公室主任，成员由财务经理、人事、行政等各部门负责人兼任，预算的日常管理工作由办公室成员单位具体负责执行。各实体单位设立预算工作小组，组长由各实体单位财务负责人兼任，成员由各实体单位部门负责人兼任。实体各部门要设置专门的预算管理人员。预算工作的组织包括决策层、管理层、执行层和考核层。

四、预算的编制程序

财务预算编制的行为模式包括自上而下、自下而上和上下结合三种方式。它们分别适用不同的企业环境和管理风格，并各具优缺点。企业编制预算，一般应按照"上下结合、分级编制、逐级汇总"的程序进行。在我国目前的实践中，上下结合式是一种理性的选择。

顾名思义，上下结合是博采两式之长，在财务预算编制过程中，经历了自上而下和自下而上的往复。采用这一程序的关键点，并不在于其中上与下的偏重，而是上与下如何结合、其对接点如何确定的问题。既充分发挥分部的主观能动性，又尽可能地提高财务预算编制的效率，我们主张财务预算目标应自上而下下达，财务预算编制则应自下而上地体现目标的具体落实，各责任部门通过编制财务预算需要明确"应该完成什么，以及应该完成多少"的问题。因此，财务预算的编制过程是各责任单位的资源、状况与企业财务预算目标相匹配的过程，是企业财务预算目标按部门、按业务、按人员分解的过程。采用此模式的优点在于：

1. 能够有效保证企业总目标的实现。
2. 明确分解目标，体现了公平、公正的原则，避免挫伤"先进"，保护落后。
3. 财务预算的编制必须以目标的实现为前提，避免了财务预算编制过程中的"讨价还价""宽打窄用"，提高了财务预算编制的效率。

第二节 预算的编制方法

对于企业来说，根据企业自身的类型和特点来选择预算编制方法是至关重要的，不同的预算编制方法适用于某种特定类型的企业。企业内的预算编制也需要根据预算的类型选取不同的编制方法。根据现阶段的财务管理的发展情况,企业在预算管理中可以采用以下几种基础的预算方法:增量预算法与零基预算法、固定预算法与弹性预算法、定期预算法与滚动预算法。

一、增量预算法与零基预算法

增量预算法,是指在基期成本费用水平的基础上,结合预算期业务量水平及有关降低成本的措施,通过调整原有关成本费用项目而编制预算的方法。该方法核算简单,以前期数据为基础,在过去数据的基础上根据现在的需要做一定的数据调整,而非内容上的调整。

企业在进行增量预算编制时,要满足三点前提假设:第一,企业当前财务管理活动是合理有效的,在一定范围内暂时不需要对企业当前业务活动的内容进行调整;第二,企业经营业务涉及多项开支,在一定范围内企业的各项业务开支水平都在合理范围内,在预算期可以保持在现有水平;第三,企业以现有业务活动和各项活动的开支水平为基础,确定预算期各项活动的预算数。

零基预算法,是指在编制预算时,对于所有的预算支出以零为基础,不考虑其以往情况,从实际需要与可能出发,研究分析各项预算费用开支是否必要、合理,进行综合平衡,从而确定预算费用。采用零基预算法编制预算时有特定的编制程序。

1. 零基预算法的含义和特征

零基预算是指在编制成本费用预算时,对于所有的预算收支均以"零"为基底,不考虑其以往情况和现有的费用开支水平,而是从实际需要出发,从根本上研究分析每项费用开支的必要性、合理性,各项收入的可行性,以及各项收支数额的大小,逐项审议决策从而予以确定收支水平的预算。零基预算法认为资源分配应当建立在全面比较和科学分析基础上,即所谓的"理性主义";同时强调参与性管理,即应充分调动各部门管理人员,由下而上逐级建立预算。与传统的定期预算方法比较,零基预算具有如下特点:

(1)编制预算的基础不同。定期预算以现有的各种费用项目的实际开支数为基础,考虑预算期经营业务的变化,做适当的增减调整后确定;零基预算不是以现有费用水平为基础,而是一切以零为起点,根据预算期经营活动的重要性和可供分配资金的数量确定。

(2)预算编制分析的对象不同。定期预算只考虑预算期的变化,维持过去的费用项目和开支水平,只对预算期的变化进行成本效益分析;零基预算要求对预算期内一切经营业务活动及支出都要进行成本效益分析。

(3)预算的着重点不同。定期预算着重于基期金额上的增减,零基预算则着眼于实际业务需要,按费用的必要性和重要程度分配使用资金。

2. 零基预算的基本编制方法

零基预算法在编制预算时,首先对每项业务所需的人力、物力、财力进行成本效益分析,确定各费用项目存在的必要性;然后按项目的轻重缓急,安排企业预算期的各项预算经费。具体操作流程如下：

（1）建立"决策单元"，拟定部门预算方案。决策单元是零基预算的基本单位，是零基预算的基本组成部分，它可以是一个项目、一项工程或下属机构。

（2）建立项目的"决策包"（方案）。企业内部各部门根据预算期的战略目标，逐项分析进行某项经营业务的目的，不从事该项活动将产生的影响，寻找完成该经营活动的最佳途径，从实际需要出发，不考虑这些费用以往是否发生以及发生数额的大小，详细提出各项业务所需要的费用项目及其开支数额，拟定部门预算方案。

（3）确立资金配置层次。预算委员会对各部门提出的预算方案进行成本效益分析。首先，将每项费用的预计收益和成本进行对比分析，权衡利害得失，分析经营业务发生的必要性，将费用划分为可避免和不可避免费用，从根本上剔除一些可避免发生的项目。其次，将必要的、不可避免发生的费用项目划分为不可延缓费用项目和可延缓费用项目，根据轻重缓急的原则，按重要程度、影响程度分为不同等级，并依级次排列。

（4）将预算期可动用资金依次分配，落实使用，不可延缓项目必须充分供应资金，可延缓项目则可考虑推迟执行，当期只需满足部分资金的需要。既要保证重点预算项目资金，又要使预算期内各项生产经营活动得以均衡协调地发展。

3. 零基预算法的优缺点和适用范围

零基预算是控制间接费用较为有效的方法，美国斯坦福大学曾经运用零基预算有效地削减了公共服务补助支出和多余人员的数量及其薪资支出就是一个成功的例子。与定期预算相比，定期预算就像一幅已完成的画卷，只能在已有的构图下润色；而零基预算就像一幅洁白的画布，预算者的思维可以天马行空，勾画未来最美的蓝图，使预算者的才智淋漓尽致地发挥。其优势体现在：

（1）能充分发挥各级管理人员的积极性、主动性和创造性。编制零基预算要求全员参与，预算编制以零为起点，没有过去条条框框的限制，不受现行预算的束缚，促使各级预算部门精打细算，量力而行，合理有效地进行资源分配。

（2）更有效地节约成本费用。零基预算不是对过去的简单增减和修补，而是通过成本效益分析重新规划和设计，保证将有限的资金用在刀刃上，提高资金使用效率。

（3）零基预算从实际需要出发确定费用项目及支出数额，能切合当期的实际情况，使预算更能充分发挥其控制实际支出的作用。

（4）以企业的战略目标为出发点确定必须费用开支项目，有利于企业长远目标的实现。

零基预算也并非完美无缺，与定期预算法相比较，零基预算也存在一定的缺陷，表现为预算的编制十分复杂，要求决策者对企业现状和市场进行大量的调查研究，对浩如烟海的方案的资金使用效果和投入产出关系进行定量分析，准确排序，势必耗费大量的人力、物力和财力，这给零基预算的编制和推广带来了一定的困难。企业通常隔若干年才编制一次零基预算，以后的几年只略做适当的调整，这样既简化了预算工作量，又有效地节约了费用开支。同时，由于零基预算采用自下而上的编制模式，由生产经营第一线的员工以他们的思维方式提出预算方案，没有站在更高层次从全局的角度出发去规划和设想，对整个企业面临需要解决的问题认识不深，这样的预算容易造成狭隘的观念。

零基预算特别适用于产出较难辨认的服务性部门费用预算的编制。一般适用于不经常发生的或者预算编制基础变化较大的预算项目，如对外投资、对外捐赠等。

在实践中，虽然人们普遍认为零基预算比传统的增量预算要好，但它并没有得到有效的应用。由于预算编制人员仍掌握着以前所从事工作方面的知识和信息，形成了较为稳定的思维方式和习惯，编制预算时很可能依样画葫芦，只对基期预算的变动进行调整，绕道而行后又回归增量预算的轨道。但在企业的中高层管理人员经常变动或者项目发生变动的情况下，以及存在大量战略变动和高度不确定性的条件下，零基预算是非常有效的。

二、固定预算法与弹性预算法

1. 固定预算法

固定预算法又称静态预算法，是把企业预算期的业务量固定在某一预计水平上（如生产量、销售量等），以此为基础来确定其他项目预计数的预算方法。固定预算法适用于经营业务稳定、生产产品产销量稳定，且能准确预测产品需求及产品成本的企业，也可用于编制固定费用预算。

2. 弹性预算法

弹性预算法，是在成本性态分析的基础上，依据业务量、成本和利润之间的联动关系，按照预算期内可能的一系列业务量（如生产量、销售量、工时等）水平编制的系列预算方法。这种预算法可以随着业务量的变化而反映各该业务量水平下的支出控制数，具有一定的伸缩性，因而称为弹性预算法。一般来说，可定在正常生产能力的 70%~110% 之间，或以历史上最高业务量和最低业务量为其上下限。弹性预算的方法有两种，一种是公式法，另一种是列表法。

为了适应企业生产规模和不同经营业务量水平的变化，真实、准确地反映某一特定生产规模和业务量水平上应该发生的费用开支或应该取得的收入和利润，企业预算应适应不同业务量的变化，即使预算期内的实际业务量水平同预计业务量不一样，也能找到同实际业务量相适应的预算额。

（一）固定预算法的含义和特征

固定预算法是一种传统的编制预算的方法，最早的固定预算是政府机关的经费预算，随后工商企业在编制成本预算和利润预算时也引入了这种预算方法。

固定预算法简称固定预算，是指根据预算期内正常的、预计可实现的某一业务量水平编制预算的方法。固定预算法的基本特征是：在编制预算时，不考虑预算期内经营业务水平可能发生的变动，只按照预算期内唯一的、不变的、预计可实现的正常业务量水平为基础确定相关数据，并将实际结果与按预算期内预定的某一共同的业务水平为基础确定的预算数进行比较，据以进行控制和考核。

（二）固定预算的基本编制方法

编制固定预算时，首先测算预算内可实现的正常业务量水平，如预计产销量，并根据这一业务水平为基础确定相关数据，据以编制固定预算。

（三）固定预算法的优缺点和适用范围

固定预算法在编制预算过程中，只依据某一经营活动水平确定相关数据，简单易行，工作量少，但也存在适应性较弱、可比性较差的弱点。

预算人员在长期的实践中发现，尽管运用了许多科学的方法，但由于市场情况瞬息万变且变幻莫测，企业内部的生产经营活动也时有意外的调整和变动，未来业务量水平往往发生波动，以致企业难以完全准确地预测市场需求，实际结果和预算结果存在一定程度的偏差。然而，固定预算不论预算期内实际业务量水平是否发生波动，都只按预定的某一业务量水平作为编制预算的依据，当实际业务量与编制预算所依据的预计业务量发生较大差异时，就会因业务量基础不同而失去可比性，有关指标的实际数无法与以相应业务量为基础确定的预算数进行比较，使预算无法适应实际业务水平的变化，降低了甚至失去了预算控制和考核作用，进而扭曲和误导对企业预算的业绩考核和评价。

一般来说，固定预算法由于它的稳定性和工作量较少，在日常预算工作中运用最广泛。它主要适用于固定费用预算和数额比较稳定的预算项目，多用于业务量水平较为稳定的企业和非营利组织相关预算的编制。

（四）弹性预算法的含义和特征

弹性预算法简称弹性预算，又称变动预算或滑动预算，是在固定预算基础上发展起来的一种预算方法。它是指企业根据成本、业务量、利润之间的依存关系，以预算期可预见的各种业务量水平为基础编制的预算。即在考虑预算期内企业生产经营活动可能发生变动的基础上，按照可预见的各种生产经营活动水平分别确定相关数据，并将实际结果与按预算期内预定的相应业务水平为基础确定的预算数进行比较，据以进行控制和考核。

与固定预算相比较，弹性预算显著的特点是以预算期可预见的各种业务量水平为基础编制的预算，使预算能适应生产经营活动的各种业务量的变化。

（五）弹性预算的基本编制方法

1. 编制弹性预算的准备工作

弹性预算是在按照成本（费用）习惯分类的基础上，根据量本利之间的依存关系编制的预算。在编制预算前应做好如下准备工作：

（1）选择（或确定）相关经营业务量水平的计量标准，如产销量、材料消耗量、直接人工小时、机器小时等。业务量计量单位应根据企业的具体情况进行选择。通常情况下，制造单个产品或零件的部门，可以选用产品的实物数量（如产销量）；制造多种产品或零件的部门，可以选用直接人工小时或机器小时，即以手工操作为主的车间应选用人工小时，而机械化程度较高的车间应选用机器小时；修理部门可选用直接修理工时。

（2）确定预算期可预见的经营活动水平的范围，并预计预算期可能实现的各种业务量水平。业务量水平的范围即弹性预算适用的业务量变动区间，应根据企业或部门的业务量变化情况而定，一般是实际业务量不会超越的范围。业务量范围一般可以历史上最高业务量和最低业务量为其上下限，也可定在正常生产能力的 70%~110% 之间，各种可能的业务量水平之间的间隔通常为 5% 或 10%。

2. 弹性预算法的具体应用

弹性预算法主要用于收入预算、成本预算和利润预算的编制。现举例说明成本弹性预算和利润弹性预算的具体编制方法。

（1）成本弹性预算的编制。成本弹性预算的具体编制方法主要有公式法和列表法两种。

1）成本弹性预算的公式法。公式法是依据成本弹性的原理，将全部成本区分为变动成本和固定成本，变动成本主要根据业务量控制，固定成本则根据总额控制，用成本公式"$y=a+bx$"近似地表示预算数的方法。在编制弹性成本预算时，在预算中列示固定成本和单位变动成本，利用公式计算任意业务量的预算成本。其成本预算公式为：

$$预计总成本 = 固定成本预算数 + \sum(单位变动成本预算数 \times 预计业务量)$$

在成本性态分析的基础上，成本总额包括固定成本和变动成本两部分，即任何成本项目都可近似地表示为"$y=a+bx$"，其中，y 表示某项成本总额，a 表示该项成本中的固定成本，b 表示该项成本中的单位变动成本，x 表示业务量。

在公式法下，只要确定某项成本中的固定成本 a 和单位变动成本 b，就可以推算出该项成本在相关业务量范围内任何业务量水平的预算金额，并可用此预算金额对成本支出进行控制和考核。因此，公式法下的成本弹性预算只需要列出成本项目中的固定成本和单位变动成本，而不必列出业务量水平和相应的预算金额。

采用公式法编制预算不需反映业务量水平，在一定业务量范围内不受业务量波动的影响，编制预算的工作量较小；但在进行预算控制和考核时不能直接查出特定业务量下的总成本预算额，需要根据实际业务量临时计算预算数，而且需按细目分解成本，比较繁琐，工作量较大。

2）成本弹性预算的列表法。列表法是在确定的业务量范围内，划分若干个不同的水平，然后通过列表的方式，分别计算不同业务量水平下的各项预算成本，并汇总费用预算总额，编制成本费用弹性预算的方法。

采用列表法编制预算能直接查出特定业务量下的总成本预算额，便于预算的控制和考核。但预算编制工作量较大，选择业务量的间距越小，工作量越大。事实上，即使选择较小的间距，也不能囊括业务量范围内的所有业务量水平，它与因素法比较，适用面较窄。

（2）利润弹性预算的编制。利润弹性预算是根据成本、业务量和利润之间的依存关系，以成本弹性预算为基础，以预算期内多种可能实现的销售净收入为出发点编制的，适应多种业务量变化的利润预算。

利润预算的主要内容包括销售量、销售价格、单位变动成本、边际贡献和固定成本总额，以预算期内多种可能实现的销售净收入扣减相应的成本，分别确定不同销售水平可能实现的利润或发生的亏损。其利润预算公式如下：

$$边际贡献总额 = 销售收入 - 变动成本总额$$
$$= 销售量 \times 销售单价 - 销售量 \times 单位变动成本$$
$$营业利润 = 边际贡献总额 - 固定成本总额$$

利润弹性预算的编制主要有因素法和百分比法两种方法。

1）利润弹性预算的因素法。因素法是指在量本利分析的基础上，根据业务量变动影响的有关收入、成本等因素与利润的关系，通过列表的方式，反映不同业务量水平下的利润水平，汇总编制利润弹性预算的方法。

因素法适合于单一品种的利润弹性预算的编制。编制预算时，如果产品的售价随市场供求而变动，也可对不同的售价进行弹性处理，编制不同价格下的利润弹性预算。同样，在成本水平不同的情况下，还可编制不同单位变动成本、不同固定成本水平下的利润预算，从而组合成一个完整的利润弹性预算体系。

2）利润弹性预算的百分比法。百分比法即销售百分比法，又称比重法，它是通过确定受业务量变动影响的有关收入、成本的销售百分比，列表反映不同销售收入百分比下利润水平的预算方法。

采用百分比法时，应确定产品的销售百分比和相应的变动成本率、贡献毛益率，生产多种产品的企业还应计算出加权平均变动成本率和贡献毛益率，变动成本率和贡献毛益率之和等于1。

百分比法主要适用于产品品种繁多的企业。在品种繁多的企业，由于固定成本在各产品之间的分配比较繁杂，而且分配标准的选择也会人为地导致分配结果的误差，因此，没有必要也不可能对每一种产品都逐一编制弹性预算，而应采用综合的方法即百分比法，对全部经营商品或按商品大类编制预算。但由于各种产品的价格、单位变动成本以及销售结构的变动都会影响企业的利润，百分比法未能反映这些内容，运用百分比法编制预算较为粗略。因此，运用百分比法的前提条件是销售收入必须在相关范围内变动，使成本水平（单位变动成本和固定成本总额）保持一定的稳定性。

一般情况下，如果企业产品的品种不多，首先应将固定成本在各种产品之间进行分配，再按因素法编制预算，对各种产品分别进行考核；如果品种繁多，但有几种主要产品的企业，则可先按百分比法编制预算，再将固定成本在主要产品之间分配，采用因素法分别编制各主要产品的利润预算，在总额控制的基础上再对每种主要产品进行考核分析。

（六）弹性预算的优缺点和适用范围

与固定预算法相比，弹性预算的优点主要体现在以下两方面：

1.弹性预算具有一定的伸缩性，机动性强，适用范围广。弹性预算能以弹性方式反映预算期可预见的多种业务量水平下的预算数,适应预算期内生产经营活动的各种变化,能够根据实际业务量进行机动调整,扩大了预算的适用范围。

2.弹性预算具有较强的可比性。在弹性预算法下,如果预算期实际业务量与预计正常业务量不一致,可以将实际指标与实际业务量相应的预算指标进行比较,从而使预算执行情况的评价与考核建立在更加客观和可比的基础上,便于更好地发挥预算的控制作用。

弹性预算一般适用于与预算执行单位业务量有关的成本(费用)、利润等预算项目。由于未来业务量的变动会影响到成本费用和利润等各个方面,从理论上讲,弹性预算适用于全面预算中所有与业务量有关的各种预算,但在实务中,收入、利润一般按概率的方法进行风险分析预算,而直接材料、直接人工可按标准成本制度进行标准预算,只有制造费用、销售费用及管理费用等间接费用应用弹性预算的频率较高。

三、定期预算法与滚动预算法

1.定期预算法

定期预算法是指以不变的会计期间(如日历年度)作为预算期的一种编制预算的方法。这种方法是企业常用的方法之一。

定期预算法简称定期预算,又称调整预算法、增量预算法,它是指在编制预算时,以基期成本费用水平为基础,结合预算期业务量水平及有关成本影响因素的变化和有关降低成本的措施,通过调整原有成本费用项目的内容和金额而形成预算的方法。

定期预算认为企业现有的业务活动必须继续进行才能使企业正常经营,因此为原有现行经营业务发生的各项成本费用项目都是合理的,预算期的各项成本费用应在现有费用的基础上进行调整。

2.滚动预算法

滚动预算法,是指将预算期与会计期间脱离开,随着预算的执行不断地补充预算,逐期向后滚动,使其预算期限始终保持为一个固定长度(一般为12个月)的一种预算方法。滚动预算按照时间划分,可以分为逐月滚动预算、逐季滚动预算和混合滚动预算三类。

3.定期预算的基本编制方法

在按定期预算法编制预算时,以基期同项目的预算指标值为基础,按比例进行增减调整推算预算期的该类预算指标,即:

$$预算指标值 = 基期的预算数 \times (1 \pm 预算期指标变动率)$$

4.定期预算法的优缺点和适用范围

定期预算法以过去经验为基础,认为过去存在的即合理的,主张不需要在预算内容上做较大改进,而是因循沿袭以前存在的预算项目,只需对需要增减的费用项目在内容和金额上进行调整。这种传统的预算方法比较简便,但存在一定的缺陷:

(1)不利于有效节约成本费用。采用定期预算法编制预算时,往往不加分析地保留或接受原有成本项目，可能会导致原来不合理的费用开支继续存在下去，使不必要开支的合理化，而且年复一年，这些不合理因素将会像滚雪球一样越滚越大，造成预算先天性的浪费，使预算脱离甚至完全背离实际，失去预算的先进性，从而失去预算的意义。

（2）不利于调动各部门降低成本费用的积极性。预算人员采用定期预算法时，往往凭主观臆断对成本费用项目平均削减或只增不减，使预算演变为一种随意而简单的工作，不能引起各部门足够的重视，同时受到历史条条框框的限制，无法发挥积极性和创造力。

（3）不利于企业未来的发展。定期预算着重于现存费用项目的预算，而忽略对企业未来发展有利且确实需要开支的项目，将一些对企业未来发展有利的管理创新思想和方法扼杀于襁褓中。

定期预算法一般只适用于那些不太重要而且发生变动的概率很小的项目的预算。

四、静态预算法和动态预算法

（一）静态预算法的含义和特征

静态预算法简称静态预算，又称定期预算，是指在编制预算时，以固定的会计期间（日历年度）作为预算期的编制方法。其特点是预算期与会计年度一致，不同会计年度的预算期是间断的，不同会计年度的预算是相互独立的。

（二）静态预算的基本编制方法

采用静态预算法编制预算时，一般以一个会计年度作为固定的预算期，首先反映年度预算，其次再细分为季度预算、月度预算，即预算应按年份季度、分月编制。

（三）静态预算法的优缺点和适用范围

静态预算法的主要优点是预算期稳定且与会计期间保持一致，有利于对预算执行情况进行考核和评价，预算编制的工作量较小。但这一传统的预算方法存在着以下的不足：首先，静态预算连续性较差，预算管理工作受预算期间限制，在预算执行后期，因预算的间断使企业失去长远目标，而把视野局限于眼前利益，不符合企业持续经营的要求，不利于企业的长远发展；其次，由于预算的刚性，定期预算不适宜经常性地修订和调整，即使在执行前期预算时发现预算和实际执行情况发生偏差，也不能随意地进行调整和修订，使预算失去其先进性，难以发挥其控制和考评的作用，一旦企业各种经营活动在预算期内发生重大变化需要调整时，也必然带来繁杂的工作量；最后，由于静态预算一般高于预算期前两三个月提前编制，预算编制时对预算后期的把握不够准确，预算偏离实际的可能性较大，缺乏远期指导性。

（四）动态预算法的含义和特征

动态预算法简称动态预算，又称滚动预算、永续预算或连续预算，是指在基期预算的基础上，每执行完1个季度（或月份）的预算立即在期末增列一个新的季度（或月份）的预算，使预算永久保持4个季度（或12个月）。其基本特点是预算期是连续不断的，始终保持一定期限，在某期预算执行后，根据前期的实际执行情况和预算指标进行对比分析，找出实际和预算的偏差及其原因，并结合执行中发生的新情况重新修订预算，然后续增一期预算，如此逐期向后滚动，使预算连续不断地规划企业未来的生产经营活动。

（五）动态预算的基本编制方式

编制动态预算时可采用逐月滚动、逐季滚动和逐季分月滚动三种方式。

1. 逐月滚动方式

逐月滚动方式是指按年、月编制和执行预算，每月调整一次预算，并以月为单位增列后续预算的方法。

逐月滚动方式编制的预算精确度较高，但由于在按年分月编制完整详细预算的同时还需逐月调整预算，因此工作量较大。

2. 逐季滚动方式

逐季滚动方式是指按年份季度编制和执行预算，每季度调整一次预算，并以季度为单位增列后续预算的方法。

逐季滚动方式编制的预算只需分季度调整和增列预算，工作量较小，但精确度较差。

3. 逐季分月滚动方式

逐季分月滚动预算的编制采用"长预算、短安排"的方式。由于人们对预算周期不同阶段的把握程度不同，通常对近期的把握较为准确，而对远期的变化往往始料不及，为了减少预算的偏差，同时减少编制预算的工作量，在编制预算时，应远略近详，近期预算精度应较高，内容较详细而完整，而远期预算一般较为粗简，只匡算预算总数。

逐季分月滚动方式是指首先按年份季度粗略编制预算，季度预算执行前再按月详细完整地编制该季度预算，每季度调整一次预算，并以季度为单位增列后续预算的方法。

（六）动态预算法的优缺点和适用范围

与传统的静态预算法比较，采用动态预算方法编制预算，可以使预算人员更好地掌握现在和未来，正确指导企业生产经营活动。其一，动态预算使管理人员始终能够从动态的角度把握企业近期的预算目标和远期的战略规划，确保预算管理稳定而有序地进行。其二，使预算工作和日常管理工作紧密结合。管理人员在预算执行过程中经常性地对预算资料进行分析研究、调整和修订，对企业经营活动的认识不断深化，能正确指导企业生产经营活动。其三，各期预算执行前，需根据前期预算的执行情况进行变动因素分析，及时调整和修订近期预算，使预算更加切合实际，能够充分发挥预算的指导和控制作用。其四，动态预算在时间上不受日历年度限制，不会造成预算的人为间断，能连续不断地规划未来的经营活动。其主要缺点是工作量较大。

由于动态预算不以固定的日历年度为预算期，预算跨年度连续延伸，运用时必须有一个与之相适应的条件和环境，如生产指标、材料供应时间必须打破以自然年度一年一度安排的常规管理方式的限制，这样才能使动态预算得以广泛运用。可以说，只要条件和环境能够满足，动态预算法的适用范围是很广的。

五、概率预算

概率预算法简称概率预算，它是指在预算期经营业务水平变动较大的情况下，充分估计其可能变动的范围，并按各种可预见的经营业务水平在该范围内出现的可能性的大小，确定每一经营业务水平出现的概率，再按概率的大小计算各经营业务水平的期望值，据此确定不同业务量水平下的预算数。

概率预算实际上是一种修正的弹性预算。弹性预算法在编制预算时考虑了预算期各种可预见的经营水平，但没有考虑其在可变范围出现的可能性的大小，也没有考虑不同业务量水平下相关价格和成本的变化，而概率预算则将各相关可能出现的概率大小进行加权平均，计算有关指标在预算期内的期望值，从而形成概率预算。

编制概率预算时，如果销售量的变动与价格和成本的变动并无直接联系，应根据各自的概率分别计算相关范围内不同业务量、价格、单位变动成本的期望值，据以计算确定相应的利润预算数；如果销售量的变动与价格和成本的变动有密切的联系，即业务量变化会引起相关价格和成本的变动，应计算不同业务量、价格和成本的联合概率，再按联合概率确定预算指标的期望值。

1. 业务量变化与相关价格和成本的变动无直接联系情况下的编制步骤

（1）确定业务量相关范围内各种不同变量变动水平，并近似地估计其出现的概率。

（2）计算各种变量的期望值，即以概率为权数的加权平均数。其计算公式如下：

$$期望销售量 = \sum 某一可能的销售量 \times 该销售量出现的概率$$

$$期望销售单价 = \sum 某一可能的销售单价 \times 该销售单价出现的概率$$

$$期望单位变动成本 = \sum 某一可能的单位变动成本 \times 该单位变动成本出现的概率$$

（3）按期望销售量计算相关的收入、成本和利润期望预算数。

$$利润期望值 = (期望销售单价 - 期望单位变动成本) \times 期望销售量 - 固定成本$$

2. 业务量变动与相关价格和成本的变动有密切关系情况下的编制步骤

（1）估计不同业务量水平及其相应价格、成本可能出现的状态和概率，分别计算各种状态下的利润。其计算公式如下：

$$利润总额 = (预计销售单价 - 预计单位变动成本) \times 预计销售量 - 预计固定成本$$

（2）计算各种组合状态的联合概率。其计算公式如下：

$$联合概率 = \sum 某销售水平的概率 \times 相应价格的概率 \times 相应成本的概率$$

（3）计算各种组合状态预算指标的期望值。其计算公式如下：

$$利润期望值 = \sum 某种可能的利润总额 \times 联合概率$$

概率预算法在编制预算时，根据产品销售数量、销售价格和单位变动成本的可预见的变化及其概率分布情况,计算预算指标的期望值,使预算更符合客观实际情况,但预算编制工作量较大,准确地确定各因素变化的范围和概率也比较困难。该方法适合于市场供需变动或产销量变动较大的情况。

第三节 全面预算编制

全面预算的结果最终反映在一整套预计的财务报表和其他附表上,主要用来规划计划期内企业的全部经济活动及其相关财务结果。全面预算可以按其涉及的业务活动领域分为财务预算和非财务预算。其中财务预算是关于资金筹措和使用的预算;非财务预算主要是指业务预算,用于预测和规划企业的基本经济行为。

1. 销售预算的编制

全面预算以销售预算为起点,是关于企业在一定时期内经营、资本、财务等各方面的总体计划,它将企业全部经济活动用货币形式表示出来。

2. 生产预算的编制

生产预算是根据销售预算编制的,计划为满足预算期的销售量及期末存货所需的资源。计划期间除必须有足够的产品以供销售之外,还必须考虑计划期初和期末存货的预计水平,以避免存货太多形成积压,或存货太少影响下期销售。生产预算涵盖生产过程。企业由销售预算中得出生产总额和总产量,以满足预算期内预计的销售需要和为下一期准备的存货需要。完成生产总量的需要后,企业就可以制订附属生产预算。

3. 直接材料预算的编制

直接材料预算是一项采购预算,预计采购量取决于生产材料的耗用量和原材料存货的需要量。它是以生产预算为基础编制的,并要同时考虑期初、期末材料存货水平,以避免材料的供应不稳定,以及停工待料或超储而造成的积压。直接材料预算主要包括单位产品直接材料用量、生产需要量、期初期末存量、预计材料采购量和预计采购金额。

4. 直接人工预算的编制

直接人工预算是根据生产预算中的预计生产量、标准单位或金额所确定的直接人工工时、小时工资率进行编制的。直接人工预算可以反映预算期内人工工时的消耗水平和人工成本。直接人工预算是一种既反映预算期内人工工时消耗水平,又规划人工成本开支的业务预算。

5. 制造费用预算的编制

制造费用预算是一种能反映直接人工预算和直接材料使用和采购预算以外的所有产品成本的预算计划。为编制预算,制造费用通常可按其成本性态分为变动性制造费用、固定性制造费用。固定性制造费用可在上年的基础上根据预期变动加以适当修正进行预计,变动性制造费用根据预计生产量乘以单位产品预定分配率进行预计。

为了全面反映企业资金收支,在制造费用预算中,通常包括费用方面预期的现金支出。需要注意的是,由于固定资产折旧费是非付现项目,在计算时应予剔除。

6. 产品生产成本预算的编制

产品成本预算是生产预算、直接材料预算、直接人工预算、制造费用预算的汇总,即产品成本预算主要依据生产预算、直接材料预算、直接人工预算、制造费用预算等汇总编制。产品成本预算的主要内容是产品的总成本与单位成本。其中,总成本又分为生产成本、销货成本和期末产品库存成本。在变动成本法下,如果产成品存货采用先进先出法计价,则产品成本预算的编制程序为:(1)估算每种产品预算期预计发生的单位生产成本;(2)估算每种产品预算期预计发生的生产成本;(3)估算每种产品预算期的预计产品生产成本;(4)估算每种产品预算期预计的产品销售成本。

7. 销售及管理费用预算的编制

销售及管理费用预算又称营业费用预算,是指为组织产品销售活动和一般行政管理活动,以及有关的经营活动的费用支出而编制的一种业务预算。

销售费用预算,是指为了实现销售预算所需支付的费用预算。它以销售预算为基础,同时综合分析销售收入、销售费用和销售利润的相互关系,力求实现销售费用的最有效使用。管理费用预算,是指企业日常生产经营中为搞好一般管理业务所必需的费用预算。随着企业规模的扩大,一般管理职能日益重要,因而其费用也相应增加。在编制管理费用预算时,要分析企业的业务成绩和一般经济状况,务必做到合理化。管理费用项目比较复杂,属于固定成本,因此,可以先由各部门上报费用预算。

8. 现金预算编制

现金预算是指用于预测企业还有多少库存现金,以及在不同时点上对现金支出的需要量。企业生存的首要条件是用可用的现金去偿付到期的债务,一旦出现库存、机器及其他非现金资产的积压,即便有了可观的利润也并不能给企业带来什么好处。现金预算还表明可用的超额现金流量,并能为盈余制订营利性投资计划,为优化配置组织的现金资源提供帮助。

9. 利润表预算的编制

预算利润表,是指以货币形式综合反映预算期内企业经营活动成果(包括利润总额、净利润)计划水平的一种财务预算。该预算需要在销售预算、产品成本预算、应交税金及附加预算、制造费用预算、销售费用预算、管理费用预算和财务费用预算等日常业务预算的基础上编制。预计利润表是按照权责发生制编制的,这与现金预算的编制原则不同。另外,预计利润表是按照变动成本法编制的。

10. 预计资产负债表预算的编制

预计资产负债表是依据当前的实际资产负债表和全面预算中的其他预算所提供的资料编制而成的总括性预算表格,可以反映企业预算期末的财务状况,即反映企业在计划期末预计的财务状况。预计资产负债表可以为企业管理层提供会计期末预期财务状况的信息,它有助于管理层预测未来的经营状况,并采取适当的改进措施。

第四章 营运资本管理

企业的发展离不开营运资本管理,如何科学地对营运资本进行管理,是企业决策者必须考虑的问题。本章从营运资本、营运资本管理内容及特征进行剖析,对企业出现的问题提出建议,希望有助于提高营运资本管理的科学性。

第一节 营运资本管理概述

一、营运资本的概念和特点

(一)营运资本的概念

营运资本是指投入日常经营活动(营业活动)的资本,是流动资产和流动负债的差额。流动资产是指可以在一年以内或超过一年的一个营业周期内变现或运用的资产。企业拥有较多的流动资产可在一定程度上降低财务风险。流动资产按用途分为临时性流动资产和永久性流动资产。临时性流动资产是指随生产的周期性或季节性需求而变化的流动资产,永久性流动资产是指满足企业一定时期生产经营最低需要的那部分流动资产。

流动负债指需要在一年或者超过一年的一个营业周期内偿还的债务。流动负债按形成原因可分为自发性流动负债和临时性流动负债。自发性流动负债是指企业在生产经营过程中不需要正式安排,由于结算程序的原因而自然形成一部分货款的支付时间晚于形成时间的流动负债,如应付账款、应付票据等,它们是资金的一种长期来源;临时性流动负债是指为了满足临时性流动资金需要所发生的负债,它是资金的一种短期来源。

当流动资产大于流动负债时,营运资本是正值,表示流动负债提供了部分流动资产的资金来源,其他部分是由长期资金来源支持的,这部分金额就是营运资本。营运资本也可以理解为长期筹资用于流动资产的部分,即长期筹资净值。

用公式表示为:

流动资产 + 长期资产 = 所有者权益 + 长期负债 + 流动负债

流动资产 − 流动负债 = (所有者权益 + 长期负债) − 长期资产

营运资本 = 长期筹资 − 长期资产 = 长期筹资净值

流动资产 = 流动负债 + 长期筹资净值

流动资产投资所需资金的一部分由流动负债支持，另一部分由长期筹资支持。尽管流动资产和流动负债都是短期项目，但是绝大多数健康运转的企业的营运资本都是正值。

（二）营运资本的特点

1. 流动资产的特点

（1）流动资产的来源具有灵活多样性。与筹集长期资金的方式相比，企业筹集流动资产所需资金的方式较为灵活多样，通常有银行短期借款、短期融资券、商业信用、应交税金、应交利润、应付职工薪酬、应付费用、预收货款、票据贴现等多种内外部融资方式。

（2）流动资产的数量具有波动性。流动资产的数量会随企业内外条件的变化而变化，时高时低，波动很大。季节性企业如此，非季节性企业也如此。随着流动资产数量的变动，流动负债的数量也会相应地发生变动。

（3）流动资金周转具有短期性。企业占用在流动资产上的资金，通常会在一年或一个营业周期内收回。根据这一特点，流动资产所需资金可以用商业信用、银行短期借款等短期筹资方式加以解决。

（4）流动资产的实物形态具有变动性和易变现性。企业流动资产的占用形态是经常变化的，一般按照现金、材料、在产品、产成品、应收账款的顺序转移。为此，在进行流动资产管理时，必须在各项流动资产上合理配置资金数额，做到结构合理，以促进资金周转顺利进行。此外，交易性金融资产、应收账款、存货等流动资产一般具有较强的变现能力，如果遇到意外情况，企业出现资金周转不灵、现金短缺时，便可迅速变卖这些资产，以获取现金。

2. 流动负债的特点

流动负债具有偿还期限短、成本低、财务风险高、筹资富有弹性等特点。

二、营运资本管理的目的

营运资本管理是企业财务管理的一个重要组成部分，营运资本管理的目的必须符合企业整体财务管理的目的。企业营运资本管理的基本目标就是最大限度地服务于企业的长远财务规划，围绕经营活动现金流量的创造，实现企业价值最大化。当然，流动资产自身没有创造现金流量的能力，对企业价值的形成没有直接的影响。但在资本投资性质及其效率既定的情况下，无能的、低效的营运资本管理却会在很大程度上抵减企业经营活动现金流量的创造力。因此，企业应合理确定现金持有量，保持良好的流动资产结构，加快应收账款的回收等，使企业整个营运资本按照营运资本管理既定的目标进行运营，促使企业实现价值最大化。

为达到这一目的，在营运资本管理中，要做好以下几点：

1. 合理确定企业营运资本的占用数量。
2. 合理确定短期资本的来源结构。
3. 加快资本周转，提高资本的利用效率。

三、营运资本管理的内容

在营运资本管理中,财务管理者必须做两个决策:企业运营需要多少营运资金以及如何筹集企业运营所需的资金。在实践中,这些决策一般同时进行,而且它们相互影响。所以,营运资本管理包括营运资本投资管理和营运资本筹资管理。

(一)营运资本投资管理

营运资本投资管理也就是流动资产投资管理,包括流动资产投资政策和流动资产投资日常管理两部分。

1. 流动资产投资政策

(1)流动资产投资政策的类型

流动资产投资政策是指如何确定流动资产投资的相对规模。流动资产的相对规模,通常用流动资产占销售收入的比例来衡量。它是流动资产周转率的倒数,也称1元销售占用流动资产。

常见的流动资产投资政策有以下三种类型。

1)紧缩的流动资产投资政策。紧缩的流动资产投资政策可能伴随着更高风险,这些风险可能源于更紧的信用和存货管理,或源于缺乏现金用于偿还应付账款。此外,受限的信用政策可能会减少销售收入。同时,紧缩的产品存货政策则不利于进行商品选择,从而影响企业销售。

紧缩的流动资产投资政策能提高企业收益,前提是不可预见的事件没有损害公司资产的流动性以致严重的问题发生。

2)适中的流动资产投资政策。在销售不变情况下,企业安排较少的流动资产投资,可以缩短流动资产周转天数,节约投资成本。但是,投资不足可能会引发经营中断,增加短缺成本,给企业带来损失。企业为了减少经营中断的风险,在销售不变的情况下安排较多的营运资本投资,会延长流动资产周转天数。但是,投资过量会出现闲置的流动资产,白白浪费了投资,增加了持有成本。因此,需要权衡得失,确定其最佳投资需要量,也就是短缺成本和持有成本之和最小化的投资额。

适中的流动资产投资政策,就是按照预期的流动资产周转天数、销售额及其增长率、成本水平和通货膨胀等因素确定的最优投资规模,安排流动资产投资。这种流动资产投资政策下的投资收益率和运营风险都适中。

3)宽松的流动资产投资政策。通常情况下,企业持有高水平的现金、高水平的应收账款(通常来自宽松的信用政策)和高水平的存货(通常源于补给原材料或不愿意因为成品存货不足而失去销售)。这种流动资产投资政策需要较多的流动资产投资,承担较大的流动资产持有成本,可能导致较低的投资收益率,但由于较高的流动性,企业的运营风险较小。

（2）流动资产投资政策的选择

在进行流动资产投资政策的选择时，需要考虑以下因素：

1）该公司对风险和收益的权衡特性。在进行流动资产投资政策的选择时，公司债权人的意见尤为关键。银行和其他借款人对企业流动性水平非常重视，因为流动性包含了这些债权人对信贷扩张和利率的决策。他们还会考虑应收账款和存货的质量，尤其是当这些资产被用来当作一项贷款的抵押品时。

2）公司特性。许多公司，尤其是较小的公司，由于有限的短期借贷可获得性和有限的整体资本化，被迫采用紧缩的投资政策。

3）产业因素。在销售的边际毛利较高的产业，一个宽松的信用政策可能提供相当可观的收益，尤其是如果潜在的额外利润大大超过了潜在的成本。这种观点假设从额外销售中获得的利润超过额外应收账款所增加的成本，以及其他额外的坏账损失。

4）决策者类型。财务管理者较之运营或销售经理，通常具有不同的流动资产管理观点。运营经理通常喜欢高水平的原材料或部分产成品存货，以便满足生产所需。相似地，销售经理也喜欢高水平的产成品存货以便满足顾客的需要，而且喜欢宽松的信用政策以便刺激销售。相反，财务管理者喜欢最小化存货和应收账款，以便最小化为这些流动资产进行筹资的成本。

2. 流动资产投资日常管理

流动资产投资日常管理，是流动资产投资政策的执行过程，包括现金管理、存货管理和应收账款管理。

流动资产投资日常管理，是伴随各业务部门的日常生产经营活动进行的。财务部门管理现金流动，生产部门管理存货流动，销售部门管理应收账款流动。这些日常营业活动虽然都会影响公司的流动性，但是财务主管并不直接决策，而由相关营业人员分散决策。

日常营业活动是频繁发生、重复进行的，比如向顾客收款，每天要发生许多次。经营重复的例行活动的决策过程可以程序化，即通过建立控制系统来完成。例如，企业需要建立现金控制系统、存货控制系统和应收账款控制系统等。财务主管的职责是根据既定流动资产投资政策控制标准和程序，并监控系统运行的有效性。

（二）营运资本筹资管理

营运资本筹资管理是指在总体上如何为流动资产筹资，采用短期资金来源还是长期资金来源，或者兼而有之。进行营运资本筹资管理，就是确定流动资产所需资金中短期来源和长期来源的比例。流动资产的投资管理，确定了投资的总量，也就是需要筹资的总量。营运资本的筹资管理，主要是确定筹资的来源结构。

流动资产的资金来源，一部分是短期来源，另一部分是长期来源，后者是长期资金来源购买固定资产后的剩余部分。长期资金来源购买固定资产后的剩余部分多，资金来源的持续性强，偿债压力小，管理起来比较容易，成为保守的筹资政策。长期资金来源购买固定资产后的剩余部分是负数，资金来源的持续性弱，偿债压力大，称为激进的筹资政策。从最保守的筹资政策到最严格的筹资政策之间，分布着一系列宽严程度不同的筹资政策。它们大体上分为三类：配合型筹资政策、保守型筹资政策和激进型筹资政策。

1. 配合型筹资政策

配合型筹资政策的特点是：对于临时性流动资产，用临时性流动负债筹集资金；永久性流动资产和长期资产，则由长期资金来源来支持。

2. 保守型筹资政策

保守型筹资政策的特点是：临时性流动负债只能融通部分临时性流动资产的资金需要，另一部分临时性流动资产和长期性资产，则由长期资金来源支持。极端保守的筹资政策完全不使用短期借款，全部资金都来自长期资金。

例如，某企业在生产经营过程中，需占用 600 万元的流动资产和 1 000 万元的固定资产，在生产经营的高峰期，会额外增加 500 万元的季节性存货需求。如果企业只在生产经营的旺季借入资金低于 500 万，比如 300 万元的短期借款，而无论何时的长期负债、自发性负债和权益资本之和总是高于 1 600 万元，比如达到 1 800 万元，那么旺季季节性存货的资金需要只有一部分（300 万元）靠当时的短期借款解决，其余部分的季节性存货和全部长期性资金需要则由长期负债、自发性负债和权益资本提供。而在生产经营的淡季，企业则可将闲置的资金（200 万元）投资于短期有价证券。

在这种做法下，由于短期金融负债所占比例较小，企业无法偿还到期债务的风险较低，同时蒙受短期利率变动损失的风险也较低。然而，却会因长期负债资本成本高于短期金融负债的资本成本，以及经营淡季时资金有剩余但仍需负担长期负债利息，从而降低企业的收益。所以，保守型筹资政策是一种风险和收益均较低的营运资本筹资政策。

3. 激进型筹资政策

激进型筹资政策的特点是：临时性短期负债不但要满足临时性短期资产的需要，还要满足一部分永久性短期资产的需要，有时甚至全部短期资产都要由临时性短期负债支持。

四、营运资本管理的原则

企业的营运资本在全部资本中占有相当大的比重，而且周转期短，形态易变，所以营运资本管理是企业财务管理工作的一项重要内容。实证研究也表明，财务经理将大量时间用于营运资本的管理。企业进行营运资本管理，必须遵循以下原则。

1. 认真分析生产经营状况，合理确定营运资本的需要数量

企业营运资本的需要数量与企业生产经营活动有直接关系。当企业产销两旺时，流动资产不断增加，流动负债也会相应增加；而当企业产销量不断减少时，流动资产和流动负债也会相应减少。因此，企业财务人员应认真分析生产经营状况，采用一定的方法预测营运资本的需要数量，以便合理使用营运资本。

2. 在保证生产经营需要的前提下，节约使用资本

在营运资本管理中，必须正确处理保证生产经营需要和节约使用资本二者之间的关系。要在保证生产经营需要的前提下，遵守勤俭节约的原则，挖掘资本潜力，精打细算地使用资本。

3. 加速营运资本周转，提高资本的利用率

营运资本周转是指企业的营运资金从现金投入生产经营开始，到最终转化为现金的过程。在其他因素不变的情况下，加速营运资本的周转，也就相应地提高了资本的利用效果。因此，企业要千方百计地加速存货、应收账款等流动资产的周转，以便用有限的资本取得最优的经济效益。

4. 合理安排流动资产与流动负债的比例关系，保证企业有足够的短期偿债能力

流动资产、流动负债以及二者之间的关系能较好地反映企业的短期偿债能力。流动负债是在短期内需要偿还的债务，而流动资产则是在短期内可以转化为现金的资产。因此，如果一个企业的流动资产比较多，流动负债比较少，说明企业的短期偿债能力较强；反之，则说明短期偿债能力较弱。但如果企业的流动资产太多，流动负债太少，也并不是正常现象，这可能是流动资产闲置或流动负债利用不足所致。因此，在营运资本管理中，要合理安排流动资产和流动负债的比例关系，以便既节约使用资金，又保证企业有足够的偿债能力。

第二节　现金管理

一、现金持有的动机

企业现金是指企业在生产过程中暂时停留在货币形态的资金，包括库存现金、银行存款、其他货币资金等。保持合理的现金水平是企业现金管理的重要内容。企业现金是变现能力最强的资产，可以用来满足生产经营开支的各种需要，也是还本付息和履行纳税义务的重要保证。在正常的市场环境下，一般流动性较强的资产，其收益性相对较低，这就意味着如果企业持有的现金过多，将会降低企业的收益水平；如果现金太少，又有可能会出现现金短缺，影响企业日常生产经营活动。因此，企业在现金管理上，必须建立一套管理现金的方法，持有合理的现金数额，力求做到既保证企业正常生产经营活动的需要，又不使企业现金多余闲置。另外，企业应编制现金预算，以衡量企业在某段时间内的现金流入量与流出量，以便在保证企业经营活动所需现金的同时，尽量减少企业的现金数量，提高资金收益率。由此可见，现金的管理过程就是在现金流动性和收益性之间进行权衡的过程。

企业置存现金的动机主要是为了满足交易性需要、预防性需要和投机性需要。

1. 交易性动机

交易性动机是指企业持有现金以便满足生产经营活动中现金支付的需要，如购买原材料、支付工资、支付水电费、缴纳税款、偿付到期债务、支付现金股利等。一般来说，企业每天的现金收入与现金支出在时间上和数量上很难做到同步同量，因此，企业需要持有一定现金来调节，这样才能使企业生产经营活动持续进行下去。交易性动机的现金需要量主要取决于企业的产销业务量水平。

2. 预防性动机

预防性动机是指企业为应付意外的、紧急的情况而需要置存现金。市场行情的瞬息万变和其他各种不测因素的存在，使企业有必要维持比日常正常运转所需金额更多的现金。预防性现金额度的确定，要考虑企业愿承担风险的程度、企业预测现金收支可靠的程度和企业临时融资的能力。一般来说，希望尽可能减少风险的企业倾向于保留大量的现金余额，以应付其交易性需求和大部分预防性需求。

3. 投机性动机

投机性动机是指企业为抓住瞬息即逝的市场机会投机获利而置存现金。例如，预估原材料等价格上升而置存现金准备低价购入、证券价格和汇率波动套利等。投机性动机不是企业持有现金的主要动机，其现金持有量的大小往往与企业在金融市场的投资机会及企业对待风险的态度有关。

二、现金持有的成本

置存现金通常会发生四种成本，即管理成本、机会成本、转换成本、短缺成本。

1. 管理成本

管理成本是指企业因置存现金而发生的管理费用，如管理人员工资及必要的安全措施费，这部分费用在一定范围内与现金持有量的多少关系不大，具有固定成本的性质，属于决策无关成本。

2. 机会成本

机会成本是指企业因持有一定数量的现金而损失的再投资收益。企业持有现金就意味着失去了将现金投资到其他方面获得投资收益的机会，从而形成持有现金的机会成本，通常按有价证券的利息率计算。例如，企业欲持有 10 万元现金，则只能放弃 1 万元的投资收益（假设有价证券的利息率为 10%）。可见，机会成本与现金持有量的多少密切相关，属于决策成本相关，即现金持有量越大，机会成本越高，反之就越低。

3. 转换成本

转换成本是指现金与有价证券的转换成本，即将有价证券转换为现金的交易成本，如委托买卖佣金、委托手续费、证券过户费、交割手续费等。

严格地讲，转换成本并不都是固定费用，有的具有变动成本的性质，如委托买卖佣金或手续费。这些费用通常是按照委托成交金额计算的。因此，在证券总额既定的条件下，无论变现次数怎样变动，所需支付的委托成交金额是相同的。因此，那些依据委托成交额计算的转换成本与证券变现次数关系不大，属于决策无关成本。这样，与证券变现次数密切相关的转换成本便只包括其中的固定性交易费用，如证券过户费。例如，公司年现金需求量为 100 万元，现金持有量为 10 万元，每次现金与有价证券转的换成本为 0.1 万元，即现金的转换成本为 1 万元（ $100 \div 10 \times 0.1$ ）。固定性转换成本与现金持有量成反比例关系，即在现金需要量既定的前提下，现金持有量越少，进行证券变现的次数越多，相应的转换成本就越大；反之，现金持有量越多，证券变现的次数就越少，需要的转换成本也就越小。

4. 短缺成本

短缺成本是指在现金持有量不足而又无法及时通过有价证券变现加以补充而给企业造成的损失，如由于现金短缺而无法购进急需的原材料从而使企业的生产经营中断而给企业造成的损失，不能按时支付货款带来的信用损失，失去折扣优惠的成本，不能按期缴纳税款而被罚交的滞纳金等。现金的短缺成本随现金持有量的增加而下降，随现金持有量的减少而上升，即与现金持有量呈负相关。

三、最佳现金持有量的确定

由于交易性动机、预防性动机和投机性动机的需要，企业必须持有一定量的现金。但是，由于现金是一种营利性极差的资产，过多地持有会造成资源的浪费，因而，企业必须控制现金的持有规模，确定最佳现金持有量。最佳现金持有量就是指使有关成本之和最小的货币资金持有数额，它的确定主要有成本分析模式、存货分析模式、现金周转模式、随机模式等。这里主要介绍两种常用的模式：成本分析模式和存货分析模式。

1. 成本分析模式

成本分析模式是通过分析企业置存现金的各相关成本，测算各相关成本之和最小时的货币资金持有量的一种方法。在这种模式下，假设不存在现金和有价证券的转换，因此不考虑转换成本，与企业持有现金相关的成本有管理成本、机会成本和短缺成本，它们之和构成了企业持有现金的总成本。

$$持有现金总成本 = 管理成本 + 机会成本 + 短缺成本$$

管理成本、机会成本、短缺成本共同作用产生现金总成本，总成本曲线呈抛物线形，抛物线的最低点即为总成本的最低点，其所对应的现金持有量为最佳现金持有量。其中，管理成本具有固定成本的性质，属于决策无关成本，即最佳现金持有量，就是持有现金而产生的机会成本与短缺成本之和最小时的现金持有量。机会成本和短缺成本与现金持有量的变化关系为：现金持有量越大，机会成本越高，短缺成本越低；现金持有量越小，机会成本越低，短缺成本越高。

2.存货分析模式

现金持有量的基本原理是将一个公司的现金余额看作一种存货库存,假设公司的现金支出在一定时间内其发生额是均衡的,现金的需要量可以预测,在此期间,短期有价证券可以随时转换成现金,当公司库存现金下降到某一预先指定的水平,公司就销售有价证券以兑取所需现金;当现金余额较大时,又去购买证券,以获得最大的投资收益。

在存货模型中,只考虑机会成本和转换成本,不考虑管理成本和短缺成本。因管理成本相对稳定,同现金持有量的多少关系不大,因此在存货模型中将其视为决策无关成本而不予考虑。另外,由于现金可以随时和有价证券进行转换,因而也不考虑短缺成本。现金管理相关总成本即持有机会成本与转换成本之和最低时的现金持有量为最佳现金持有量。

设 T 为一个周期内现金总需求量,b 为每次转换有价证券的固定成本,C 为最佳现金持有量(每次证券变现的数量),i 为有价证券利息率(机会成本),TC 为现金管理相关总成本(机会成本与转换成本之和),则有关计算公式如下:

$$TC = \frac{C}{2} \times i + \frac{T}{C} \times b$$

$$C = \sqrt{\frac{2Tb}{i}}$$

$$TC = \sqrt{2Tbi}$$

存货分析模式可以精确地测算出最佳现金余额和变现次数,但是这种模式以货币支出均匀发生、现金机会成本和转换成本易于预测为前提条件,当企业现金收支波动较大时,这种模式的使用会受到一定的限制。

四、现金的日常管理

企业对现金的管理,首先应遵守国家的有关现金管理条例和货币资金内部控制规范,建立企业内部现金管理制度,做好现金预算管理,并依照现金预算中的计划安排来筹划现金流入和现金流出。同时,企业应合理安排日常现金持有量,既要保持日常业务需要的现金,又要减少现金的闲置浪费,尽量加速账款的回收和现金的周转,延缓现金支出,从而提高现金的使用效率。

(一)力争现金流量同步

力争现金流量同步是指尽量使现金流入与现金流出发生的时间一致,从而使持有的用于日常交易性需求的现金量降到最低水平。企业在安排现金支出时,应考虑现金流入的时间,尽量使二者同步,这样不仅可以减少交易性现金余额,而且能减少有价证券转换为现金的次数,从而节约转换成本。

（二）加速收款

加速收款主要是尽可能缩短应收账款收回的时间。企业发生应收账款可以扩大销售规模，增加销售收入，但同时也增加了企业资金的占用。企业账款收回的时间一般包括客户给企业邮寄支票的时间、企业收到支票并将支票交付银行的时间和支票结算的时间，企业应尽可能地采取措施来缩短这些时间，将现金及早收回。通常可采用的方法有集中银行法和锁箱系统法。

1. 集中银行法

集中银行法是指通过设立多个收款中心来代替通常在公司总部设立的单一收款中心，以加速账款回收的一种方法。其目的是缩短从顾客寄出账款到现金收入企业账户这一过程的时间。具体做法是：企业指定一个主要开户行（通常是总部所在地）为集中银行，并在收款额较集中的若干地区设立若干个收款中心；客户收到账单后直接汇款到当地收款中心，收款中心收款后立即存入当地银行；当地银行在进行票据交换后立即转给企业总部所在地银行。

集中银行法可以大大缩短客户邮寄票据所需要的时间和票据托收所需时间，也就缩短了现金从客户到企业的中间周转时间。但采用集中银行法需在多处设立收账中心，从而增加了相应的费用支出。为此，企业应在权衡利弊得失的基础上，合理确定收款中心的数量和设置地点。

2. 锁箱系统法

锁箱系统法是通过在各主要城市租用专门的邮政信箱，以缩短从收到顾客付款到存入当地银行的时间的一种现金管理办法。采用锁箱法的具体做法是：在业务比较集中的地区租用当地加锁的专用邮政信箱并开立分行存款户；通知顾客把付款邮寄到指定的邮政信箱；授权公司邮政信箱所在地的开户行每天收取邮政信箱的汇款并存入公司账户，然后将扣除补偿余额以后的现金以及一切附带资料定期送往公司总部。这就免除了公司办理收账货款存入银行的一切手续。但这种方法成本较高，被授权开启邮政信箱的当地银行除了补偿性余额外，还要收取劳务费。因此，是否采用邮政信箱法，需视提前回笼现金产生的收益与增加的成本的大小而定。

（三）控制现金支出

控制现金支出的主要任务是尽可能延缓现金的支出时间。控制现金支出的目标是在不损害企业信誉前提下，尽可能推迟现金的支出，主要措施有：

1. 适当推迟应付款的支付

为了最大限度地利用现金，企业在不影响信誉的情况下，应尽可能推迟应付款的支付期。一般采用的方法是在信用期的最后一天付款。

2. 合理利用现金"浮游量"

现金的"浮游量"是指企业账户上存款余额与银行账户上所显示的存款余额之间的差

额，也就是企业与银行之间的未达账项。有时，公司账簿上的现金余额已为零或负数，而银行账簿上该公司的现金还有余额。这是因为有些支票公司虽已开出，但顾客还没有到银行兑现，如果企业能够正确预测"浮游量"并加以利用，则企业可以节约大量资金。但是，企业一定要控制好使用的时间，否则会发生银行存款透支的现象。

3. 尽可能采用汇票付款

在使用支票付款时，只要持票人将支票放进银行，付款人就要无条件地付款。但汇票不是"见票即付"的付款方式，在持票人将汇票放进银行后，银行要将汇票送交付款人承兑，并由付款人将一笔相当于汇票金额的资金存入银行，银行才会付款给持票人，这样就有可能合法地延期付款。

第三节 应收账款管理

应收账款是企业因对外销售商品、产品、提供劳务等，应向购货单位或接受劳务单位收取的款项。随着经济的发展，市场竞争的日益加剧，商业信用的推行越来越广泛，企业的应收账款明显增多，应收账款已经成为企业流动资产的一个重要项目。

一、应收账款的功能

1. 促进销售

在市场竞争日益激烈的情况下，赊销是促进销售的一种重要方式。赊销方式除了向客户提供产品外，同时还提供了商业信用，即在一个有限的时期内向顾客无偿提供资金，赊销对顾客的好处显而易见，所以顾客在一般情况下都会选择赊购。赊销具有比较明显的促销作用，适时、灵活地运用赊销方式，对开拓市场、增加销售具有重要的意义。

2. 减少库存

赊销可以促进销售，使存货转化为应收账款，减少企业存货，从而减少企业存货的管理费、仓储费和保险费等支出，减少存货变质等损失，有利于加速资金周转。因此，企业在存货较多或季节转换的情况下应尽量采取赊销方式，增加销售，节约存货停留在企业的各项支出。

二、应收账款的成本

企业有了应收账款，就有了坏账损失的可能。不仅如此，应收账款的增加还会造成资金成本和管理费用的增加，即企业会因持有应收账款而给企业带来相关成本，包括管理成本、机会成本及坏账成本。

1. 管理成本

应收账款的管理成本是指对应收账款进行日常管理而耗费的开支,主要包括对客户的资信调查费用、收账费用等。对客户的资信调查费用与赊销额没有直接关系,属于决策无关成本。管理成本中主要考虑收账费用,赊销额越大,应收账款越多,收账费用越高。

2. 机会成本

应收账款的机会成本是指因资金投放在应收账款上而丧失可能投资于其他项目所获取的收益。这一成本的大小通常与企业维持赊销业务所需要的资金数量(应收账款投资额)、资金成本率(一般可按有价证券利息率计算)有关。应收账款机会成本可通过以下公式计算得出:

$$应收账款机会成本 = 维持赊销业务所需资金 \times 资金成本率$$

$$维持赊销业务所需资金 = 应收账款平均余额 \times 变动成本率$$

$$应收账款平均余额 = 年赊销额 / 360 \times 平均收账天数$$

平均收账天数也就是应收账款周转天数。从公式可以看出,企业赊销额越大,应收账款的机会成本越高。

3. 坏账成本

应收账款的坏账成本主要是因应收账款无法收回而给企业带来的损失。一般来说,赊销期越长,发生坏账的可能性就越大;赊销数量越大,应收账款越多,坏账成本越高。坏账成本一般用下列公式测算:

$$应收账款的坏账成本 = 赊销额 \times 预计坏账损失率$$

三、信用政策的制订

应收账款的信用政策是指企业为对应收账款进行规划与控制而确立的基本原则性行为规范。制订合理的信用政策,是加强应收账款管理、提高应收账款投资效益的重要前提。信用政策包括信用标准、信用条件和收账政策,其中最重要的是信用标准的确定。

(一)信用标准

信用标准是指企业用来衡量客户是否有资格享受商业信用具备的条件。如果顾客达不到信用标准,便不能享受企业的商业信用。如果企业的信用标准较严,可能使企业遭受坏账损失的可能减小,但会不利于扩大销售。反之,如果信用标准较宽,虽然有利于刺激销售增长,但会相应增加坏账损失和应收账款的机会成本。因而,企业在制订信用标准时,应根据具体情况加以权衡。

由于企业处在市场经济大环境中,面临的环境较为复杂,企业在制订信用标准时,应进行综合分析。

1. 同行业竞争对手的情况

面对竞争对手首先要知己知彼,制订有利于企业扩大市场份额、增加销售的标准,不能盲目地为了占领市场而忽视风险和成本,或为了降低风险和成本采取过于谨慎的信用标准,这些都是不可取的。

2. 企业承担违约风险的能力

企业承担违约风险能力的强弱也会影响信用标准高低的选择。企业承担违约风险能力强,就可以以较低的信用标准赢取客户,扩大销售;反之,如果企业承担违约风险能力弱,则需要制订严格的信用标准,降低企业的坏账风险。

3. 对客户资信情况进行调查

客户的资信程度对企业制订信用标准具有很大的影响,因此必须对客户进行资信调查,在此基础上进行分析,判断客户的信用等级,并决定给予客户何种信用标准。衡量客户资信程度一般采用"5C"评估法。"5C"评估法,包括客户的品质(Character)、能力(Capacity)、资本(Capital)、抵押品(Collateral)、条件(Condition)。

品质:是指顾客的信誉,即履行偿债义务的诚意,这是评价客户信用品质的首要因素。众所周知,信用交易意味着付款承诺,债务人能否诚信履约尤为重要。为此,企业应对客户过去的往来记录进行分析,对客户承兑表现做到心中有数。

能力:能力是指顾客的偿债能力,即顾客流动资产的数量与质量以及与流动负债的比例。

资本:是指客户的财务实力和财务状况,表明客户可能偿付债务的背景,它是企业偿还债务的最终保障。当企业决定与客户建立长期合作关系时,对客户经济实力的了解尤为重要。

抵押品:是指客户提供的作为信用安全保证的资产,对不知底细的客户或信用状况有争议的客户,这尤为重要。

条件:条件是指社会经济环境的变化对客户经营状况和偿债能力可能产生的影响。尤其应了解客户以往在窘境时期的应变能力和付款表现。

(二)信用条件

一旦企业决定给予客户信用优惠时,就需要考虑具体的信用条件。信用条件是企业赊销商品时,给予客户延期付款的若干条件,主要包括信用期限、折扣期限和现金折扣等。其一般形式为"2/10,n/30",其含义是:客户能够在发票开出后的10日内付款,可以享受2%的现金折扣;如果放弃折扣优惠,则全部款项必须在30日内付清。30天为信用期限,10天为折扣期限,2%为现金折扣率。

1. 信用期限

信用期限是企业允许顾客从购货到付款之间延迟的时间,或者说是企业给予顾客宽限的付款期间。信用期限的确定,主要是通过分析改变现行信用期限对收入和成本的影响。延长信用期限,会使销售额增加,产生有利影响;但与此同时应收账款的机会成本、管理成本和坏账损失增加,会产生不利影响。因此,企业是否给客户延长信用期限,应视为延长信用期限增加的边际收入是否大于增加的边际成本而定。

2. 现金折扣和折扣期限

为了促使客户早日付款，加速资金周转，企业在规定信用期限的同时，往往附有现金折扣条件，即客户如能在规定的折扣期限内付款，则能享受相应的折扣优惠，折扣的表示往往由折扣率与折扣期限两者构成。如上文，"2/10，n/30"表示赊销期限为30天，若客户在10天内付款，则可享受2%的折扣。企业采用多大幅度的现金折扣，要与信用期限结合起来考虑。不论是信用期限还是现金折扣，都能给企业带来收益，但也会增加成本。企业应视提供现金折扣后所得到的收益和发生的成本而定。

（三）收账政策

收账政策是指信用条件被违反时，企业采取的收账策略与措施。收账必须有合理的收账程序和追债方法。企业在制订收账政策时，要注意把握宽严程度，对过渡期较短的顾客，不予过多打扰，以免将来失去这一客户；对过期稍长的顾客，可措辞委婉地写信催款；对过期较长的顾客，可频繁地写信催款并电话催询；对过期很长的顾客，可在催款时措辞严厉，必要时提请有关部门仲裁或提请诉讼。

催收账款要发生费用，某些催款方式的费用还会很高（如诉讼费）。一般说来，收款费用越大，收账措施越有力，可收回的账款就越多，坏账损失就越少。但达到某一限度后，收款费用的增加，对减少坏账损失及应收账款的机会成本都没有显著的效果。因此，制订收账政策就是要在增加收账费用、减少坏账损失和应收账款的机会成本之间进行权衡。

四、应收账款的日常管理

1. 应收账款追踪分析

应收账款一旦形成，企业就必须考虑如何按时足额收回欠款而不是消极地等待对方付款，应该经常对所持有的应收账款进行动态跟踪分析。在实务中，企业应将那些挂账金额大、信用品质差的客户的欠款作为关注的重点，以防患于未然。

2. 坏账准备制度

不管企业采用怎样严格的信用政策，只要存在着商业信用行为，坏账损失的发生总是不可避免的。因此，按照现行会计准则和会计制度的规定，企业根据谨慎性原则的要求，应当在期末或年终对应收账款进行检查，合理地预计可能发生的损失，建立弥补坏账损失的准备金制度，以促进企业健康发展。

3. 账龄分析

一般来讲，逾期时间越长，越容易形成坏账。所以财务部门应定期分析应收账款账龄，向业务部门提供应收账款账龄数据及比率，催促业务部门收回逾期的账款。财务部门和业务部门都应把逾期的应收账款作为工作的重点，分析每一笔逾期账款产生的原因，采取相应的收账方法。

4.应收账款收现保证率分析

企业应收账款的回收是企业现金的主要来源之一。在一定时期内，企业为了保证正常的现金流转，必须通过应收账款回收来弥补现金需要。这样，就需要确定一个应收账款的最低标准，即应收账款收现保证率。应收账款收现保证率是指一定时期内必须收现的应收账款占全部应收账款的百分比。例如，某公司预计明年的应收账款为400万元，现金支付需要总额为100万元，其他稳定的现金来源为80万元，则应收账款最少应收回20万元才能维持日常资金周转需要，即应收账款的收现保证率为5%。

第四节 存货管理

企业的存货在企业流动资产中占有很大的比重，占用了企业很大一部分流动资金，是企业财务成本管理的重要对象。存货的管理和利用情况如何，直接关系企业的资金占用水平以及资产的运作效率。

一、存货的功能

第一，防止停工待料。企业保持一定数量的原材料是保证企业维持正常生产的必要条件。连续生产的企业，其供、产、销在数量上和时间上，难以保持绝对平衡，如果没有一定的存货，一旦某个环节出现问题，就会影响企业的正常生产和销售。持有一定的保险库存，就有了应付意外情况的物资保证，可以避免停工待料，保证生产过程连续进行。

第二，维持均衡生产。对于任何企业而言，根据季节性高峰需求来设计生产能力是不科学的，会导致淡季时生产能力的严重闲置。较好的办法是在全年实现平衡的生产，这样，淡季生产出来的产品有一部分储备下来，就可以满足旺季的消费需求。

第三，降低进货成本。很多企业为了扩大销售规模，对大量采购的客户会给予较优厚的商业折扣待遇，企业可以利用集中进货获取商业折扣，降低成本。不过采购大量的存货会产生存货资金的占用和存货费用的增加，企业需要权衡商业折扣与增加的存货费用之间的关系。

第四，适应市场变化。存货储备能增强企业生产和销售的机动性和适应市场变化的能力。企业有了足够的库存，能及时有效地供应市场，满足顾客需要，减少因库存不足损失客户的风险。

二、持有存货的成本

（一）取得成本

存货的取得成本是指为取得某种存货而支出的成本。取得成本又可分为购置成本和订货成本。

1. 购置成本

购置成本是由货物的买价和运杂费所构成的成本。购置成本总额是由采购单价与数量的乘积来确定的，一般情况下，购置成本随着采购数量的增加而增加，且它们之间成正比例关系。

2. 订货成本

订货成本是指为订购货物而发生的费用，如办公费、邮资、电话费、差旅费等。订货成本中有少部分与订货次数无关，如常设机构的基本开支等，属于固定成本；另一部分与订货次数有关，如合同签订的相关费用、差旅费、邮费等，属于变动成本。因此，企业为降低订货成本，就需要加大批量，减少订货次数。

取得成本的公式表示如下：

$$TC_a = F_1 + \frac{D}{Q} \times K + DU$$

其中：TC_a 为取得成本，F_1 为固定订货成本，D 为年需要量，Q 为每次进货量，K 为每次变动的订货成本，U 为进货单价。

（二）储存成本

储存成本是指企业为保持存货而发生的成本，包括仓储费、保险费、存货破损、变质损失、占用资金应支付的利息等。储存成本也分为固定储存成本和变动储存成本。固定储存成本与存货数量的多少无关，如折旧费、仓库人员工资等；变动储存成本与存货数量有直接关系，如存货的破损、存货的保险费、存货占用资金利息等。储存成本的公式表示如下：

$$TC_c = F_2 + K_c \times \frac{Q}{2}$$

其中：TC_c 为储存成本，F_2 为固定储存成本，K_c 为单位变动储存成本，Q 为每次进货量，$\frac{Q}{2}$ 为平均存货量。

（三）缺货成本

缺货成本是指企业由于存货供应中断，而给生产和销售带来的损失。如由于材料供应中断造成的停工待料损失由于产品库存不足丧失销售机会的损失、产品缺货造成拖欠发货的损失等。缺货成本用 TC 表示。

如果以 TC 表示与存货相关的成本，则存货成本的计算公式为：

$$TC = F_1 + \frac{D}{Q} \times K + D \times U + F_2 + K_c \times \frac{Q}{2} + TC$$

总之，存货成本的各项构成项目是相互影响的，存货管理的最优化就是使存货的总成本最小。

三、存货订货批量的确定

存货的增加可以增强企业组织生产、销售活动的机动性,但过多的存货占用较大的资金使企业承担利息支出,影响企业的资金周转速度;与此同时,过多的存货会增加与存货有关的各项开支,如采购成本、仓储成本、管理成本等,从而会导致企业经营成本上升、利润下降。权衡存货的成本与收益,实现二者之间的最佳组合,以最低的成本提供企业经营所需的存货,是企业存货管理的目标。为此,企业应该制订相关的存货管理政策,进行科学的管理和控制,使存货维持在最佳水平上。

(一)经济订货批量的基本模型

经济订货批量,是指使一定时期内的存货订货成本与储存成本之和最低的订货批量。经济订货批量也可以简称为经济批量。经济订货批量模型是目前大多数企业最常采用的货物订购方式。

在一定时间内,企业采购总额不变的前提下,如果每次订货批量越大,平均存货量就越大,相应地,储存成本也越大。然而,订货批量越大,每一计划期需要的订货次数就越少,相应地,订货成本也就越低。反之,订货批量减小,储存成本降低,但订货成本增加。即订货成本与订货批量为反方向变动关系,而储存成本与订货批量为正方向变动关系。最佳的订货批量就是要寻找使这两个成本之和最小时的订货点,即经济订货批量。

经济订货批量模型的分析研究有若干基本假设,主要包括:

1. 企业一定时期的进货总量可以较为准确地予以预测;
2. 存货的耗用或者销售比较均衡;
3. 存货的价格稳定,且不存在数量折扣,进货日期完全由企业自行决定,并且每当存货量降为零时,下一批存货马上就到;
4. 仓储条件及所需现金不受限制;
5. 不允许出现缺货情形;
6. 所需存货市场供应充足,不会因买不到所需存货而影响其他方面。

(二)基本模型的扩展

经济订货批量模型是建立在多个假设的前提下的,在实际工作中,这些假设很难全部满足。为了使模型更接近实际情况,具有较高的可用性,需要将基本模型进行改进。

1. 商业折扣模型

当存货供应商为了扩大销售量,采用数量折扣等优惠条件进行销售时,除了订货成本、储存成本和相关成本外,采购成本也成为决策相关成本。

在经济订货批量基本模型的其他各种假设条件均具备的前提下,存在数量折扣时的存货相关总成本可按下式计算:

$$相关总成本 = 存货进价 + 变动性储存成本 + 变动性进货费用$$

$$TC = P \times D + \frac{Q}{2} \times K_c + \frac{D}{Q} \times K$$

实行商业折扣的经济订货批量具体确定步骤如下：

（1）按照基本经济订货批量模式确定经济订货批量。

（2）计算按经济订货批量进货时的存货相关总成本。

（3）计算按给予数量折扣的订货批量进货时的存货相关总成本。如果给予数量折扣的订货批量是一个范围，如订货数量在1 000~1 999千克之间可享受2%的价格优惠，此时按给予数量折扣的最低订货批量，即按1 000千克计算存货相关总成本。因为在给予数量折扣的订货批量范围内，无论进货量是多少，存货进价成本总额都是相同的，而相关总成本的变动规律是：订货批量越小，相关总成本就越低。

（4）比较不同订货批量的存货相关总成本，最低存货相关成本对应的订货批量，就是实行数量折扣的最佳经济订货批量。

2. 再订货点的确定

再订货点就是在提前订货的情况下，为确保存货用完时订货刚好到达，企业再次发出订货单时应保持的存货库存量，它的数量等于每天平均需用量和订货提前期的乘积。

再订货点 = 每天平均正常使用量 × 订货提前期

订货提前期是指从发出订货单到货物运抵企业验收入库所用的时间，它对经济订货量并无影响。

3. 保险储备量

在交货期内，如果对存货的需求量很大，或交货时间由于某种原因被延误，企业可能发生缺货。保险储备量是为了防止缺货或供货中断造成的直接或间接损失以备应急之需而多储备的存货。设置保险储备时，再订货点也会相应提高。

再订货点 = 每天平均正常使用量 × 订货提前期 + 保险储备

四、存货的日常管理

存货管理不仅需要各种模型帮助确定适当的库存水平，还需要建立相应的库存控制系统。传统的库存控制系统有定量控制系统和定时控制系统两种。定量控制系统是指当存货下降到一定存货水平时即发出订货单，订货数量是固定的和事先决定的。定时控制系统是每隔一固定时期，无论现有存货水平多少，即发出订货申请。这两种系统都较简单和易于理解，但不够精确。伴随着业务流程重组的兴起以及计算机行业的发展，库存管理系统也得到了很大的发展。

1.ABC 控制系统

一般来说，企业的库存物资种类繁多，每个品种的价格不同，且库存数量也不等。有的物资品种不多但价值很大，而有的物资品种很多但价值不高。由于企业的资源有限，因此在进行存货控制时，要求企业将注意力集中在比较重要的库存物资上，依据库存物资的重要程度分别管理，这就是ABC分类管理的思想。

ABC控制法就是把企业种类繁多的存货，依据其重要程度、价值大小或者资金占用等标准分为三大类：A类高价值库存，品种数量约占整个库存的10%~15%，但价值约占全部库存的50%~70%；B类中等价值库存，品种数量约占全部库存的20%~25%，价值约占全部库存的15%~20%；C类低价值库存，品种数量多，约占整个库存的60%~70%，价值约占全部库存的10%~35%。A类库存应作为管理的重点，实行重点控制、严格管理；而对B类和C类库存的重视程度则可依次降低，采取一般管理。

2.适时制度库存控制系统（JT）

当某场危机对靠进口原材料发展经济的企业冲击很大时，该企业为了生存，在原材料成本难以降低的情况下，只能从物流过程中寻找利润来源，减少采购、库存、运输等方面所产生的费用。准时生产方式这一思路最初由日本丰田公司提出并应用。

适时制度库存控制系统是指制造企业事先和供应商以及客户协调好：当制造企业在生产过程中需要原料或零件时，供应商就会将原料或零件送来；当产品生产出来就会被客户运走。这样，制造企业的库存持有水平就可以大大下降。目前，已有越来越多的企业利用适时制度库存控制系统，减少甚至消除对库存的需求，即实行零库存管理，比如沃尔玛、丰田、海尔等。适时控制库存控制系统消除了大量的存货，节约了在储备存货上所占用的资金及相应的储存成本，提高了生产效率及效益。

五、项目投资管理

对于创造价值而言，投资决策是财务决策中最重要的决策。筹资的目的是投资，投资需求决定了筹资的规模和时间。在一定意义上，投资决策决定着企业的前景，以至于提出投资方案和评价方案的工作已经不是财务人员能单独完成的，需要相关经理人员的共同努力。

（一）投资的含义

投资是指特定的经济主体为了在未来可预见的时期内获得收益，在一定时期向特定的标的物投放一定数额的货币资金或非货币性资产的经济行为。从特定企业角度来看，投资是企业为获得收益而向特定对象投放资金的经济行为；从现金流量来看，投资是为了将来更多现金流入而现时付出现金的经济行为。

不同主体的投资目的不同，并因此导致投资决策的标准和评价方法等诸多方面的区别。财务管理所讨论的投资，其主体是企业，而非个人、政府或专业投资机构。企业投资的实质是，企业作为独立的投资主体，以实现最大的投资价值为目的，将资金转化为固定资产、无形资产、流动资产等，以获取利润的投资行为。它具有以下特征：

1. 投资的主体是公司

与个人或专业投资机构的间接投资不同，公司投资是直接投资，即现金直接投资于经营性资产，然后用其开展经营活动并获取现金。直接投资的投资人（公司）在投资以后继续控制实物资产，因此，可以直接控制投资回报；间接投资的投资人（公司债权人和股东）在投资以后不直接控制经营资产，因此，只能通过契约或更换代理人间接控制投资回报。

2. 投资对象是经营资产

经营资产是指企业生产经营活动所需要的资产，例如建筑物、机器设备、存货等。这些资产是企业进行生产经营活动的基础条件，企业利用这些资产可以增加价值，为股东创造财富。经营资产投资有别于金融资产投资，金融资产是指现金或有价证券等可以进入金融交易的资产。从投资行为的介入程度看，经营资产投资是一种直接投资。投资后企业并没有失去资产的控制权，投资行为并不改变资金控制权归属，只是指定了企业资金的特定用途。这种投资是在企业内部进行的，因此，从投资的方向看，它是一种对内投资。

经营资产又进一步分为资本资产和营运资产。资本资产是指企业的长期资产。资本资产的投资对企业的影响时间长，又称长期投资。营运资产是指企业的流动资产。流动资产对企业影响时间短，又称短期投资。这里主要讨论与形成资本资产相关的长期投资，即项目投资（或资本投资）。长期投资涉及的问题非常广泛，财务经理主要关心财务问题，也就是现金流量的规模（期望回收多少现金）、时间（何时回收现金）和风险（回收现金的可能性如何）。长期投资现金流量的计划和管理过程，称为"资本预算"。

3. 长期投资的直接目的是获取经营活动所需的实物资源

长期投资的直接目的是获取经营活动所需的固定资产、生物资源、油气资源等劳动手段或生产资源，以便运用这些资源赚取营业利润。长期投资的直接目的不是获取固定资产的再出售收益，而是要使用这些固定资产。有的企业也会以股权的形式投资于其他企业，但这种投资与一般股票投资不同，主要是为了控制被投资企业，而不是直接以获取股利或资本利得为目的。企业要做的事情，应当是股东自己做不了或做不好的事情。

公司对子公司的股权投资是经营性投资，目的是控制其经营，而不是期待再出售收益。合并报表将这些股权投资抵消，可以显示其经营性投资的本来面目。对子公司投资的评价方法，与直接投资经营性资产相同。对非子公司股权投资也属于经营性投资，通常不以获取直接报酬为主要目的，目的是控制被投资企业，以便从销售、供应、技术或管理上得到回报，其分析方法与直接投资经营性资产相同。

实业企业长期持有少数股权证券或债券在经济上缺乏合理性，没有取得正的净现值的依据，不如让股东自己直接去投资股票，不仅可以节约交易费用，而且企业还能减少税收负担。有时企业也会购买一些风险较低的金融资产，将其作为现金的替代品，其目的是在保持流动性的前提下降低闲置资金的机会成本，或对冲汇率、利率等金融风险，并非真正意义上的金融资产投资行为。

（二）项目投资的特点

由上述讨论可知，项目投资是指企业与形成资本性资产有关的经营资产投资。它包含的内容非常广泛，主要有新产品开发或现有产品的规模扩张、设备或厂房的更新、研究与开发、勘探及其他（如劳动保护设施建设、购置污染控制装置等）等类型。

与其他形式的投资相比，项目投资具有如下特点：

1. 投资金额大

项目投资，特别是战略性的扩大生产能力的投资一般都需要较多的资金，其投资额往往是企业及投资人多年的资金积累，在企业总资产中占有相当大的比重。因此，项目投资对企业未来的现金流量和财务状况都将产生深远的影响。

2. 影响时间长

项目投资的投资期及发挥作用的时间都较长，往往要跨越好几个会计年度或营业周期，对企业未来的生产经营活动将产生重大影响。

3. 变现能力差

项目投资一般不准备在一年或一个营业周期内变现，而且即使在短期内变现，其变现能力也较差。因为，项目投资一旦完成，要想改变相当困难，不是无法实现，就是代价太大。

4. 投资风险大

因为影响项目投资未来收益的因素多，加上投资额大、影响时间长和变现能力差，必然造成其投资风险比其他投资大，对企业未来的命运产生决定性影响。

无数事例证明，一旦项目投资决策失败，会给企业带来先天性、无法逆转的损失。

（三）项目投资的分类

按不同的标准，项目投资可以分为不同的类型。不同类型的投资，涉及的因素不同、特点不同，在决策时应注意区别对待，以便做出最佳选择。

1. 按与企业发展的关系，分为战略性投资和战术性投资

战略性投资是指对企业全局产生重大影响的投资。其特点在于所需资金数量一般较多、回收时间较长、风险较大。由于战略性投资对企业的生存和发展影响深远，所以这种投资必须按严格的投资程序进行研究，才能做出决策。

战术性投资是指只关系到企业某一局部具体业务的投资。其特点在于所需资金数量较少，风险相对较小。战术性投资主要是为了维持原有产品的市场占有率，或者是利用闲置资金增加企业收益。

2. 按风险程度，分为确定型投资和风险型投资

确定型项目投资是指项目计算期的现金流量等情况可以较为准确地予以预测的投资。这类投资的期限一般较短，投资的环境变化不大，未来现金流量较易预测。

风险型项目投资是指未来情况不确定、难以准确预测的投资。这类项目投资决策涉及的时间一般较长，投资初始支出、每年的现金流量回收、寿命期限、折现率都是预测和估

算的，任何预测都有实现和不实现两种情况，即带有某种程度的不确定性和一定的风险性。

如果项目投资决策面临的不确定性和风险较小，可以忽略它们的影响，该决策仍视为确定情况下的决策。如果决策面临的不确定性和风险比较大且足以影响方案的选择，则在决策过程中，必须对这种不确定性和风险予以考虑并进行计量，以保证决策的科学性和客观性。公司的大多数项目投资都属于风险性投资。

3. 按相互之间是否相关，可分为独立投资和互斥投资

独立投资是指彼此之间相互独立、互不排斥的若干个投资项目。在独立投资中，选择某一投资项目或方案并不排斥选择另一投资项目或方案。例如，某公司拟新建一个生产车间以扩大生产规模、进行某一新产品的研发、建一座办公大楼、购置几辆轿车等几项投资活动。这些投资项目之间是相互独立的，并不存在相互比较选择的问题。既可以全部不接受，也可以接受其中一个或多个，甚至全部接受。对于独立方案而言，若无资金总量限制，只需评价其本身的财务可行性。若资金总量有限，也只影响其先后次序，不影响项目最终是否采纳。

互斥投资，又称互不相容投资，是指各项目间相互排斥、不能同时并存的投资。一组投资项目中的各个方案彼此可以相互代替，采纳项目组中的某一方案，就会自动排除其他方案。例如，在固定资产更新改造中，是继续使用旧设备，还是购置新设备，只能选择其中一个方案，为典型的互斥方案。这类投资决策除了对所有项目逐个进行分析评价外，还要加以相互比较。显然，对互斥投资而言，即使每个项目本身在财务方面都是可行的，也不能同时入选，只能取较优者。

4. 按增加利润途径，分为增加收入投资和降低成本投资

增加收入投资是指通过扩大企业生产经营规模，从而增加收入以增加利润的投资。其投资决策规则是评价项目投产后所产生的现金净流入现值是否能够超过项目投资现金流出现值。

降低成本投资是指企业维持现有的经营规模，通过投资来降低生产经营中的成本和费用，间接增加企业利润的投资。其投资决策准则是评价在成本的降低中所获得的收益是否能证明该投资项目是可行的。

研究投资的分类，可以更好地掌握投资的性质和它们之间的相互关系，有利于把握重点、分清主次。当然，上述分类方法不是绝对的，一个投资项目可能属于不同的类型。

（四）项目投资的管理程序

在一定时期，企业的可利用资源是有限的，合理配置资源，提高资源的利用效率，对于价值创造是非常重要的。投资不但需要热情，而且需要冷静的头脑。在拟实施投资项目之前，必须进行科学的调查论证，分析该项投资能给投资者带来什么利益，给整个社会经济带来什么影响，在权衡利弊的基础上决定是否实施该项目投资。对任何项目投资机会的评价都包含以下几个基本步骤：

1. 提出投资方案

对投资方案的思考，需要在把握投资机会的情况下，根据企业的长远发展战略、中长期发展计划和投资环境的变化来确定。一般情况下，新产品开发方案通常来自营销部门，设备更新的建议通常来自生产部门。

2. 评价投资方案的财务可行性

在财务学中，主要是对已具备经济、技术、管理可行性的投资项目或方案的财务可行性进行的评价。评价投资方案财务可行性，其步骤包括：一是要依据相关资料，估算出方案的相关现金流量；二是确定合适的折现率，计算出投资方案的相关价值指标，如净现值、内含报酬率等；三是将计算出的这些指标与可接受的标准比较，判断是否具备财务可行性。对多个可供选择的投资方案，还要进行比较选择。

3. 已接受方案的再评价

在项目实施过程中及完成后，需要对投资项目进行跟踪分析和事后评价。这是一项很重要的工作，它可以告诉我们预测的偏差、提供改善财务控制的线索，也有助于指导未来的决策。

许多初学财务管理的人，感到困难的是如何计算财务可行性评价指标，尤其是计算净现值和内含报酬率。其实，真正的困难在于确定现金流量和折现率，以及计算结果的使用，而不是指标计算本身。

第五节 流动负债管理

流动负债所筹集资金的可使用时间较短，一般不超过1年。当企业因季节性或周期性的经营活动出现资金需求时，流动负债筹资方式是较为恰当的途径。其具体形式主要有短期借款、商业信用、发行短期融资券及应收账款保理等。

一、短期借款

企业的借款通常按其流动性或偿还时间的长短，划分为短期借款和长期借款。短期借款是指企业向银行或其他金融机构借入的期限在1年以下（含1年）的各种借款。

（一）短期借款的种类

我国目前的短期借款按照目的和用途分为若干种，主要有生产周转借款、临时借款、结算借款等等。按照国际通行做法，短期借款还可依偿还方式的不同，分为一次性偿还借款和分期偿还借款；按照利息支付方法的不同，分为收款法借款、贴现法借款和加息法借款；按照有无担保，分为抵押借款和信用借款等。

企业在申请借款时，应根据各种借款的条件和需要加以选择。

(二)短期借款的信用条件

按照国际通行做法,银行发放短期借款往往带有一些信用条件,主要有以下几种。

1. 信贷限额

信贷限额是银行对借款人规定的无担保贷款的最高额。信贷限额的有效期限通常为1年,但根据情况也可延期1年。一般来讲,企业在批准的信贷限额内,可随时使用银行借款。但是,银行并不承担必须提供全部信贷限额的义务。如果企业信誉恶化,即使银行曾同意按信贷限额提供贷款,企业也可能得不到借款。这时,银行不会承担法律责任。

2. 周转信贷协定

周转信贷协定是银行具有法律义务的承诺提供不超过某一最高限额的贷款协定,在协定的有效期内,只要企业的借款总额未超过最高限额,银行必须满足企业任何时候提出的借款要求。企业享用周转信贷协定,通常要就贷款限额的未使用部分付给银行一笔承诺费。

3. 补偿性余额

补偿性余额是银行要求借款企业在银行中保持按贷款限额或实际贷款额一定百分比(一般为10%~20%)的最低存款余额。从银行的角度来讲,补偿性余额可降低贷款风险,补偿遭受的贷款损失。对于借款企业来讲,补偿性余额则提高了借款的实际利率。

4. 借款抵押

银行向财务风险较大的企业或对其信誉没有把握的企业发放贷款,有时需要有抵押品担保,以减少自己蒙受损失的风险,短期借款的抵押品往往是借款企业的应收账款、存货、股票、债券等。银行接受抵押品后,将根据抵押品的面值决定贷款金额,一般为抵押品面值的30%~90%。这一比例的高低,取决于抵押品的变现能力和银行的风险偏好。抵押借款的成本通常高于非抵押借款,这是因为银行主要向信誉好的客户提供非抵押贷款,而将抵押贷款看成一种风险投资,故而收取较高的利息;同时,银行管理抵押贷款要比管理非抵押贷款困难,为此往往另外收取手续费。

另外,企业向贷款人提供抵押品,会限制其财产的使用和将来的借款能力。

5. 偿还条件

贷款的偿还有到期一次偿还和在贷款期内定期(每月、季)等额偿还两种方式。一般来讲,企业不希望采用后一种偿还方式,因为这会提高借款的实际利率;而银行不希望采用前一种偿还方式,因为这会加重企业的财务负担,增加企业的拒付风险,同时会降低实际贷款利率。

6. 其他承诺

银行有时还要求企业为取得贷款而做出其他承诺,如及时提供财务报表、保持适当的财务水平(如特定的流动比率)等。如果企业违背所做出的承诺,银行可要求企业立即偿还全部贷款。

（三）短期借款利率及利息的支付方式

短期借款的利率多种多样，利息支付方法也不一，银行将根据借款企业的情况选用。

1. 借款利率

借款利率分为以下三种：

（1）优惠利率。优惠利率是银行向财力雄厚、经营状况好的企业贷款时收取的名义利率，为贷款利率的最低限。

（2）浮动优惠利率。浮动优惠利率是一种随其他短期利率的变动而浮动的优惠利率，即随市场条件的变化而随时调整变化的优惠利率。

（3）非优惠利率。非优惠利率是银行贷款给一般企业时收取的高于优惠利率的利率。这种利率经常在优惠利率的基础上加一定的百分比。比如，银行按高于优惠利率1%的利率向某企业贷款，若当时的最优利率为8%，向该企业贷款收取的利率即为9%；若当时的最优利率为7.5%，向该企业贷款收取的利率即为8.5%。非优惠利率与优惠利率之间差距的大小，由借款企业的信誉、与银行的往来关系及当时的信贷状况所决定。

2. 借款利息的支付方法

一般来讲，借款企业可以用三种方法支付银行贷款利率。

（1）收款法。收款法又称利随本清法，是指在借款到期时向银行支付利息的一种计算方法。银行向企业发放的贷款大都采用这种方法收息。采用收款法，借款的实际利率等于借款的名义利率。

（2）贴现法。贴现法是银行向企业发放贷款时，先从本金中扣除利息部分，而到期时借款企业则要偿还贷款全部本金的一种计息方法。采用这种方法，企业可利用的贷款额只有本金减去利息部分后的差额，因此贷款的实际利率高于名义利率。

（3）加息法。加息法是银行发放分期等额偿还贷款时采用的利息收取方法。在分期等额偿还贷款的情况下，银行要将根据名义利率计算的利息加上贷款本金，计算出贷款的本息和，要求企业在贷款期内分期偿还本息之和的金额。由于贷款分期均衡偿还，借款企业实际上只平均使用了贷款本金的半数，却支付全额利息。

（四）企业对银行的选择

随着金融信贷业的发展，可向企业提供贷款的银行和非银行金融机构增多，企业有可能在各贷款机构之间做出选择，以图对自己最为有利。

选择银行时，重要的是要选用适宜的借款种类、借款成本和借款条件，此外还应考虑下列有关因素。

1. 银行对贷款风险的政策

通常银行对贷款风险有不同的政策，有的倾向于保守，只愿承担较小的贷款风险；有的富于开拓，敢于承担较大的贷款风险。

2. 银行对企业的态度

不同的银行对企业的态度各不一样。有的银行服务良好，积极为企业提供建议，帮助分析企业潜在的财务问题，乐于为具有发展潜力的企业发放大量贷款，在企业遇到困难时帮助其渡过难关；也有的银行很少提供咨询服务，在企业遇到困难时一味地为清偿贷款而施加压力。

3. 贷款的专业化程度

一些大银行设有不同的专业部门，分别处理不同类型、不同行业的贷款。企业与这些拥有丰富专业化贷款经验的银行合作，会受益更多。

4. 银行的稳定性

稳定的银行可以保证企业的贷款不会中途发生变故。银行的稳定性取决于它的资本规模、存款水平的波动程度和存款结构。一般来讲，资本雄厚、存款水平波动小、定期存款比重大的银行稳定性好；反之则稳定性差。

（五）短期借款筹资的优缺点

1. 短期借款筹资的优点

（1）银行资金充足、实力雄厚，能随时为企业提供比较多的短期贷款。对于季节性和临时性的资金需求，采用银行短期借款尤为方便。而那些规模大、信誉好的企业，则可以比较低的利率借入资金。

（2）银行短期借款具有较好的弹性，可在资金需要增加时借入，在资金需要减少时还款。

2. 短期借款筹资的缺点

（1）筹资风险大。短期借款的偿还期在1年以内，若企业财务状况不好，发生支付危机，就有可能不能到期还本付息，与其他筹资方式相比，筹资风险大。

（2）限制较多。向银行借款，银行要对企业的经营和财务状况进行调查以后才能决定是否贷款，有些银行还要对企业有一定的控制权，要企业把流动比率、负债比率维持在一定的范围之内，这些都会构成对企业的限制。

二、商业信用

（一）商业信用的概念及形式

商业信用是指在商品交易中由于延期付款或预收货款所形成的企业间的借贷关系。商业信用产生于商品交换之中，是所谓的"自发性筹资"。虽然按照惯例，经常把它们归入自发性负债，但严格来说，它是企业主动选择的一种筹资行为，并非完全不可控的自发行为。商业信用运用广泛，在短期负债筹资中占有相当大的比重。

商业信用的具体形式有应付账款、应付票据、预收账款等。

1. 应付账款

应付账款是企业购买货物暂时未付款而欠对方的款项，即卖方允许买方在购货后一定时期内支付货款的一种形式。卖方利用这种方式促销，而对买方来说，延期付款则等于向卖方借用资金购进商品，可以满足短期的资金需要。

2. 应付票据

应付票据是企业进行延期付款商品交易时开具的反映债权债务关系的票据。根据承兑人不同，应付票据分为商业承兑汇票和银行承兑汇票两种。支付期限最长不超过6个月。应付票据可以带息，也可以不带息。应付票据的利率一般比银行借款的利率低，且不用保持相应的补偿余额和支付协议费，所以应付票据的筹资成本低于银行借款成本。但是，应付票据到期必须归还，如若延期便要交付罚金，因而风险较大。

3. 预收账款

预收账款是卖方企业在交付货物之前向买方预先收取部分或全部货款的信用形式。对于卖方来讲，预收账款相当于向买方借用资金后用货物抵偿。预收账款一般用于生产周期长、资金需要量大的货物销售。

此外，企业往往还存在一些在非商品交易中产生，但亦为自发性筹资的应付费用，如应付职工薪酬、应交税费、其他应付款等。应付费用使企业收益在前，费用支付在后，相当于享用了收款方的借款，一定程度上缓解了企业的资金需要。应付费用的期限具有强制性，不能由企业自由斟酌使用，但通常不需花费代价。

（二）应付账款的成本

企业赊购商品时，销货方会在付款时间和现金折扣上对购货方做出具体规定，此规定即为信用条件。因此，购货方应选择对自己最有利的信用条件、付款时间和付款金额，为此需要进行决策，决策时需考虑应付账款的成本。

（三）商业信用筹资的优缺点

1. 商业信用筹资的优点

（1）商业信用容易获得。商业信用的提供方一般不会对企业的经营状况和风险做严格的考量，企业无须办理像银行借款那样复杂的手续便可取得商业信用，有利于应对企业生产经营之急需。

（2）企业有较大的机动权。企业能够根据需要，选择决定筹资的金额大小和期限长短，要比银行借款等其他方式灵活得多，甚至如果在期限内不能付款或交货时，还可以通过与客户的协商，请求延长时限。

（3）企业一般不用提供担保。通常，商业信用筹资不需要第三方担保，也不会要求筹资企业用资产进行担保。这样，在出现逾期付款或交货的情况时，可以避免向银行借款那样面临抵押资产被处置的风险，企业的生产经营能力在相当长的一段时间内不会受到限制。

2. 商业信用筹资的缺点

（1）商业信用筹资成本高。尽管商业信用的筹资成本是一种机会成本，但由于商业信用筹资属于临时性筹资，如果企业放弃现金折扣，其筹资成本比银行信用要高。

（2）容易恶化企业的信用水平。商业信用的期限短、还款压力大，对企业现金流量管理的要求很高。如果长期和经常性地拖欠账款，会造成企业的信誉恶化。

（3）受外部环境影响较大。商业信用筹资受外部环境影响较大、稳定性较差，即使不考虑机会成本，也是不能无限利用的。其主要原因在于：一是受商品市场的影响，当求大于供时，卖方可能停止提供信用。二是受资金市场的影响，当市场资金供应紧张或有更好的投资方向时，商业信用筹资就可能遇到障碍。

三、短期融资券

短期融资券（以下简称融资券），是由企业依法发行的无担保短期本票。中国人民银行对融资券的发行、交易、登记、托管、结算和兑付进行监督管理。

1. 融资券的特征和条件

（1）发行人为非金融企业，发行企业均应经过在中国境内工商注册且具备债券评级能力的评级机构的信用评级，并将评级结果向银行间债券市场公示。

（2）发行和交易的对象是银行间债券市场的机构投资者，不向社会公众发行和交易。

（3）融资券的发行由符合条件的金融机构承销，企业不得自行销售融资券，发行融资券募集的资金用于本企业的生产经营。

（4）对企业发行融资券实行余额管理，待偿还融资券余额不超过企业净资产的40%。

（5）融资券采用实名记账的方式在中央国债登记结算有限责任公司（简称中央结算公司）登记托管，中央结算公司负责提供有关服务。

（6）融资券在债权债务登记日的次一工作日，即可以在全国银行间债券市场的机构投资人之间流通转让。

2. 融资券的种类

（1）按发行人分类，融资券分为金融企业的融资券和非金融企业的融资券。在我国，目前发行和交易的是非金融企业的融资券。

（2）按发行方式分类，融资券分为经纪人承销的融资券和直接销售的融资券。非金融企业发行融资券一般采用间接承销方式进行，金融企业发行融资券一般采用直接发行的方式进行。

3. 融资券的发行程序

（1）公司做出发行融资券的决策。

（2）办理发行融资券的信用评级。

（3）向有关审批机构（中国人民银行）提出发行申请。

（4）审批机构对企业提出的申请进行审查和批准。

（5）正式发行融资券，取得资金。

4.发行融资券筹资的特点

（1）融资券的筹资成本较低。相对于发行公司债券筹资而言，发行融资券的筹资成本较低。

（2）融资券筹资数额比较大。相对于银行借款筹资而言，融资券一次性的筹资数额比较大。

（3）发行融资券的条件比较严格。必须具备一定的信用等级的、实力强的企业，才能发行融资券进行筹资。

四、应收账款保理

（一）保理的概念

保理是保付代理的简称，是指保理商与债权人签订协议，转让其对应收账款的部分或全部权利与义务，并收取一定费用的过程。

保理又称托收保付，是指卖方（供应商或出口商）与保理商间存在的一种契约关系。根据契约，卖方将其现在或将来的基于其与买方（债务人）订立的货物（服务）销售合同所产生的应收账款转让给保理商，由保理商提供下列服务中的至少两项：贸易融资、销售分账户管理、应收账款的催收、信用风险控制与坏账担保。可见，保理是一项综合性的金融服务方式，其同单纯的融资或收账管理有本质区别。

应收账款保理是企业将赊销形成的未到期应收账款在满足一定条件的情况下，转让给保理商，以获得银行的流动资金支持，加快资金的周转。

（二）保理的种类

在现实运作中，保理业务有不同的操作方式，因而有多种类型。按照风险承担方式，保理可以分为如下几种。

1.有追索权的保理和无追索权的保理

如果按照保理商是否有追索权来划分，保理可以分为有追索权的保理和无追索权的保理。如果保理商对毫无争议的已核准的应收账款提供坏账担保，则称为无追索权保理，此时保理商必须为每个买方客户确定赊销额，以区分已核准与未核准应收账款，此类保理业务较常见。另一类是有追索权保理，此时保理商不负责审核买方资信，不确定赊销额度，也不提供坏账担保，仅提供贸易融资、账户管理及债款回收等服务，如果出现坏账，无论其原因如何，保理商都有权向供货商追索预付款。

2.明保理和暗保理

按卖方企业是否将保理业务通知给买方来划分，保理业务可以分为明保理和暗保理。明保理是指债权一经转让，卖方企业立即将保理银行参与保理的情况通知给买方，并指示买方将货款直接付给保理银行；暗保理是指卖方企业为了避免让他人知道自己因流动资金不足而转让应收账款，并不将参与保理的情况通知买方，货款到期时仍由卖方企业出面催款，收回之后再偿还保理银行的预付融资款。

3. 折扣保理和到期保理

如果保理商以预付款的方式提供筹资，则为融资保理，又称为折扣保理。因为供货商将发票交给保理商时，只要在信用销售额度内的已核准应收账款，保理商立即支付不超过发票金额80%的现款，余额待收妥后结清，如果保理商不以预付款的方式提供筹资，而是在赊销到期时才支付，则为到期保理，届时不管货款是否收到，保理商都必须支付货款。

（三）应收账款保理的作用

1. 低成本融资，加快资金周转

保理业务的成本要明显低于短期银行借款的利息成本，银行只收取相应的手续费用。而且如果企业使用得当，可以循环使用银行对企业的保理业务授信额度，从而最大限度地发挥保理业务的筹资功能。对那些客户实力较强、信誉良好，而收款期限较长的企业，作用尤为明显。

2. 增强销售能力

由于销售商有进行保理业务的能力，会对采购商的付款期限做出较大让步，从而大大增加了销售合同成功签订的可能性，拓宽了企业的销售渠道。

3. 改善财务报表

在无追索权的买断式保理方式下，企业可以在短期内大大降低应收账款的余额水平，加快应收账款的周转速度，改善财务报表的资产管理比率指标。

4. 筹资功能

应收账款保理，其实质就是利用未到期应收账款这种流动资产作为抵押从而获得银行短期借款的一种融资方式。

第五章 筹资管理

随着经济的不断发展和市场经济体制的不断完善，企业的竞争也变得越来越激烈，由于资金是一个企业赖以生存和发展的基础，是企业持续经营与未来发展的原动力，所以企业只有在资金充足的情况下才可以正常地生产经营。正确的筹资方式能够从企业的经济利益出发，提高企业的经济效益，因此企业的筹资管理对企业的生存发展起着十分重要的作用。本章主要介绍了企业筹资过程中的各种筹资方式以及详细内容。

第一节 企业筹资概述

企业筹资，是指企业为了满足其经营活动、投资活动、资本结构调整等需要，运用一定的筹资方式，筹集和获取所需资金的一种行为。资金是企业的血液，是企业设立、生存和发展的物质基础，是企业开展生产经营活动的基本前提。任何一个企业，为了形成生产经营能力、保证生产经营正常运行，必须拥有一定数量的资金。

一、筹资动机

企业筹资活动都是在一定的动机支配下完成的，主要是为了获取资金，但具体分析，又不尽相同，基本上可以概括为新建筹资动机、扩张筹资动机、偿债筹资动机和混合筹资动机。

1. 新建筹资动机

新建筹资动机是指企业在新建时为满足正常生产经营活动所需的铺底资金而产生的筹资动机。按照有关法律的规定，企业建立时，必须有资本金，且不低于国家规定的限额。因此企业新建时，要按照经营方针所确定的生产经营规模核定固定资金和流动资金需要量，并筹集相应数额的资金。

2. 扩张筹资动机

扩张筹资动机是指企业因扩大生产经营规模或追加对外投资的需要而产生的筹资动机。具有良好发展前景、处于成长时期的企业通常会产生这种筹资动机。扩张筹资动机产生的直接结果是，企业资产总额和筹资总额的增加。

3. 偿债筹资动机

偿债筹资动机是指企业为了偿还某项债务而形成的借款动机，即借新债还旧债。偿债筹资有两种情形：一是调整性偿债筹资，即企业虽有足够的能力支付到期旧债，但为了调整现有的资本结构，仍然举债，从而使资本结构更加合理；二是恶化性偿债筹资，即企业现有的支付能力已不足以偿付到期旧债，而被迫举债还债，这说明企业的财务状况已经恶化。

4. 混合筹资动机

混合筹资动机是指企业因同时需要长期资金和现金而形成的筹资动机。通过混合筹资，企业既可扩大资产规模，又可偿还部分旧债，也就是说，在这种筹资中混合了扩张筹资和偿债筹资两种动机。

二、筹资管理的内容

筹资管理要求解决企业为什么要筹资、需要筹集多少资金、从什么渠道和以什么方式筹集，以及如何协调财务风险和资本成本、合理安排资本结构等问题。

1. 科学预计资金需要量

资金是企业设立、生存和发展的财务保障，是企业开展生产经营活动的基本前提。在正常情况下，企业资金的需求来源于两个基本目的：满足经营运转的资金需要和满足投资发展的资金需要。企业在创立时，要按照规划的生产经营规模，核定长期资本需要量和流动资金需要量；企业在正常营运时，要根据年度经营计划和资金周转水平，核定维持营业活动的日常资金需求量；企业在扩张发展时，要根据生产经营规模或对外投资对大额资金的需求，安排专项资金。

2. 降低资本成本，控制财务风险

资本成本是企业筹集和使用资金所付出的代价，包括资金筹集费用和使用费用。在筹资过程中，会发生股票发行费、借款手续费、公证费等费用，这些属于资金筹集费用。在企业生产经营和对外投资活动中，会发生利息支出、股息支出、融资租赁等费用，这些属于资金使用费用。

一般来说，债务资金比股权资金的资本成本要低。即使同是债务资金，由于借款、债券和租赁的性质不同，其资本成本也有差异。企业在筹资管理中，要合理利用资本成本较低的资金，努力降低企业的资本成本率。

财务风险是指企业无法如期足额偿付到期债务的本金和利息、支付股东股利的风险。企业筹集资金在降低资本成本的同时，要充分考虑财务风险，防范企业破产的财务危机。

三、筹资的方式

1. 筹资渠道

筹资渠道是指筹集资金的来源方向和通道，体现了资本的源泉和流量。认识各种资金来源渠道的性质，有利于提高融资效果、降低融资成本。我国企业目前的筹资渠道主要有以下几种：

（1）国家财政资金。国家财政资金是指国家对国有企业直接投资的资金。它是国有企业最主要的资金来源，是企业权益资本筹资的重要渠道。随着我国经济体制改革的深化，越来越多的国有企业被推向了市场，但有些重点行业、基础性产业等影响国民经济长远发展的国有企业，国家财政资金仍然是其主要的资金来源。

（2）银行信贷资金。银行信贷资金是指银行以城乡居民个人储蓄、企事业单位的存款为资金来源向企业发放的各种贷款。银行信贷资金来源较为稳定、贷款方式灵活，能适应各种企业的资金需要，因此银行信贷资金是企业的重要筹资渠道。我国银行信贷资金分为商业银行信贷资金和政策性银行信贷资金。商业银行信贷资金是由商业银行发放的、以营利为目的的信贷资金。政策性银行信贷资金是经国家有关部门批准的、由国家政策性银行提供的、属于国家重点扶持项目的信贷资金。在一般情况下，商业银行信贷资金利率高于政策性银行信贷资金利率。

（3）非银行金融机构资金。非银行金融机构是指除了商业银行和政策性银行以外的所有金融机构。在我国，非银行金融机构主要包括信托公司、证券公司、保险公司、融资租赁公司以及财务公司等。它们向企业提供各种金融服务，既包括信贷资金的投放，也包括企业证券的承销、包销等金融服务，还包括将部分不立即使用的资金以各种形式向企业投资。非银行金融机构的资金实力比商业银行要小，目前只起辅助作用，但这些金融机构资金供应灵活方便，且提供形式多样的金融服务，在我国有着较为广阔的前景。

（4）其他企业资金。企业在生产经营过程中会形成部分暂时闲置的资金，如已提取而未使用的折旧、未动用的企业公积金等，可在企业之间相互融通。这部分资金委托金融机构可以在企业之间调剂使用，形成委托信贷资金。企业之间通过商业信用形成的应收款项、应付款项，属于结算过程中的信贷资金。企业之间相互投资的委托信贷资金和商业信用中形成的信贷资金是使其他企业资金成为企业资金的重要渠道之一。

（5）居民个人资金。居民个人持有的结余货币，作为"游离"于银行及非银行金融机构之外的个人资金，可以对企业进行直接投资。企业为了获得资金可以通过发行债券、股票等形式进行筹资。其发行的对象是企事业单位、社会集团和社会公众。当居民个人以社会公众的身份购买企业债券或股票时，居民个人资金就成为企业资金的来源。这一资金渠道在动员闲置资金方面具有重要作用，可以广泛地向社会集聚资金，是企业资金来源的重要渠道之一。

（6）企业自留资金。企业自留资金是指企业在生产经营过程中形成的资本积累和增值。它主要包括资本公积金、盈余公积金和未分配利润等。它是企业内部形成的资金来源，直接来源于企业的盈利，是企业范围内的联合劳动创造出来的。

（7）外商资金。外商资金是外国投资者投入的资金，是外商投资企业的重要资金来源。我国实行改革开放以来，外商投资规模逐步扩大，成为一条重要的资金供应渠道。

2. 筹资方式

筹资方式是指企业筹集资本所采取的具体形式和工具，体现着资本的属性和期限。一般来说，企业最基本的筹资方式有债务筹资和股权筹资两种。债务筹资包括向金融机构借款、发行债券、利用商业信用等方式，形成企业的债务资金；股权筹资包括吸收直接投资、留存收益、发行股票等方式，形成企业的股权资金。

（1）吸收直接投资。吸收直接投资是指企业按照合同、协议等形式来吸收国家、法人、个人、外商投入资金的一种筹资方式。这种筹资方式不以股票为载体，而是通过签订投资合同或投资协议规定双方的权利和义务，主要适用于非股份制公司筹集股权资本。出资人即为企业的所有者，具有所有者应享有的权利和义务。企业经营状况好、盈利多，其可以按照出资比例分享利润；企业经营状况差、亏损多、资不抵债，则投资者应在其出资限额内按比例承担损失。吸收直接投资属于股权筹资方式的一种。

（2）发行股票。股票是股份公司发行的所有权凭证，是股份公司为筹集资金而发行给各个股东作为持股凭证并借以取得股息和红利的一种有价证券。股份有限公司可以通过发行股票成为上市公司，直接从资本市场上融资。股票的购买者即为公司的股东，具有股东的权利和义务。股东可以是国家、法人、个人或外商。所以公司股票一般分为国家股、法人股、个人股和外商股。公司发行股票取得的资金属于企业的股权资本，是股权筹资方式的一种。

（3）发行债券。公司债券是指股份公司在一定时期内为追加资本而发行的借款凭证。对于持有人来说，它是向公司提供贷款的证书，所反映的是一种普通的债权债务关系。持有人虽无权参与股份公司的管理活动，但每年可根据票面的规定向公司收取固定的利息，到期收回本金。发行债券，是一种债务筹资方式。

（4）向金融机构借款。向金融机构借款是指企业根据借款合同从银行或非银行金融机构取得资金的筹资方式。这种筹资方式具有灵活、方便的特点，既可以筹集长期资金，也可以用于融通短期资金，广泛适用于各类企业，是一种债务筹资方式。

（5）融资租赁。融资租赁是指出租人根据承租人对租赁物件的特定要求和对供货人的选择，出资向供货人购买租赁物件，并租给承租人使用，承租人则分期向出租人支付租金，在租赁期内租赁物件的所有权属于出租人所有，承租人拥有租赁物件的使用权。融资租赁是一种通过对租赁物的占有、使用取得资金的筹资方式。融资租赁方式虽然不直接取得资金，而是通过租赁关系直接取得实物，但其通过向出租人分期交付的方式偿还资产的价款，其实质具有借贷资金的性质，是现代企业筹集债务资金的一种特殊方式。

（6）商业信用。商业信用是指在商品交易中由于延期付款或预收货款所形成的企业之间的借贷关系。商业信用的具体形式包括应付账款、应付票据、预收账款等。商业信用是由于供销业务活动而形成的，它是短期资金的一种重要的、经常性的来源。由于商业信用资金是由交易结算中自然形成的资金来源，因此西方国家也称为"自发性负债"。

（7）留存收益。留存收益是指企业从历年实现的利润中提取或形成的留存于企业的内部积累。它包括盈余公积和未分配利润两类。留存收益是企业将当年利润转化为股东对企业追加投资的过程，是一种股权筹资方式。

（8）其他筹资方式。随着金融市场的发展，出现了许多形式的筹资方式，如认证股权筹资、可转换债券筹资等，满足了企业的需要。

企业的筹资渠道与筹资方式有着密切的联系。以一定的筹资方式筹集某一特定属性的资金，但不一定来自同一筹资渠道；同理，同一种筹资渠道的资金往往通过不同的方式去取得，形成企业不同性质的资金。

四、筹资的分类

按照不同的分类标准可以划分不同的筹资类别。

1. 按所筹集资金的权益性质划分

按所筹集资金的权益性质划分，企业筹资可以分为股权筹资、债务筹资和混合性筹资。

（1）股权筹资。股权筹资形成企业的股权资本。股权资本也称自有资金或权益资本，是企业依法长期拥有、能够自主调配运用的自有资本。这部分资本在企业持续经营期间，投资者不得取回，是企业从事生产经营活动和偿还债务的基本保证，也是企业基本资信状况的一个主要指标。我国的股权资本主要包括实收资本（股本）、资本公积、盈余公积金、未分配利润等，可分别列入实收资本（或股本）和留存收益两大类。其中，实收资本和实收资本的溢价部分形成的资本公积是投资者的原始投入；盈余公积金、未分配利润和部分资本公积金是原始投入资本在企业持续经营中形成的经营积累。股权资本由于一般不用还本，形成了企业的永久性资本，因而财务风险小，但资本成本相对较高。

（2）债务筹资。债务筹资是指企业按约定代价和用途取得且需要按期还本付息的一种筹资方式。就其性质而言，是不发生所有权变化的单方面资本使用权的临时让渡。企业通过债务筹资取得的资金形成企业的债务资本，债务资金可以通过向金融机构借款、发行债券、融资租赁等方式获得。债务资本体现了企业与债权人的债务与债权关系，企业的债权人有权按期索取本金和利息，但无权参与企业的日常经营管理和利润分配，同时对企业经营状况也不承担责任；企业作为债务人，对持有的债务资本在约定期限内享有经营权，并承担到期还本付息的义务。

（3）混合性筹资。混合性筹资是指兼具了股权筹资和债务筹资的双重属性的筹资，是企业通过发行优先股、可转换债券和认股权证的方式取得资金的筹集方式。目前我国上市公司最常见的混合型筹资是可转换债券融资。可转换债券是债券持有人可按照发行时约定的价格将债券转换成公司的普通股票的债券。如果债券持有人不想转换，则可以继续持有债券，直到偿还期满时收取本金和利息，或者在流通市场出售变现。如果持有人看好发债公司股票增值的潜力，在宽限期之后可以行使转换权，按照预定转换价格将债券转换成为股票，发债公司不得拒绝。该债券利率一般低于普通公司的债券利率，企业发行可转换债券可以降低筹资成本。

2. 按所筹资金的使用期限划分

按所筹资金的使用期限划分，企业筹资可以分为长期筹资和短期筹资。

（1）长期筹资。长期筹资是指企业筹集使用期限在1年以上的资金筹集活动。筹集的资金既可以是股权资金，也可以是债券资金。长期筹资的主要形式包括吸收直接投资、发行股票、发行债券、取得长期借款、融资租赁等。其目的在于形成和更新企业的生产和经营能力、扩大企业的生产经营规模、对外投资筹集资金等，所形成的长期资金主要用于购买固定资产、形成无形资产、进行对外长期投资、产品和技术研发等。

（2）短期筹资。短期筹资是指期限在1年以内的筹资，是为了满足企业临时性流动资金需要而进行的筹资活动。短期筹资的主要形式包括短期借款、商业信用、保险业务等。短期资金主要用于企业的流动资产和日常资金周转。

3. 按所筹资金的取得方式划分

按所筹资金的取得方式划分，企业筹资可以分为内源筹资和外源筹资。

（1）内源筹资。内源筹资是指公司经营活动结果产生的资金，即公司内部融通的资金，它主要由留存收益和折旧构成。它是指企业不断将自己的储蓄（主要包括留存收益、折旧和定额负债）转化为投资的过程。内源筹资的数额大小主要取决于企业可分配利润的多少和利润分配政策，一般无需花费筹资费用，具有成本低和风险小的特点。

（2）外源筹资。外源筹资是指企业通过一定方式向企业之外的其他经济主体筹集资金。外源筹资方式包括银行贷款、发行股票、企业债券等。此外，企业之间的商业信用、融资租赁在一定意义上也属于外源筹资的范围。外源筹资具有高效性、灵活性、大量性和集中性等特点，一般都需要花费筹资费用。

4. 按是否以金融机构为媒介划分

按是否以金融机构为媒介划分，企业筹资可以分为直接筹资和间接筹资。

（1）直接筹资。直接筹资是指企业不经过金融机构直接与资金供应者协商融通资金的一种筹资活动。其主要形式包括直接投资、发行股票、发行债券、商业信用等。直接筹资方式既可以筹集股权资金，也可以筹集债务资金，可利用多种融资渠道和融资方式，广泛吸收社会资金，筹资的数额较多。但直接筹资的手续较为烦琐、筹资效率较低、筹资费用较高。

（2）间接筹资。间接筹资是指企业借助银行等金融机构筹集资金。其主要形式包括银行借款、非银行金融机构借款、融资租赁等。间接筹资具有筹资手续相对简单、筹资效率高、筹资费用低、筹资期限较为灵活、能够适应企业资本周转的需要等特点，但存在范围相对较窄、筹资额度和筹资方式比较少等不足。

五、企业筹资的原则

在企业筹资活动中，为了使筹集资金更加经济有效，除了分析影响筹资的各种因素，衡量资金的性质、数量、成本和风险，合理选择筹资方式之外，还应当遵循以下原则。

1. 筹措合法原则

企业的筹资活动影响着社会资金的流向和流量，涉及有关方面的经济权益。因此，企业筹资行为和筹资活动必须遵循国家的相关法律法规，依法履行法律法规和投资合同约定的责任，合法合规筹资，依法披露信息，维护各方的合法权益。

2. 规模适当原则

不论通过什么渠道、采用什么方式筹集资金，企业都应该根据其生产经营及发展的需要，合理预测资金的需求量，使筹资量与需求量相互平衡，既要避免因筹资不足影响生产经营的正常进行，又要防止筹资过多造成资金闲置。

3. 取得及时原则

企业筹集资金还需要合理预测和确定资金需要的时间。企业要根据资金需求的具体情况，合理安排资金的筹集时间，使筹资与用资在时间上相衔接；既要避免过早筹集资金形成的资金投放前的闲置，又要防止取得资金的时间滞后，错过资金投放的最佳时机。

4. 来源经济原则

企业筹集资金都要付出资本成本的代价，不同的筹资渠道和方式所取得的资金，其资本成本各有差异。企业应当在考虑筹资难易程度的基础上，针对不同来源资金的成本，认真选择筹资渠道，并选择经济、可行的筹资方式，力求降低筹资成本。

5. 结构合理原则

企业的资本结构一般由权益资本和债务资本构成。企业筹资管理要综合考虑股权资金和债务资金的关系、长期资金与短期资金的关系、内部筹资与外部筹资的关系，合理安排资本结构，保持适当偿债能力，防范企业的财务危机。

第二节 债务筹资

债务筹资主要是企业通过向银行借款、向社会发行公司债券、融资租赁以及赊购商品或劳务等方式筹集和取得的资金。向银行借款、发行债券、融资租赁和商业信用，是债务筹资的基本形式。其中不足1年的短期借款在企业经常发生，与企业资金营运有密切关系，另外，商业信用与企业间的商品或劳务交易密切相关，笔者在此先不进行介绍。

一、银行借款

银行借款是指企业向银行或其他非银行金融机构借入的、需要还本付息的款项,包括偿还期限超过1年的长期借款和不足1年的短期借款,主要用于企业购建固定资产和满足流动资金周转的需要。

(一)银行借款的种类

1. 按提供贷款的机构,分为政策性银行贷款、商业性银行贷款和其他金融机构贷款

政策性银行贷款是指执行国家政策性贷款业务的银行向企业发放的贷款,通常为长期贷款。如国家开发银行贷款,主要满足企业承建国家重点建设项目的资金需要;中国进出口信贷银行贷款,主要为大型设备的进出口提供的买方信贷或卖方信贷;中国农业发展银行贷款,主要用于确保国家对粮、棉、油等政策性收购资金的供应。

商业性银行贷款是指由各商业银行,如中国工商银行、中国建设银行、中国农业银行、中国银行等,向工商企业提供的贷款,用以满足企业生产经营的资金需要,包括短期贷款和长期贷款。

其他金融机构贷款,如从信托投资公司取得实物或货币形式的信托投资贷款、从财务公司取得的各种中长期贷款、从保险公司取得的贷款等。其他金融机构的贷款一般较商业银行贷款的期限要长,要求的利率较高,对借款企业的信用要求和担保的选择比较严格。

2. 按机构对贷款有无担保要求,分为信用贷款和担保贷款

信用贷款是指以借款人的信誉或保证人的信用为依据而获得的贷款。企业取得这种贷款,不需要以财产做抵押。对于这种贷款,由于风险较高,银行通常要收取较高的利息,往往还附加一定的限制条件。

担保贷款是指由借款人或第三方依法提供担保而获得的贷款。担保包括保证责任、财务抵押、财产质押,由此,担保贷款包括保证贷款、抵押贷款和质押贷款。

抵押是指债务人或第三人不转移财产的占有,将该财产作为债权的担保,债务人不履行债务时,债权人有权将该财产折价或者以拍卖、变卖的价款优先受偿。作为贷款担保的抵押品,可以是不动产、机器设备、交通运输工具等实物资产,可以是依法有权处分的土地使用权,也可以是股票债券等有价证券,它们必须是能够变现的资产。如果贷款到期,借款企业不能或不愿偿还贷款。银行可取消企业对抵押品的赎回权。抵押贷款有利于降低银行贷款的风险,提高贷款的安全性。

质押是指债务人或第三人将其动产或财产权利移交给债权人占有,将该动产或财务权利作为债权的担保,债务人不履行债务时,债权人有权以该动产或财产权利折价或者以拍卖、变卖的价款优先受偿。作为贷款担保的质押品,可以是汇票、支票、债券、存款单、提单等信用凭证,可以是依法可以转让的股份股票等有价证券,也可以是依法可以转让的商标专用权、专利权、著作权中的财产权等。

3. 按企业取得贷款的用途，分为基本建设贷款、专项贷款和流动资金贷款

基本建设贷款是指企业因从事新建、改建、扩建等基本建设项目需要资金而向银行申请借入的款项。

专项贷款是指企业因专门用途而向银行申请借入的款项，包括更新改造技改贷款、大修理贷款、研发和新产品研制贷款、小型技术措施贷款、出口专项贷款、引进技术转让费周转金贷款、进口设备外汇贷款、进口设备人民币贷款及国内配套设备贷款等。

流动资金贷款是指企业为满足流动资金的需求而向银行申请借入的款项，包括流动基金借款、生产周转借款、临时借款、结算借款和卖方信贷。

（二）银行借款的程序与保护性条款

1. 银行借款的程序

（1）提出申请。企业根据筹资需求向银行书面申请，按银行要求的条件和内容填报借款申请书。

（2）银行审批。银行按照有关政策和贷款条件，对借款企业进行信用审查，依据审批权限，核准公司申请的借款金额和用款计划。银行审查的主要内容是：公司的财务状况；信用情况；盈利的稳定性；发展前景；借款投资项目的可行性；抵押品和担保情况。

（3）签订合同。借款申请获批准后，银行与企业进一步协商贷款的具体条件，签订正式的借款合同，规定贷款的数额、利率、期限和一些约束性条款。

（4）取得借款。借款合同签订后，企业在核定的贷款指标范围内，根据用款计划和实际需要，一次或分次将贷款转入公司的存款结算户，以便使用。

2. 长期借款的保护性条款

由于银行等金融机构提供的长期贷款金额高、期限长、风险大，因此，除借款合同的基本条款之外，债权人通常还在借款合同中附加各种保护性条款，以确保企业按要求使用借款和按时足额偿还借款。保护性条款一般有以下三类：

（1）例行性保护条款。这类条款作为例行常规，在大多数借款合同中都会出现。它主要包括：1）要求定期向提供贷款的金融机构提交财务报表，以使债权人随时掌握公司的财务状况和经营成果。2）不准在正常情况下出售较多的非产成品存货，以保持企业的正常生产经营能力。3）如期清偿应缴纳税金和其他到期债务，以防被罚款而造成不必要的现金流失。4）不准以资产做其他承诺的担保或抵押。5）不准贴现应收票据或出售应收账款，以避免有负债等。

（2）一般性保护条款。一般性保护条款是对企业资产的流动性及偿债能力等方面的要求条款，这类条款应用于大多数借款合同，主要包括：1）保持企业的资产流动性。要求企业需持有一定最低限度的货币资金及其他流动资产，以保持企业资产的流动性和偿债能力，一般规定了企业必须保持的最低营运资金数额和最低流动比率数值。2）限制企业非经营性支出。如限制支付现金股利、购入股票和职工加薪的数额规模，以减少企业资金的

过度外流。3）限制企业资本支出的规模。控制企业资产结构中长期性资产的比例，以减少公司日后不得不变卖固定资产以偿还贷款的可能性。4）限制公司再举债规模。目的是防止其他债权人取得对公司资产的优先索偿权。5）限制公司的长期投资。如规定公司不准投资短期内不能收回资金的项目，不能未经银行等债权人同意而与其他公司合并等。

（3）特殊性保护条款。这类条款是针对某些特殊情况而出现在部分借款合同中的条款，只有在特殊情况下才能生效。它主要包括：要求公司的主要领导人购买人身保险；借款的用途不得改变；违约惩罚条款；等等。

上述各项条款结合使用，将有利于全面保护银行等债权人的权益。但借款合同是经双方充分协商后决定的，其最终结果取决于双方谈判能力的大小，而不是完全取决于银行等债权人的主观愿望。

（三）银行借款的筹资特点

1.筹资速度快。与发行债券、融资租赁等债权筹资方式相比，银行借款的程序相对简单，所花时间较短，公司可以迅速获得所需资金。

2.资本成本较低。利用银行借款筹资，比发行债券和融资租赁的利息负担要低，而且，不需要支付证券发行费用、租赁手续费用等筹资费用。

3.筹资弹性较大。在借款之前，公司根据当时的资本需求与银行等贷款机构直接商定贷款的时间、数量和条件。在借款期间，若公司的财务状况发生某些变化，也可与债权人再协商，变更借款数量、时间和条件，或提前偿还本息。因此，借款筹资对公司具有较大的灵活性，特别是短期借款更是如此。

4.限制条款多。与债券筹资相比较，银行借款合同对借款用途有明确规定，通过借款的保护性条款，对公司资本支出额度、再筹资、股利支付等行为有严格的约束，以后公司的生产经营活动和财务政策必将受到一定程度的影响。

5.筹资数额有限。银行借款的数额往往受贷款机构资本实力的制约，不可能像发行债券、股票那样一次筹集到大笔资金，无法满足公司大规模筹资的需要。

二、发行公司债券

企业债券又称公司债券，是企业依照法定程序发行的、约定在一定期限内还本付息的有价证券。债券是持有人拥有公司债权的书面证书，它代表持券人同发债公司之间的债权债务关系。

（一）公司债券的种类

1.按是否记名，分为记名债券和无记名债券

记名公司债券，应当在公司债券存根簿上载明债券持有人的姓名及住所、债券持有人取得债券的日期及债券的编号等债券持有人信息。记名公司债券，由债券持有人以背书的方式或者法律、行政法规规定的其他方式转让；转让后由公司将受让人的姓名或者名称及

住所记载于公司债券存根簿。

无记名公司债券，应当在公司债券存根簿上载明债券总额、利率、偿还期限和方式、发行日期及债券的编号。无记名公司债券的转让，由债券持有人将该债券交付给受让人后即发生转让的效力。

2. 按是否能够转换成公司股权，分为可转换债券与不可转换债券

可转换债券，债券持有者可以在规定的时间内按规定的价格转换为发债公司的股票。这种债券在发行时，对债券转换为股票的价格和比率等都做了详细规定。

不可转换债券，是指不能转换为发债公司股票的债券，大多数公司债券属于这种类型。

3. 按有无特定财产担保，分为担保债券和信用债券

担保债券是指以抵押的方式担保发行人按期还本付息的债券，主要是指抵押债券。抵押债券按其抵押品的不同，又分为不动产抵押债券、动产抵押债券和证券信托抵押债券。信用债券是无担保债券，是仅凭公司自身的信用发行的、没有抵押品做抵押担保的债券。在公司清算时，信用债券的持有人因无特定的资产做担保品，只能作为一般债权人参与剩余财产的分配。

（二）发行债券的程序

1. 做出决议。公司发行债券要由董事会制订方案，股东大会做出决议。

2. 提出申请。证券管理部门按照确定的公司债券发行规模，审批公司债券的发行。公司申请应提交公司登记证明、公司章程、公司债券募集办法、资产评估报告和验资报告。

3. 公告募集办法。企业发行债券的申请经批准后，向社会公告债券募集办法。公司债券分私募发行和公募发行，私募发行是以特定的少数投资者为对象发行债券，而公募发行则是在证券市场上以非特定的广大投资者为对象公开发行债券。

4. 委托证券经营机构发售。公募间接发行是各国通行的公司债券发行方式，在这种发行方式下，发行公司与承销团签订承销协议。承销团由数家证券公司或投资银行组成，承销方式有代销和包销两种。代销是指承销机构代为推销债券，在约定期限内未售出的余额可退还发行公司，承销机构不承担发行风险。包销是由承销团先购入发行公司拟发行的全部债券，然后再售给社会上的投资者，如果约定期限内未能全部售出，余额要由承销团负责认购。

5. 交付债券、收缴债券款、登记债券存根簿。发行债券通常不需经过填写认购证过程，由债券购买人直接向承销机构付款购买，承销单位付给企业债券，然后，发行公司向承销机构收缴债券款并结算代理费及预付款项。

（三）债券的偿还

债券偿还时间按其实际发生与规定的到期日之间的关系，分为提前偿还与到期偿还两类，其中后者又包括分批偿还和一次偿还两种。

1. 提前偿还

提前偿还又称提前赎回或收回，是指在债券尚未到期之前就予以偿还。只有在公司发

行债券的契约中明确规定了有关允许提前偿还的条款，公司才可以进行此项操作。提前偿还所支付的价格通常要高于债券的面值，并随到期日的临近而逐渐下降。具有提前偿还条款的债券可使公司筹资有较大的弹性。当公司资金有结余时，可提前赎回债券；当预测利率下降时，也可提前赎回债券，而后以较低的利率来发行新债券。

2. 分批偿还

如果一个公司在发行同一种债券的当时就为不同编号或不同发行对象的债券规定了不同的到期日，这种债券就是分批偿还债券。因为各批债券的到期日不同，它们各自的发行价格和票面利率也可能不相同，从而导致发行费较高，但由于这种债券便于投资人挑选最合适的到期日，因而便于发行。

3. 一次偿还

到期一次偿还的债券是最为常见的。

（四）发行公司债券的筹资特点

1. 一次筹资数额大。利用发行公司债券筹资，能够筹集大额的资金，满足公司大规模筹资的需要，这是在银行借款、融资租赁等债权筹资方式中，企业选择发行公司债券筹资的主要原因，也能够适应大型公司经营规模的需要。

2. 提高公司的社会声誉。公司债券的发行主体，有严格的资格限制。发行公司债券，往往是股份有限公司和有实力的有限责任公司所为。通过发行公司债券，一方面筹集了大量资金，另一方面也扩大了公司的社会影响。

3. 筹集资金的使用限制条件少。与银行借款相比，债券筹资筹集资金的使用具有相对的灵活性和自主性。特别是发行债券所筹集的大额资金，能够主要用于流动性较差的公司长期资产上。从资金使用的性质来看，银行借款一般期限短、额度小，主要用途为增加适量存货、增加小型设备等；反之，期限较长、额度较大，用于公司扩张、增加大型固定资产和基本建设投资的需求多采用发行债券方式。

4. 能够锁定资本成本的负担。尽管公司债券的利息比银行借款高，但公司债券的期限长、利率相对固定。在预计市场利率持续上升的金融市场环境下，发行公司债券筹资，能够锁定资本成本。

5. 发行资格要求高，手续复杂。发行公司债券，实际上是公司面向社会负债，债权人是社会公众，因此国家为了保护投资者利益，维护社会经济秩序，对发债公司的资格有严格的限制。从申报、审批、承销到取得资金，需要经过众多环节和较长时间。

6. 资本成本较高。相对于银行借款筹资，发行债券的利息负担和筹资费用都比较高，而且债券不能像银行借款一样进行债务展期，加上大额的本金和较高的利息，在固定的到期日，将会对公司现金流量产生巨大的财务压力。

三、融资租赁

租赁，是指通过签订资产出让合同的方式，使用资产的一方（承租方）通过支付租金，向出让资产的一方（出租方）取得资产使用权的一种交易行为。在这项交易中，承租方通过得到所需资产的使用权，完成了筹集资金的行为。

（一）租赁的特征与分类

1. 租赁的基本特征

（1）所有权与使用权相分离。租赁资产的所有权与使用权分离是租赁的主要特点之一。银行信用虽然也是所有权与使用权相分离，但载体是货币资金，租赁则是资金与实物相结合基础上的分离。

（2）融资与融物相结合。租赁是以商品形态与货币形态相结合提供的信用活动，出租人在向企业出租资产的同时，解决了企业的资金需求，具有信用和贸易双重性质。它不同于一般的借钱还钱、借物还物的信用形式，就是借物还钱，并以分期支付租金的方式来体现。租赁的这一特点使银行信贷和财产信贷融合在一起，成为企业融资的一种新形式。

（3）租金的分期归流。在租金的偿还方式上，租金与银行信用到期还本付息不一样，采取了分期回流的方式。出租方的资金一次投入、分期收回。对于承租方而言，通过租赁可以提前获得资产的使用价值，分期支付租金便于分期规划未来的现金流出量。

2. 租赁的分类

租赁分为融资租赁和经营租赁。

经营租赁是由租赁公司向承租单位在短期内提供设备，并提供维修、保养、人员培训等的一种服务性业务，又称服务性租赁。经营租赁的特点主要是：出租的设备一般由租赁公司根据市场需要选定，然后再寻找承租企业；租赁期较短，短于资产的有效使用期，在合理的限制条件内承租企业可以中途解约；租赁设备的维修、保养由租赁公司负责；租赁期满或合同终止以后，出租资产由租赁公司收回。经营租赁比较适用于租用技术过时较快的生产设备。

融资租赁是由租赁公司按承租单位的要求出资购买设备，在较长的合同期内提供给承租单位使用的融资信用业务，它是以融通资金为主要目的的租赁。融资租赁的主要特点是：出租的设备由承租企业提出要求购买，或者由承租企业直接从制造商或销售商那里选定；租赁期较长，接近于资产的有效使用期，在租赁期间双方无权取消合同；由承租企业负责设备的维修、保养；租赁期满，按事先约定的方法处理设备，包括退还租赁公司或继续租赁或企业留购。通常采用企业留购办法，即以很少的"名义价格"（相当于设备残值）买下设备。

(二)融资租赁的基本程序与形式

1. 融资租赁的基本程序

(1)选择租赁公司,提出委托申请。当企业决定采用融资租赁的方式以获取某项设备时,需要了解各个租赁公司的资信情况、融资条件和租赁费率等,分析比较选定一家作为出租单位,然后向租赁公司申请办理融资租赁。

(2)签订购货协议。由承租企业和租赁公司中的一方或双方与选定的设备供应厂商进行购买设备的技术谈判和商务谈判,在此基础上与设备供应厂商签订购货协议。

(3)签订租赁合同。承租企业与租赁公司签订租赁设备的合同,如需要进口设备,还应办理设备进口手续。租赁合同是租赁业务的重要文件,具有法律效力。融资租赁合同的内容可分为一般条款和特殊条款两部分。

(4)交货验收。设备供应厂商将设备发运到指定地点,承租企业要办理验收手续。验收合格后签发交货及验收证书交给租赁公司,作为其支付货款的依据。

(5)定期交付租金。承租企业按租赁合同规定分期缴纳租金,这也就是承租企业对所筹资金的分期还款。

(6)合同期满处理设备。承租企业根据合同约定,对设备续租、退租或留购。

2. 融资租赁的基本形式

(1)直接租赁。直接租赁是融资租赁的主要形式,承租方提出租赁申请时,出租方按照承租方的要求选购,然后再出租给承租方。

(2)售后回租。售后回租是指承租方由于急需资金等各种原因,将自己资产出售给出租方,然后以租赁的形式从出租方原封不动地租回资产的使用权。在这种租赁合同中,除资产所有者的名义改变之外,其余情况均无变化。

(3)杠杆租赁。杠杆租赁是指涉及承租人、出租人和资金出借人三方的融资租赁业务。一般来说,当所涉及的资产价值昂贵时,出租方自己只投入部分资金,通常为资产价值的20%~40%,其余资金则通过将该资产抵押担保的方式,向第三方(通常为银行)申请贷款解决。之后租赁公司将购进的设备出租给承租方,用收取的租金偿还贷款,该资产的所有权属于出租方。出租人既是债权人也是债务人,如果出租人到期不能按期偿还借款,资产所有权则转移给资金的出借者。

(三)融资租赁租金

1. 租金的构成

融资租赁每期租金的多少,取决于以下几项因素:设备原价及预计残值,包括设备买价、运输费、安装调试费、保险费等,以及该设备租赁期满后,出售可得的市价;利息,指租赁公司为承租企业购置设备垫付资金所应支付的利息;租赁手续费,指租赁公司承办租赁设备所发生的业务费用和必要的利润。

2. 租金的支付方式

租金的支付方式有以下几种：按支付间隔期长短，分为年付、半年付、季付和月付等方式；按在期初和期末支付，分为先付和后付；按每次支付额，分为等额支付和不等额支付。实务中，承租企业与租赁公司商定的租金支付方式，大多为后付等额年金。

3. 租金的计算。我国融资租赁实务中，租金的计算大多采用等额年金法。等额年金法下，通常要根据利率和租赁手续费率确定一个租贷费率，作为折现率。

（四）融资租赁的筹资特点

1. 在资金缺乏情况下，能迅速获得所需资产。融资租赁集"融资"与"融物"于一身，融资租赁使企业在资金短缺的情况下引进设备成为可能。特别是针对中小企业、新创企业而言，融资租赁是一条重要的融资途径。有时，大型企业对大型设备、工具等固定资产，也需要融资租赁解决巨额资金的需要，如商业航空公司的飞机，大多是通过融资租赁取得的。

2. 财务风险小，财务优势明显。融资租赁与购买的一次性支出相比，能够避免一次性支付的负担，而且租金支出是未来的、分期的，企业不需要一次筹集大量资金偿还。还款时，租金可以通过项目本身产生的收益来支付，是一种基于未来的"借鸡生蛋，卖蛋还钱"的筹资方式。

3. 融资租赁筹资的限制条件较少。企业运用股票、债券、长期借款等筹资方式，都受到相当多的资格条件的限制，如足够的抵押品、银行贷款的信用标准、发行债券的政府管制等。相比之下，租赁筹资的限制条件很少。

4. 租赁能延长资金融通的期限。通常为购买设备而贷款的借款期限比该资产的物理寿命要短得多，而租赁的融资期限却可接近其全部使用寿命期限，并且其金额随设备价款金额而定，无融资额度的限制。

5. 免遭设备陈旧过时的风险。随着科学技术的不断进步，设备陈旧过时的风险很高，而多数租赁协议规定此种风险由出租人承担，承租企业可免受这种风险。

6. 资本成本高。其租金通常比举借银行借款或发行债券所负担的利息高得多，租金总额通常要高于设备价值的30%。尽管与借款方式比，融资租赁能够避免到期一次性集中偿还的财务压力，高额的固定租金也给各期的经营带来了分期的负担。

四、债务筹资的优缺点

1. 债务筹资的优点

（1）筹资速度较快。与股权筹资相比，债务筹资不需要经过复杂的审批手续和证券发行程序，如银行借款、融资租赁等，可以迅速地获得资金。

（2）筹资弹性大。发行股票等股权筹资，一方面需要经过严格的政府审批；另一方面从企业的角度出发，由于股权不能退还，股权资本在未来永久性地给企业带来了资本成本的负担。利用债务筹资，可以根据企业的经营情况和财务状况，灵活商定债务条件，控制筹资数量，安排取得资金的时间。

（3）资本成本负担较轻。一般来说，债务筹资的资本成本要低于股权筹资。一是取得资金的手续费等筹资费用较低；二是利息、租金等筹资费用比股权资本要低；三是利息等资本成本可以在税前支付。

（4）可以利用财务杠杆。债务筹资不改变公司的控制权，因而股东不会出于控制权稀释原因反对负债。债权人从企业那里只能获得固定的利息或租金，不能参加公司剩余收益的分配。当企业的资本报酬率高于债务利率时，会增加普通股股东的每股收益，提高净资产报酬率，提升企业价值。

（5）稳定公司的控制权。债权人无权参加企业的经营管理，利用债务筹资不会改变和分散股东对公司的控制权。

2.债务筹资的缺点

（1）不能形成企业稳定的资本基础。债务资本有固定的到期日，到期需要偿还，只能作为企业的补充性资本来源。再加上取得债务往往需要进行信用评级，没有信用基础的企业和新创企业，往往难以取得足够的债务资本。现有债务资本在企业的资本结构中达到一定比例后，往往由于财务风险升高而不容易再取得新的债务资金。

（2）财务风险较大。债务资本有固定的到期日，有固定的利息负担，抵押、质押等担保方式取得的债务，资本使用上可能会有特别的限制。这些都要求企业必须有一定的偿债能力，要保持资产流动性及资产报酬水平，作为债务清偿的保障，对企业的财务状况提出了更高的要求，否则会给企业带来财务危机，甚至导致企业破产。

（3）筹资数额有限。债务筹资的数额往往受贷款机构资本实力的制约，不可能像发行债券或股票那样一次筹集到大笔资本，无法满足公司大规模筹资的需要。

第三节 股权筹资

企业所能采用的筹资方式，一方面受法律环境和融资市场的制约，另一方面也受企业性质的制约。中小企业和非公司制企业的筹资方式比较受限；股份有限公司和有限责任公司的筹资方式相对多样。

股权筹资形成企业的股权资金，也称之为权益资本，是企业最基本的筹资方式。股权筹资又包含吸收直接投资、发行股票和利用留存收益三种主要形式。此外，我国上市公司引入战略投资者的行为，也属于股权筹资的范畴。

一、吸收直接投资

吸收直接投资，是指企业按照"共同投资、共同经营、共担风险、共享收益"的原则，直接吸收国家、法人、个人和外商投入资金的一种筹资方式。吸收直接投资是非股份制企业筹集权益资本的基本方式，采用吸收直接投资的企业，资本不分为等额股份、不需要公开发行股票。吸收直接投资实际出资额，注册资本部分形成实收资本；超过注册资本的部分属于资本溢价，形成资本公积。

（一）吸收直接投资的种类

1. 吸收国家投资

国家投资是指有权代表国家投资的政府部门或机构，以国有资产投入公司，这种情况下形成的资本叫作国有资本。国家吸收投资一般具有以下特点：（1）产权归属国家；（2）资金的运用和处置受国家约束较大；（3）在国有公司中应用比较广泛。

2. 吸收法人投资

法人投资是指法人单位以其依法可支配的资产投入公司，这种情况下形成的资本称为法人资本。吸收法人资本一般具有以下特点：（1）发生在法人单位之间；（2）以参与公司利润分配或控制为目的；（3）出资方式灵活多样。

3. 吸收外商直接投资

企业可以通过合资经营或合作经营的方式吸收外商直接投资，即与其他国家的投资者共同投资，创办中外合资经营企业或者中外合作经营企业，共同经营、共担风险、共负盈亏、共享利益。

4. 吸收社会公众投资

社会公众投资是指社会个人或本公司职工以个人合法财产投入公司，这种情况下形成的资本称为个人资本。吸收社会公众投资一般具有以下特点：（1）参加投资的人员较多；（2）每人投资的数额相对较少；（3）以参与公司利润分配为基本目的。

（二）吸收直接投资的出资方式

1. 以货币资产出资

以货币资产出资是吸收直接投资中最重要的出资方式。企业有了货币资产，便可以获取其他物质资源、支付各种费用，满足企业创建时的开支和随后的日常周转需要。

2. 以实物资产出资

实物出资是指投资者以房屋、建筑物、设备等固定资产和材料、燃料、产品等流动资产所进行的投资。实物投资应符合以下条件：（1）适合企业生产、经营、研发等活动的需要；（2）技术性能良好；（3）作价公平合理。

实物出资中实物的作价，可以由出资各方协商确定，也可以聘请专业资产评估机构评估确定。国有及国有控股企业接受其他企业的非货币资产出资，需要委托有资格的资产评估机构进行资产评估。

3. 以土地使用权出资

土地使用权是指土地经营者对依法取得的土地在一定期限有进行建筑生产经营或其他活动的权利。土地使用权具有相对的独立性，在土地使用权存续期间，包括土地所有者在内的其他任何人和单位，不能任意收回土地和非法干预使用权人的经营活动。企业吸收土地使用权投资应符合以下条件：（1）适合企业科研、生产、经营、研发等活动的需要；（2）地理、交通条件适宜；（3）作价公平合理。

4. 以工业产权出资

工业产权通常是指专有技术、商标权、专利权、非专利技术等无形资产。投资者以工业产权出资应符合以下条件：（1）有助于企业研究、开发和生产出新的高科技产品；（2）有助于企业提高生产效率，改进产品质量；（3）有助于企业降低生产消耗、能源消耗等各种消耗；（4）作价公平合理。

吸收工业产权等无形资产出资的风险较大。因为以工业产权投资，实际上是把技术转化为资本，使技术的价值固定化。而技术具有强烈的时效性，会因其不断老化落后而导致实际价值不断减少，甚至完全丧失。

（三）吸收直接投资的程序

1. 确定筹资数量

企业在新建或扩大经营时，首先确定资金的需要量。资金的需要量应根据企业的生产经营规模和供销条件等来核定，确保筹资数量与资金需要量相适应。

2. 寻找投资单位

企业既要广泛了解有关投资者的资信、财力和投资意向，又要通过信息交流和宣传，使出资方了解企业的经营能力、财务状况以及未来预期，以便于公司从中寻找最合适的合作伙伴。

3. 协商和签署投资协议

找到合适的投资伙伴后，双方进行具体协商，确定出资数额、出资方式和出资时间。企业应尽可能吸收货币投资，如果投资方确有先进而适合需要的固定资产和无形资产，亦可采取非货币投资的方式。对实物投资、工业产权投资、土地使用权投资等非货币资产，双方应按公平合理的原则协商定价。当出资数额、资产作价确定后，双方须签署投资的协议或合同，以明确双方的权利和责任。

4. 取得所筹集的资金

签署投资协议后，企业应按规定或计划取得资金。如果采取现金投资的方式，通常还要编制拨款计划，确定拨款期限、每期数额及划拨方式，有时投资者还要规定拨款的用途，如把拨款区分为固定资产投资拨款、流动资金拨款、专项拨款等。如为实物、工业产权、非专利技术、土地使用权投资，一个重要的问题就是核实财产。财产数量是否准确，特别是价格有无高估低估的情况，关系到投资各方的经济利益，必须认真处理，必要时可以聘请专业资产评估机构来评定，然后办理产权的转移手续取得资产。

（四）吸收直接投资的筹资特点

1. 能够尽快形成生产能力。吸收直接投资不仅可以取得一部分货币资金，而且能够直接获得所需的先进设备和技术，尽快形成生产经营能力。

2. 容易进行信息沟通。吸收直接投资的投资者比较单一，股权没有社会化、分散化，甚至有的投资者直接担任公司管理层职务，公司与投资者易于沟通。

3. 吸收投资的手续相对比较简便、筹资费用较低。

4. 资本成本较高。相对于股票筹资来说，吸收直接投资的资本成本较高。当企业经营较好、盈利较多时，投资者往往要求将大部分盈余作为红利分配，因为企业向投资者支付的报酬是按其出资数额和企业实现利润的比率来计算的。

5. 企业控制权集中，不利于企业治理。采用吸收直接投资的方式筹资，投资者一般都要求获得与投资数额相适应的经营管理权。如果某个投资者的投资额比例较大，则该投资者对企业的经营管理就会有相当大的控制权，容易损害其他投资者的利益。

6. 不利于产权交易。吸收投入资本由于没有证券为媒介，不利于产权交易，难以进行产权转让。

二、发行普通股股票

股票是股份有限公司为筹措股权资本而发行的有价证券，是公司签发的证明股东持有公司股份的凭证。股票作为一种所有权凭证，代表着股东对发行公司净资产的所有权。股票只能由股份有限公司发行。

（一）股票的特征与分类

1. 股票的特点

（1）永久性。公司发行股票所筹集的资金属于公司的长期自有资金，没有期限，不需要归还。换言之，股东在购买股票之后，一般情况下不能要求发行企业退还股金。

（2）流通性。股票作为一种有价证券，在资本市场上可以自由转让、买卖和流通，也可以继承、赠送或作为抵押品。股票特别是上市公司发行的股票具有很强的变现能力，流动性很强。

（3）风险性。由于股票的永久性，股东成了企业风险的主要承担者。风险的表现形式有：股票价格的波动性、红利的不确定性、破产清算时股东处于剩余财产分配的最后顺序等。

（4）参与性。股东作为股份公司的所有者，拥有参与企业管理的权利，包括重大决策权、经营者选择权、财务监控权、公司经营的建议和质询权等。此外，股东还有承担有限责任、遵守公司章程等义务。

2. 股东的权利

股东最基本的权利是按投入公司的股份额，依法享有公司收益获取权、公司重大决策参与权和选择公司管理者的权利，并以其所持股份为限对公司承担责任。

（1）公司管理权。股东对公司的管理权主要体现在重大决策参与权、经营者选择权、财务监控权、公司经营的建议和质询权、股东大会召集权等方面。

（2）收益分享权。股东有权通过股利方式获取公司的税后利润，利润分配方案由董事会提出并经过股东大会批准。

（3）股份转让权。股东有权将其所持有的股票出售或转让。

（4）优先认股权。原有股东拥有优先认购本公司增发股票的权利。

（5）剩余财产要求权。当公司解散、清算时，股东有权清偿债务、清偿优先股股东以后的剩余财产索取的权利。

3. 股票的种类

（1）按股东权利和义务，分为普通股股票和优先股股票

普通股股票简称普通股，是公司发行的代表着股东享有平等的权利、义务，不加特别限制的，股利不固定的股票。普通股是最基本的股票，股份有限公司通常情况只发行普通股。

优先股股票简称优先股，是公司发行的相对于普通股具有一定优先权的股票。其优先权利主要表现在股利分配优先权和分取剩余财产优先权上。优先股股东在股东大会上无表决权，在参与公司经营管理上受到一定限制，仅对涉及优先股权利的问题有表决权。

（2）按票面有无记名，分为记名股票和无记名股票

记名股票是在股票票面上记载有股东姓名或将名称记入公司股东名册的股票。无记名股票不登记股东名称，公司只记载股票数量、编号及发行日期。

（3）按发行对象和上市地点，分为A股、B股、H股、N股和S股等

A股即人民币普通股票，由我国境内公司发行，境内上市交易，它以人民币标明面值，以人民币认购和交易。B股即人民币特种股票，由我国境内公司发行，境内上市交易，它以人民币标明面值，以外币认购和交易。H股是注册地在内地、上市在香港的股票，依此类推，在纽约和新加坡上市的股票，就分别称为N股和S股。

（二）股份有限公司的设立、股票的发行与上市

1. 股份有限公司的设立

设立股份有限公司，发起人人数应当在2人以上200人以下，其中须有半数以上的发起人在中国境内有住所。股份有限公司的设立，可以采取发起设立或者募集设立的方式。发起设立，是指由发起人认购公司应发行的全部股份而设立公司。募集设立，是指由发起人认购公司应发行股份的一部分，其余股份向社会公开募集或者向特定对象募集而设立公司。

以发起设立方式设立股份有限公司的，公司全体发起人的首次出资额不得低于注册资本的20%，其余部分由发起人自公司成立之日起2年内缴足（投资公司可以在5年内缴足）。

以募集设立方式设立股份有限公司的，发起人认购的股份不得少于公司股份总数的35%；法律、行政法规另有规定的，从其规定。

股份有限公司的发起人应当承担下列责任：公司不能成立时，发起人对设立行为所产生的债务和费用负连带责任；公司不能成立时，发起人对认股人已缴纳的股款，返还股款并加算银行同期存款利息的连带责任；在公司设立过程中，由于发起人的过失致使公司利益受到损害的，应当对公司承担赔偿责任。

2. 股份有限公司首次发行股票的一般程序

（1）发起人认足股份、缴付股资。发起方式设立的公司，发起人认购公司的全部股份；募集方式设立的公司，发起人认购的股份不得少于公司股份总数的35%。发起人可以用货币出资，也可以非货币资产作价出资。在发起设立方式下，发起人缴付全部股资后，应选举董事会、监事会，由董事会办理公司设立的登记事项；在募集设立方式下，发起人认足其应认购的股份并缴付股资后，其余部分向社会公开募集。

（2）提出公开募集股份的申请。以募集方式设立的公司，发起人向社会公开募集股份时，必须向证券监督管理部门递交募股申请，并报送批准设立公司的相关文件，包括公司章程、招股说明书等。

（3）公告招股说明书，签订承销协议。公开募集股份申请经国家批准后，应公告招股说明书。招股说明书应包括公司的章程、发起人认购的股份数、本次每股票面价值和发行价格、募集资金的用途等。同时，与证券公司等证券承销机构签订承销协议。

（4）招认股份，缴纳股款。发行股票的公司或其承销机构一般用广告或书面通知的办法招募股份。认股者一旦填写了认股书，就要承担认股书中约定的缴纳股款义务。如果认股者的总股数超过发起人拟招募的总股数，可以采取抽签的方式确定哪些认股者有权认股。认股者应在规定的期限内向代收股款的银行缴纳股款，同时交付认股书。

（5）召开创立大会，选举董事会、监事会。发行股份的股款募足后，发起人应在规定期限内（法定30天）主持召开创立大会。创立大会由发起人、认股人组成，应有代表股份总数半数以上的认股人出席方可举行。创立大会通过公司章程，选举董事会和监事会成员，并有权对公司的设立费用进行审核，对发起人用于抵作股款的财产作价进行审核。

（6）办理公司设立登记，交割股票。经创立大会选举的董事会，应在创立大会结束后30天内，办理申请公司设立的登记事项。登记成立后，即向股东正式交付股票。

3. 股票上市交易

（1）股票上市的目的。股票上市的目的是多方面的，主要包括：1）便于筹措新资金。证券市场是资本商品的买卖市场，证券市场上有众多的资金供应者。同时，股票上市经过政府机构的审查批准并接受严格的管理，执行股票上市和信息披露的规定，容易吸引社会资本投资者。公司上市后，还可以通过增发、配股、发行可转换债券等方式进行再融资。

2）促进股权流通和转让。股票上市后便于投资者购买，提高了股权的流动性和股票的变现能力，便于投资者认购和交易。3）促进股权分散化。上市公司拥有众多的股东，加之上市股票的流通性强，能够避免公司的股权集中，分散公司的控制权，有利于公司治理结构的完善。4）便于确定公司价值。股票上市后，公司股价有市价可循，便于确定公司的价值。对于上市公司来说，即时的股票交易行情，就是对公司价值的市场评价。同时，市场行情也能够为公司收购兼并等资本运作提供询价基础。

但股票上市也有对公司不利的一面，这主要有：上市成本较高，手续复杂严格；公司将负担较高的信息披露成本；信息公开的要求可能会暴露公司的商业机密；股价有时会歪曲公司的实际情况，影响公司声誉；可能会分散公司的控制权，造成管理上的困难。

（2）股票上市的条件。公司公开发行的股票进入证券交易所交易，必须受严格的条件限制。股份有限公司申请股票上市，应当符合下列条件：股票经证券监督管理机构核准已公开发行；公司股本总额不少于人民币3000万元；公开发行的股份达到公司股份总数的25%以上；公司股本总额超过人民币4亿元的，公开发行股份的比例为10%以上；公司最近3年无重大违法行为，财务会计报告无虚假记载。

（3）股票上市的暂停、终止与特别处理。当上市公司出现经营情况恶化、存在重大违法违规行为或其他原因导致不符合上市条件时，就可能被暂停或终止上市。

上市公司出现财务状况或其他状况异常的，其股票交易将被交易所"特别处理"（ST：Special Treatment）。"财务状况异常"是指以下几种情况：最近2个会计年度的审计结果显示的净利润为负值；最近1个会计年度的审计结果显示其股东权益低于注册资本；最近1个会计年度经审计的股东权益扣除注册会计师和有关部门不予确认的部分后，低于注册资本；注册会计师对最近1个会计年度的财产报告出具无法表示意见或否定意见的审计报告；最近一份经审计的财务报告对上年度利润进行调整，导致连续2个会计年度亏损；经交易所或中国证监会认定为财务状况异常的。"其他状况异常"是指自然灾害、重大事故等导致生产经营活动基本终止，公司涉及的可能赔偿金额超过公司净资产的诉讼等情况。

在上市公司的股票交易被实行特别处理期间，其股票交易遵循下列规则：股票报价日涨跌幅限制为5%；股票名称改为原股票名称前加"ST"；上市公司的中期报告必须经过审计。

（三）上市公司的股票发行

上市的股份有限公司在证券市场上发行股票，包括公开发行和非公开发行两种类型。公开发行股票又分为首次上市公开发行股票和上市公开发行股票，非公开发行即向特定投资者发行，也叫定向发行。

1. 首次上市公开发行股票（IPO）

首次上市公开发行股票是指股份有限公司向社会公开发行股票并上市流通和交易。

实施IPO的基本程序是：公司董事会应当依法就本次股票发行的具体方案、本次募集资金使用的可行性及其他事项做出决议，并提请股东大会批准；公司股东大会就本次发行股票做出的决议；由保荐人保荐并向证监会申报；证监会受理，并审核批准；自证监会核准发行之日起，公司应在6个月内公开发行股票；超过6个月未发行的，核准失效，须经证监会重新核准后方可发行。

2. 上市公开发行股票

上市公开发行股票，是指股份有限公司已经上市后，通过证券交易所在证券市场上对社会公开发行股票。上市公司公开发行股票，包括增发和配股两种方式。其中，增发是指增资发行，即上市公司向社会公众发售股票的再融资方式，而配股是指上市公司向原有股东配售发行股票的再融资方式。增发和配股也应符合证监会规定的条件，并经过证监会的核准。

3. 非公开发行股票

上市公司非公开发行股票，是指上市公司采用非公开的方式，向特定对象发行股票的行为，也叫定向募集增发。其目的往往是为了引入该机构的特定能力，如管理、渠道等。定向增发的对象可以是老股东，也可以是新投资者。总之，定向增发完成之后，公司的股权结构往往会发生较大变化，甚至发生控股权变更的情况。

在公司设立时，上市公开发行股票与非上市不公开发行股票相比较，上市公开发行股票方式的发行范围广、发行对象多，易于足额筹集资本，同时还有利于提高公司的知名度。但公开发行方式审批手续复杂严格、发行成本高。在公司设立后再融资时，上市公司定向增发和非上市公司定向增发相比较，上市公司定向增发的优势在于：有利于引入战略投资者和机构投资者；有利于利用上市公司的市场化估值溢价，将母公司资产通过资本市场放大，从而提升母公司的资产价值；定向增发是一种主要的并购手段，特别是资产并购型定向增发，有利于集团企业整体上市，并同时减轻并购的现金流压力。

（四）引入战略投资者

1. 战略投资者的概念与要求

我国在新股发行中引入战略投资者，允许战略投资者在公司发行新股中参与配售。按照证监会的规则解释，战略投资者是指与发行人具有合作关系或有合作意向和潜力、与发行公司业务联系紧密且欲长期持有发行公司股票的法人。从国外风险投资机构对战略投资者的定义来看，一般认为战略投资者是能够通过帮助公司融资，提供营销与销售支持的业务，或通过个人关系增加投资价值的公司或个人投资者。

一般来说，作为战略投资者的基本要求是：要与公司的经营业务联系紧密；要出于长期投资目的而较长时期地持有股票；要具有相当的资金实力，且持股数量较多。

2. 引入战略投资者的作用

战略投资者具有资金、技术、管理、市场、人才等方面的优势，能够增强企业的核心竞争力和创新能力。上市公司引入战略投资者，使其能够和上市公司之间形成紧密的、伙伴式的合作关系，并由此增强公司经营实力、提高公司管理水平、改善公司治理结构。因此，对战略投资者的基本资质条件要求是：拥有比较雄厚的资金、核心的技术、先进的管理等，同时要有较好的实业基础和较强的投融资能力。

（1）提升公司形象，提高资本市场认同度。战略投资者往往都是实力雄厚的境内外大公司、大集团，甚至是国际、国内500强，他们对公司股票的认购，是对公司潜在未来价值的认可和期望。

（2）优化股权结构，健全公司法人治理。战略投资者在公司占一定股权份额并长期持股，能够分散公司控制权，战略投资者参与公司管理，能够改善公司治理结构。战略投资者带来的不仅是资金和技术，更重要的是能带来先进的管理水平和优秀的管理团队。

（3）提高公司的资源整合能力，增强公司的核心竞争力。战略投资者往往都有较好的实业基础，能够带来先进的工艺技术和广阔的产品营销市场，并致力于长期投资合作，能够促进公司产品结构和产业结构的调整升级，有助于形成产业集群，整合公司的经营资源。

（4）达到阶段性的融资目标，加快实现公司上市融资的进程。战略投资者具有较强的资金实力，并与发行人签订有关配售协议，长期持有发行人股票，能够为新上市的公司提供长期稳定的资本，帮助上市公司用较低的成本融得较多的资金，提高了公司的融资效率。

从现有情况来看，目前我国上市公司确定战略投资者还处于募集资金最大化的使用原则阶段。谁的申购价格高谁就能成为战略投资者，管理型、技术型的战略投资者还很少见。资本市场中的战略投资者，目前多是追逐持股价差、有较大承受能力的股票持有者，一般都是大型证券投资机构。

（五）发行普通股的筹资特点

1. 所有权与经营权相分离，分散公司控制权，有利于公司自主管理、自主经营。普通股筹资的股东众多，公司的日常经营管理事务主要由公司的董事会和经理层负责。

2. 没有固定的股息负担，资本成本较低。公司有盈利，并认为适于分配时才分派股利；公司盈利较少，或者虽有盈利但现金短缺或有更好的投资机会，也可以少支付或不支付股利。相对于吸收直接投资来说，普通股筹资的资本成本较低。

3. 能提高公司的社会声誉。普通股筹资使得股东大众化，由此给公司带来了广泛的社会影响。特别是上市公司，其股票的流通性强，有利于市场确认公司的价值。

4. 促进股权流通和转让。普通股筹资以股票作为媒介的方式便于股权的流通和转让，便于吸收新的投资者。

5. 筹资费用较高、手续复杂。

6. 不易尽快形成生产能力。普通股筹资吸收的一般都是货币资金，还需要通过购置和建造形成生产经营能力。

7. 公司控制权分散，容易被经理人控制。同时，流通性强的股票交易，也容易被恶意收购。

三、留存收益

（一）留存收益的性质

从性质上来看，企业通过合法有效地经营所实现的税后净利润，都属于企业的所有者。企业将本年度的利润部分甚至全部留存下来的原因很多，主要包括：第一，收益的确认和计量是建立在权责发生制基础上的，企业有利润，但企业不一定有相应的现金净流量增加，因而企业不一定有足够的现金将利润全部或部分派给所有者。第二，法律法规从严保护债权人利益和要求企业可持续发展等角度出发，限制企业将利润全部分配出去。第三，企业基于自身扩大再生产和筹资的需求，也会将一部分利润留存下来。

（二）留存收益的筹资途径

1. 提取盈余公积金

盈余公积金，是指有指定用途的留存净利润。盈余公积金是从当期企业净利润中提取的积累资金，其提取基数是本年度的净利润。盈余公积金主要用于企业未来的经营发展，经投资者审议后也可以用于转增股本（实收资本）和弥补以前年度经营亏损，但不得用于以后年度的对外利润分配。

2. 未分配利润

未分配利润，是指未限定用途的留存净利润。未分配利润有两层含义：第一，这部分净利润本年没有分配给公司的股东投资者；第二，这部分净利润未指定用途，可以用于企业未来的经营发展、转增资本（实收资本），弥补以前年度的经营亏损及以后年度的利润分配。

（三）利用留存收益的筹资特点

1. 不用发生筹资费用

企业从外界筹集长期资本，与普通股筹资相比较，留存收益筹资不需要发生筹资费用，资本成本较低。

2. 维持公司的控制权分布

利用留存收益筹资，不用对外发行新股或吸收新投资者，由此增加的权益资本不会改变公司的股权结构，不会稀释原有股东的控制权。

3. 筹资数额有限

留存收益的最大数额是企业到期的净利润和以前年度未分配利润之和，不像外部筹资一次性可以筹集大量资金。如果企业发生亏损，那么当年就没有利润留存。另外，股东和投资者从自身期望出发，往往希望企业每年发放一定的利润，保持一定的利润分配比例。

四、股权筹资的优缺点

（一）股权筹资的优点

1. 股权筹资是企业稳定的资本基础

股权资本没有固定的到期日，不需要偿还，是企业的永久性资本，除非企业清算时才有可能予以偿还。这对保障企业对资本的最低需求，促进企业长期持续稳定经营具有重要意义。

2. 股权筹资是企业良好的信誉基础

股权资本作为企业最基本的资本，代表了公司的资本实力，是企业与其他单位组织开展经营业务，进行业务活动的信誉基础。同时，股权资本也是其他筹资方式的基础，尤其可为债务筹资，包括银行借款、发行公司债券等提供信用保障。

3. 企业财务风险较小

股权资本不用在企业正常运营期内偿还，不存在还本付息的财务风险。相对于债务资本而言，股权资本筹资限制少，资本使用上也无特别限制。另外，企业可以根据其经营状况和业绩的好坏，决定向投资者支付报酬的多少，资本成本负担比较灵活。

（二）股权筹资的缺点

1. 资本成本负担较重

尽管股权资本的资本成本负担比较灵活，但一般而言，股权筹资的资本成本要高于债务筹资。这主要是由于投资者投资股权特别是投资股票的风险较高，投资者或股东相应要求得到较高的报酬率。企业长期不派发利润和股利，将会影响企业的市场价值。从企业成本开支的角度来看，股利、红利从税后利润中支付，而使用债务资本的资本成本允许税前扣除。此外，普通股的发行、上市等方面的费用也十分庞大。

2. 容易分散企业的控制权

利用股权筹资，由于引进了新的投资者或出售了新的股票，必然会导致企业控制权结构的改变，分散了企业的控制权。控制权的频繁变更，势必会影响企业管理层的人事变动和决策效率，影响企业的正常经营。

3. 信息沟通与披露成本较大

投资者或股东作为企业的所有者，有了解企业经营业务、财务状况、经营成果等的权利。企业需要通过各种渠道和方式加强与投资者的关系管理，保障投资者的权益。特别是上市公司，其股东众多而分散，只能通过公司的公开信息披露了解公司状况，这就需要公司花更多的精力，有些还需要设置专门的部分，用于公司的信息披露和投资者关系管理。

（三）资本金的本质特征

设立企业必须有法定的资本金。资本金是指企业在工商行政管理部门登记的注册资金，是投资者用以进行企业生产经营、承担民事责任而投入的资金。资本金在不同类型的企业中表现形式也有所不同，股份有限公司的资本金被称为股本，股份有限公司以外的一般企业的资本金被称为实收资本。

从性质上来看，资本金是投资者创建企业所投入的资本，是原始启动资金；从功能上看，资本金是投资者用以享有权益和承担责任的资金，有限责任公司和股份有限公司以其资本金为限对所负债务承担有限责任；从法律地位上来看，资本金要在工商行政管理部门办理注册登记，投资者只能按所投入的资本金而不是所投入的实际资本数额享有权益和承担责任，已注册的资本金如果追加或减少，必须办理变更登记；从时效方面来看，除了企业清算减资、转让回购股权等特殊情形外，投资者不得随意从企业收回资本金，企业可以无限期地占用投资者的出资。

（四）资本金的筹集

1. 资本金的最低限额

有关法规制度规定了各类企业资本金的最低限额，股份有限公司注册资本的最低限额为人民币 500 万元，上市的股份有限公司股本总额不少于人民币 3000 万元；有限责任公司注册资本的最低限额为人民币 3 万元，一人有限责任公司的注册资本最低限额为人民币 10 万元。

2. 资本金的出资方式

全体投资者的货币出资金额不得低于公司注册资本的 30%，投资者可以用实物、知识产权、土地使用权等可以依法转让的非货币财产作价出资，法律、行政法规规定不得作为出资的财产除外。

3. 资本金缴纳的期限

资本金缴纳的期限，通常有三种方式：一是实收资本制，在企业成立时一次筹足资本金总额，实收资本与注册资本数额一致，否则企业不能成立；二是授权资本制，在企业成立时不一定一次筹足资本金总额，只要筹集了第一期资本，企业即可成立，其余部分由董事会在企业成立后进行筹集，企业成立时的实收资本与注册资本可能不相一致；三是折中资本制，在企业成立时不一定一次筹足资本金总额，类似于授权资本制，但规定了首期出资的数额或比例及最后一期缴清资本的期限。

股份有限公司和有限责任公司的股东首次出资额不得低于注册资本的 20%，其余部分由股东自公司成立之日起两年内缴足，投资公司可以在 5 年内缴足。而对于一人有限责任公司，股东应当一次足额缴纳公司章程规定的注册资本额。

4. 资本金的评估

吸收实物、无形资产等非货币资产筹集资本金的，应按照评估确认的金额或者按合同、协议约定的金额计价。其中，为了避免虚假出资或通过出资转移财产，导致国有资产流失，国有及国有控股企业以非货币资产出资或者接受其他企业的非货币资产出资，需要委托有资格的资产评估机构进行资产评估，并以资产评估机构评估确认的资产价值作为投资作价的基础。经批准实施的重大经济事项涉及的资产评估项目,分别由本级政府国有资产监管部门或者财政部门负责核准,其余资产评估项目一律实施备案制度。严格来说,其他企业在进行资本金评估时,并不一定要求必须聘请专业评估机构评估,相关当事人或者聘请的第三方专业中介机构评估后认可的价格也可成为作价依据。不过,聘请第三方专业中介机构来评估相关的非货币资产,能够更好地保证评估作价的真实性和准确性,有效地保护公司及其债权人的利益。

(五)资本金的管理原则

企业资本金的管理,应当遵循资本保全这一基本原则。实现资本保全的具体要求,可分为资本确定、资本充实和资本维持三部分内容。

1. 资本确定原则

资本确定是指企业设立时资本金数额的确定。企业设立时,必须明确规定企业的资本总额以及各投资者认缴的数额。如果投资者没有足够认缴资本总额,企业就不能成立。为了强化资本确定的原则,法律规定由工商行政管理机构进行企业注册资本的登记管理,这是保护债权人利益明晰企业产权的根本需要。

特别是占有国有资本的企业需要按照国家有关规定申请国有资产产权登记,取得企业国有资产产权登记证,但这并不免除企业向投资者出具出资证明书的义务,因为前者仅是国有资产管理的行政手段。

2. 资本充实原则

资本充实是指资本金的筹集应当及时、足额。企业筹集资本金的数额、方式、期限均要在投资合同或协议中约定,并在企业章程中加以规定,以确保企业能够及时、足额筹得资本金。

对企业登记注册的资本金,投资者应在法律法规和财务制度规定的期限内缴足。如果投资者未按规定出资,即为投资者违约,企业和其他投资者可以依法追究其责任,国家有关部门还将按照有关规定对违约者进行处罚。投资者在出资中的违约责任有两种情况:一是个别投资者单方违约,企业和其他投资者可以按企业章程的规定,要求违约方支付延迟出资的利息、赔偿经济损失;二是投资各方均违约或外资企业不按规定出资,则由工商行政管理部门进行处罚。

企业筹集的注册资本必须进行验资,以保证出资的真实可信。对验资的要求:一是依法委托法定的验资机构;二是验资机构要按照规定出具验资报告;三是验资机构依法承担提供验资虚假或重大遗漏报告的法律责任。因出具的验资证明不实给公司债权人造成损失的,除能够证明自己没有过错的外,在其证明不实的金额范围内承担赔偿责任。

3. 资本维持原则

资本维持,指企业在持续经营期间有义务保持资本金的完整性。企业除由股东大会或投资者会议做出增减资本决议并按法定程序办理者外,不得任意增减资本总额。

企业筹集的实收资本,在持续经营期间可以由投资者依照相关法律法规以及企业章程的规定转让或者减少，投资者不得抽逃或者变相抽回出资。在下列四种情况下，股份公司可以回购本公司股份：减少公司注册资本；与持有本公司股份的其他公司合并；将股份奖励给本公司职工；股东因对股东大会做出的公司合并、分立决议持有异议而要求公司收购其股份。

股份公司依法回购股份应当符合法定要求和条件，并经股东大会决议。用于将股份奖励给本公司职工而回购本公司股份的，不得超过本公司已发行股份总额的5%；用于收购的资金应当从公司的税后利润中支出；所收购的股份应当在1年内转让给职工。

第四节 衍生工具筹资

衍生工具筹资主要包括兼具股权与债务特性的混合融资和其他衍生工具融资，目前我国上市公司最常见的主要有可转换债券、认股权证。

一、可转换债券

可转换债券是一种混合型证券，是公司普通债券与证券期权的组合体。可转换债券的持有人在一定期限内，可以按照事先规定的价格或者转换比例，自由地选择是否转换为公司普通股。按照转股权是否与可转换债券分离，可转换债券可以分为两类：一类是一般可转换债券，其转股权与债券不可分离。持有者直接按照债券面额和约定的转股价格，在约定的期限内将债券转换为股票。另一类是可分离交易的可转换债券，这类债券在发行时附有认股权证，是认股权证和公司债券的组合，又被称为"可分离的附认股权证的公司债券"，发行上市后公司债券和认股权证各自独立流通、交易。认股权证的持有者认购股票时，需要按照认购价（行权价）出资购买股票。

（一）可转换债券的基本性质

1. 证券期权性

可转换债券赋予了债券持有者未来的选择权，在事先约定的期限内，投资者可以选择将债券转换为普通股票，也可以放弃转换权利，持有至债券到期还本付息。由于可转换债券持有人具有在未来按一定的价格购买股票的权利，因此可转换债券实质上是一种未来的买入期权。

2. 资本转换性

可转换债券在正常持有期，属于债权性质；转换成股票后，属于股权性质。在债券的转换期间，持有人没有将其转换为股票，发行企业到期必须无条件地支付本金和利息。转换成股票后，债券持有人成为企业的股权投资者。资本双重性的转换，取决于投资者是否行权。

3. 赎回与回售

可转换债券一般都会有赎回条款，发债公司在可转换债券转换前，可以按一定条件赎回债券。通常，公司股票价格在一段时间内连续高于转股价格达到某一幅度时，公司会按事先约定的价格买回未转股的可转换公司债券。同样，可转换债券一般也会有回售条款，公司股票价格在一段时间内连续低于转股价格达到某一幅度时，债券持有人可按事先约定的价格将所持债券回卖给发行公司。

（二）可转换债券的基本要素

可转换债券的基本要素是指构成可转换债券基本特征的必要因素，它们代表了可转换债券与一般债券的区别。

1. 标的股票

可转换债券转换期权的标的物，就是可转换成的公司股票。标的股票一般是发行公司自己的普通股票，不过也可以是其他公司的股票，如该公司的上市子公司的股票。

2. 票面利率

可转换债券的票面利率一般会低于普通债券的票面利率，有时甚至还低于同期银行存款利率。因为可转换债券的投资收益中，除了债券的利息收益外，还附加了股票买入期权的收益部分。一个设计合理的可转换债券在大多数情况下，其股票买入期权的收益可以弥补债券利息收益的差额。

3. 转换价格

转换价格是指可转换债券在转换期间内据以转换为普通股的折算价格，即将可转换债券转换为普通股的每股普通股的价格。如每股30元，即是指可转换债券到期时，将债券金额按每股30元转换为相应股数的股票。由于可转换债券在未来可以行权转换成股票，在债券发售时，所确定的转换价格一般比发售日股票市场价格高出一定的比例，如高出10%~30%。

4. 转换比率

转换比率是指每一份可转换债券在既定的转换价格下能转换为普通股股票的数量。在债券面值和转换价格确定的前提下，转换比率为债券面值与转换价格之商：

$$转换比率 = 债券面值 / 转换价值$$

5. 转换期

转换期指的是可转换债券持有人能够行使转换权的有效期限。可转换债券的转换期可以与债券的期限相同，也可以短于债券的期限。转换期间的设定通常有四种情形：债券发行日至到期日；发行日至到期前；发行后某日至到期日；发行后某日至到期前。至于选择哪种，要看公司的资本使用状况、项目情况、投资者要求等。由于转换价格高于公司发债时股价，投资者一般不会在发行后立即行使转换权。

6. 赎回条款

赎回条款是指发债公司按事先约定的价格买回未转股债券的条件规定，赎回一般发生在公司股票价格在一段时间内连续高于转股价格达到某一幅度时。赎回条款通常包括不可赎回期间与赎回期、赎回价格（一般高于可转换债券的面值）、赎回条件（分为无条件赎回和有条件赎回）等。

发债公司在赎回债券之前，要向债券持有人发出赎回通知，要求他们在将债券转股与卖回给发债公司之间做出选择。一般情况下，投资者大多会将债券转换为普通股。由此可见，设置赎回条款最主要的功能是强制债券持有者积极行使转股权，因此又被称为加速条款。同时也能使发债公司避免在市场利率下降后，继续向债券持有人支付较高的债券利率所蒙受的损失。

7. 回售条款

回售条款是指债券持有人有权按照事前约定的价格将债券卖回给发债公司的条件规定，回售一般发生在公司股票价格在一段时间内连续低于转股价格达到某一幅度时。回售对于投资者而言实际上是一种卖权，有利于降低投资者的持券风险。与赎回一样，回售条款也有回售时间、回售价格和回售条件等规定。

8. 强制性转换调整条款

强制性转换调整条款是指在某些条件具备之后，债券持有人必须将可转换债券转换为股票，无权要求偿还债券本金的规定。可转换债券发行之后，其股票价格可能出现巨大波动，如果股价长期表现不佳，又未设计回售条款，投资者就不会转股。公司可设置强制性转换调整条款，保证可转换债券顺利地转换成股票，预防投资者到期集中挤兑引发公司破产的悲剧。

（三）可转换债券的发行条件

1. 最近3年连续盈利，且最近3年净资产收益率平均在10%以上；属于能源、原材料、基础设施类的公司可以略低，但是不得低于7%。
2. 可转换债券发行后，公司资产负债率不高于70%。
3. 累计债券余额不超过公司净资产额的40%。
4. 上市公司发行可转换债券，还应当符合关于公开发行股票的条件。

发行分离交易的可转换公司债券，除符合公开发行证券的一般条件外，还应当符合的规定包括：公司最近一期末经审计的净资产不低于人民币15亿元；最近3个会计年度实现的年均可分配利润不少于公司债券1年的利息；最近3个会计年度经营活动产生的现金流量净额平均不少于公司债券1年的利息；本次发行后公司债券余额累计不超过最近一期末净资产额的40%；预计所附认股权全部行权后募集的资金总量不超过拟发行公司债券金额等。分离交易的可转换公司债券募集说明书应当约定，上市公司改变公告的募集资金用途的，赋予债券持有人一次回售的权利。

所附认股权证的行权价格应不低于公告募集说明书日前 20 个交易日公司股票均价和前 1 个交易日的均价；认股权证的存续期间不超过公司债券的期限，自发行结束之日起不少于 6 个月；募集说明书公告的权证存续期限不得调整；认股权证自发行结束至少已满 6 个月方可行权，行权期间为存续期限届满前的一段期间，或者是存续期限内的特定交易日。

（四）可转换债券的筹资特点

1. 筹资灵活性。可转换债券将传统的债务筹资功能和股票筹资功能结合起来，筹资性质和时间上具有灵活性。债券发行企业先以债务方式取得资金，到了债券转换期，如果股票市价较高，债券持有人将会按约定的价格转换为股票，避免企业还本付息之负担；如果公司股票长期低迷，投资者不愿意将债券转换为股票，企业及时还本付息清偿债务，也能避免未来长期的股权资本成本负担。

2. 资本成本较低。可转换债券的利率低于同一条件下普通债券的利率，降低了公司的筹资成本。此外，在可转换债券转换为普通股时，公司不需要另外支付筹资费用，又节约了股票的筹资成本。

3. 筹资效率高。可转换债券在发行时，规定的转换价格往往高于当时本公司的股票价格。如果这些债券将来都转换成了股权，这相当于在债券发行之际，就以高于当时股票市价的价格重新发行了股票，以较少的股份代价筹集了更多的股权资金。因此，在公司发行新股时机不佳时，可以先发行可转换债券，以期将来变相发行普通股。

4. 存在不转换的财务压力。如果在转换期内公司股价处于恶化性的低位，持券者到期不会转股，会造成公司的集中兑付债券本金的财务压力。

5. 存在回售的财务压力。若可转换债券发行后，公司股价长期低迷，在设计有回售条款的情况下，投资者集中在一段时间内将债券回售给发行公司，加大了公司的财务支付压力。

6. 股价大幅度上扬风险。如果债券转换时公司股票价格大幅度上扬，公司只能以较低的固定转换价格换出股票，便会降低公司的股权筹资额。

二、认股权证

认股权证的全称为股票认购授权证，它是一种由上市公司发行的证明文件，持有人有权在一定时间内以约定价格认购该公司发行的一定数量的股票。广义的权证（Warrant）是一种持有人有权于某一特定期间或到期日，按约定的价格，认购一定数量的标的资产的期权。按买或卖的不同权利，权证可分为认购权证和认沽权证，又称为看涨权证和看跌权证。本书仅介绍认购权证（认股权证）。

1. 认股权证的基本性质

（1）证券期权性。认股权证本质上是一种股票期权，属于衍生金融工具，具有实现融资和股票期权激励的双重功能。但认股权证本身是一种认购普通股的期权，它没有普通股的红利收入，也没有普通股相应的投票权。

（2）认股权证是一种投资工具。投资者可以通过购买认股权证获得市场价与认购价之间的股票差价收益，因此它是一种具有内在价值的投资工具。

2.认股权证的种类

（1）美式认股证与欧式认股证。美式认股证，指权证持有人在到期日前，可以随时提出履约要求，买进约定数量的标的股票。而欧式认股证，则是指权证持有人只能于到期日当天，才可买进标的股票。无论股证属欧式还是美式，投资者均可在到期日前在市场出售转让其持有的认股权证。事实上，只有小部分权证持有人会选择行权，大部分投资者在到期前会出售转让其持有的认股权证。

（2）长期认股权证与短期认股权证。短期认股权证的认股期限一般在90天以内；认股权证期限超过90天的，为长期认股权证。

3.认股权证的筹资特点

（1）认股权证是一种融资促进工具，它能促使公司在规定的期限内完成股票发行计划，顺利实现融资。

（2）有助于改善上市公司的治理结构。采用认股权证进行融资，融资的实现是缓期分批实现的，上市公司及其大股东的利益和投资者是否在到期之前执行认股权证密切相关。因此，在认股权证有效期间，上市公司管理层及其大股东任何有损公司价值的行为，都可能降低上市公司的股价，从而降低投资者执行认股权证的可能性，这将损害上市公司管理层及其大股东的利益。因此，认股权证将有效约束上市公司的败德行为，并激励他们更加努力地提升上市公司的市场价值。

（3）作为激励机制的认股权证有利于推进上市公司的股权激励机制。认股权证是常用的员工激励工具，通过给予管理者和重要员工一定的认股权证，可以把管理者和员工的利益与企业价值成长紧密联系在一起，建立一个管理者与员工通过提升企业价值再实现自身财富增值的利益驱动机制。

第五节 资金需要量预测

资金的需要量是筹资数量的依据，必须科学合理地进行预测。筹资数量预测的基本目的，是保证筹集的资金既能满足生产经营的需要，又不会使资金多余而闲置。

一、因素分析法

因素分析法又称分析调整法，是以有关项目基期年度的平均资金需要量为基础，根据预测年度的生产经营任务和资金周转加速的要求，进行分析调整，来预测资金需要量的一种方法。这种方法计算简便，容易掌握，但预测结果不太精确，通常用于品种繁多、规格复杂、资金用量小的项目。因素分析法的计算公式如下：

资金需要量 =（基期资金平均占用额－不合理资金占用额）×（1± 预测期销售增减额）×（1± 预测期资金周转速度变动率）

二、销售百分比法

（一）基本原理

销售百分比法，是根据销售增长与资产增长之间的关系，预测未来资金需要量的方法。企业的销售规模扩大时，要相应地增加流动资产；如果销售规模增加很多，还必须增加长期资产。为取得扩大销售所需增加的资产，企业需要筹措资金。这些资金，一部分来自留存收益，另一部分通过外部筹资取得。通常，销售增长率较高时，仅靠留存收益不能满足资金需要，即使获利良好的企业也需要外部筹资。因此，企业需要预先知道自己的筹资需求，提前安排筹资计划，否则就可能发生资金短缺问题。

销售百分比法，将反映生产经营规模的销售因素与反映资金占用的资产因素连接起来，根据销售与资产之间的数量比例关系，预计企业的外部筹资需要量。销售百分比法首先假设某些资产与销售额存在稳定的百分比关系，根据销售与资产的比例关系预计资产额，根据资产额预计相应的负债和所有者权益，进而确定筹资需要量。

（二）基本步骤

1. 确定随销售额变动而变动的资产和负债项目

资产是资金使用的结果，随着销售额的变动，经营性资产项目将占用更多的资金。同时，随着经营性资产的增加，相应的经营性短期债务也会增加临时性，如存货增加会导致应付账款增加，此类债务称之为"自动性债务"，可以为企业提供临时性资金。经营性资产与经营性负债的差额通常与销售额保持稳定的比例关系。这里，经营性资产项目包括库存现金、应收账款、存货等项目；而经营性负债项目包括应付票据、应付账款等，不包括短期借款、短期融资券、长期负债等投资性负债。

2. 确定经营性资产与经营性负债有关项目与销售额的稳定比例关系

如果企业资金周转的营运效率保持不变，经营性资产与经营性负债会随销售额的变动而呈正比例变动，保持稳定的百分比关系。企业应当根据历史资料和同业情况，剔除不合理的资金占用，寻找与销售额的稳定百分比关系。

3. 确定需要增加的筹资数量

预计由于销售增长而需要的资金需求增长额，扣除利润留存后，即为所需要的外部筹资额。即有：

$$外部融资需求量 = \frac{A}{S} \times \Delta S - \frac{B}{S_1} \times \Delta S - P \times E \times S_2$$

式中：A 为随销售而变化的敏感性资产，B 为随销售而变化的敏感性负债，S_1 为基期销售额，S_2 为预测期销售额，ΔS 为销售变动额，P 为销售净利率，E 为利润留存率，A/S_1 为敏感资产与销售额的关系百分比，B/S_1 为敏感负债与销售额的关系百分比。

三、资金习性预测法

资金习性预测法，是指根据资金习性预测未来资金需要量的一种方法。所谓资金习性，是指资金的变动同产销量变动之间的依存关系。按照资金同产销量之间的依存关系，可以把资金区分为不变资金、变动资金和半变动资金。

不变资金是指在一定的产销量范围内，不受产销量变动的影响而保持固定不变的那部分资金。也就是说，产销量在一定范围内变动，这部分资金保持不变。这部分资金包括：为维持营业而占用的最低数额的现金，原材料的保险储备，必要的成品储备，厂房、机器设备等固定资产占用的资金。

变动资金是指随产销量的变动而同比例变动的那部分资金。它一般包括直接构成产品实体的原材料、外购件等占用的资金。另外，在最低储备以外的现金、存货、应收账款等也具有变动资金的性质。

半变动资金是指虽然受产销量变化的影响，但不成同比例变动的资金，如一些辅助材料上占用的资金。半变动资金可采用一定的方法划分为不变资金和变动资金两部分。

1. 根据资金占用总额与产销量的关系预测

这种方式是根据历史上企业资金占用总额与产销量之间的关系，把资金分为不变资金和变动资金两部分，然后结合预计的销售量来预测资金需要量。

设产销量为自变量 X，资金占用为因变量 Y，它们之间的关系可用下式表示：

$$Y = a + bX$$

式中：a 为不变资金，b 为单位产销量所需变动资金。

可见，只要求出 a 和 b，并知道预测期的产销量，就可以用上述公式测算资金需求情况。a 和 b 可用回归直线方程求出。

2. 采用逐项分析法预测

这种方式是根据各资金占用项目（如现金、存货、应收账款、固定资产）及产销量之间的关系，把各项目的资金都分成变动资金和不变资金两部分，然后汇总在一起，求出企业变动资金总额和不变资金总额，进而来预测资金需求量。

进行资金习性分析，把资金划分为变动资金和不变资金两部分，从数量上掌握了资金同销售量之间的规律性，对准确地预测资金需要量有很大帮助。实际上，销售百分比法是资金习性分析法的具体运用。

第六章 利润分配管理

利润是收入弥补成本费用后的余额。由于成本费用包括的内容与表现的形式不同，利润所包含的内容与形式也有一定的区别。本章从利润分配的理论、股利形式、政策等方面对利润分配管理进行了简要分析。

第一节 利润分配管理概述

公司年度决算后实现的利润总额，要在国家、公司、所有者和职工之间进行分配。利润分配关系着国家、公司、职工及所有者各方面的利益，是一项政策性较强的工作，必须严格按照国家的法规和制度执行。利润分配的结果，形成了国家的所得税收入、投资者的投资报酬和公司的留存利润等不同的项目，其中公司的留存利润是指盈余公积金和未分配利润。由于税法具有强制性和严肃性，缴纳税款是公司必须履行的义务。从这个意义上来看，财务管理中的利润分配，主要是指公司的净利润分配，利润分配的实质就是确定投资者分红与公司留用利润的比例。

一、利润

1. 营业外收入

（1）营业外收入核算的内容

营业外收入是指企业确认的与其日常活动无直接关系的各项利得。营业外收入并不是企业经营资金耗费所产生的，不需要企业付出代价，实际上是经济利益的净流入，不可能也不需要与有关的费用进行配比。营业外收入主要包括非流动资产处置利得、政府补助、盘盈利得、捐赠利得、非货币性资产交换利得、债务重组利得等。

其中，非流动资产处置主要包括固定资产处置利得和无形资产出售利得。固定资产处置利得是指企业出售固定资产所取得的价款，或报废固定资产的材料价值和变价收入等，扣除处置固定资产的账面价值、清理费用、处置相关税费后的净收益；无形资产出售利得是指企业出售无形资产所取得的价款扣除无形资产的账面价值、与出售相关税费后的净收益。

政府补助，指企业从政府无偿取得货币性资产或非货币性资产形成的利得，不包括政府作为所有者对企业的资本投入。

盘盈利得是指企业对现金等清查盘点中发生盘盈的，报经批准后计入营业外收入的金额。注意：企业无法查明原因的现金溢余，经批准后，借记"待处理财产损溢"账户，贷记"营业外收入"账户。固定资产盘盈比较特殊，通过"以前年度损益调整"账户来核算。企业无法查明原因的存货盘盈，经批准后，借记"待处理财产损溢"账户，贷记"管理费用"账户。

捐赠利得，指企业接受捐赠产生的利得。

（2）营业外收入的账务处理

企业应通过"营业外收入"账户来核算营业外收入的取得及结转情况。该账户贷方登记企业确认的各项营业外收入，借方登记期末结转入本年利润的营业外收入。结转后该账户应无余额。该账户应按照营业外收入的项目进行明细核算。

1）确认处置非流动资产利得

企业确认处置非流动资产利得时，借记"银行存款""待处理财产损溢""无形资产"等账户，贷记"营业外收入"账户。

2）与收益有关的政府补助，是指除与资产相关的政府补助之外的政府补助。企业确认与收益相关的政府补助，借记"银行存款"账户，贷记"营业外收入"账户或通过"递延收益"账户分期计入当期损益。

2. 营业外支出

（1）营业外支出核算的内容

营业外支出是指企业发生的与其日常活动无直接关系的各项损失，主要包括非流动资产处置损失、公益性捐赠支出、盘亏损失、非常损失、罚款支出等。

其中，非流动资产处置损失包括固定资产处置损失和无形资产出售损失。固定资产处置损失是指企业出售固定资产所取得的价款或报废固定资产的材料价值和变价收入等不足以抵补处置固定资产的账面价值、清理费用、处置相关税费所发生的净损失。无形资产出售损失是指企业出售无形资产所取得的价款不足以抵补出售无形资产的账面价值、出售相关税费后所发生的净损失。

公益性捐赠支出是指企业对外进行公益性捐赠发生的支出。

盘亏损失主要是指对于财产清查盘点中盘亏的资产，查明原因并报经批准计入营业外支出的损失。

非常损失是指企业对于因客观因素（如自然灾害等）造成的损失，扣除保险公司赔偿后应计入营业外支出的净损失。

罚款支出是指企业支付的行政罚款、税务罚款，以及其他违反法律法规、合同协议等而支付的罚款、违约金、赔偿金等支出。

（2）营业外支出的账务处理

企业应通过"营业外支出"账户核算营业外支出的发生及结转情况。该账户借方登记企业发生的各项营业外支出，贷方登记期末结转入本年利润的营业外支出。结转后该账户应无余额。该账户应按照营业外支出的项目进行明细核算。

1）企业确认处置非流动资产损失时，借记"营业外支出"账户，贷记"固定资产清理""无形资产"账户。

2）确认盘亏、罚款支出，借记"营业外支出"账户，贷记"待处理财产损益""库存现金"账户。

3）期末，应将"营业外支出"账户余额转入"本年利润"账户，即借记"本年利润"账户，贷记"营业外支出"账户。

3. 所得税费用

企业的所得税费用包括当期所得税和递延所得税两个部分。其中，当期所得税是指当期应交所得税，递延所得税包括递延所得税资产和递延所得税负债。

4. 应交所得税的计算

应交所得税是指企业按照税法规定计算确定的针对当期发生的交易或事项，应缴纳给税务部门的所得税金额，即当期应交所得税。应纳税所得额是在企业税前会计利润（利润总额）的基础上调整确定的，计算公式为：

$$应纳税所得额 = 税前会计利润 + 纳税调整增加额 - 纳税调整减少额$$

纳税调整增加额主要包括税法规定的允许扣除项目中，企业已计入当期费用但超过税法规定扣除标准的金额（如超过税法规定标准的职工福利费、工会经费、职工教育经费、业务招待费、公益性捐赠支出、广告费和业务宣传费等），以及企业已计入当期损失但税法规定不允许扣除项目的金额（如税收滞纳金、罚款、罚金）。

纳税调整减少额主要包括按税法规定允许弥补的亏损和准予免税的项目，如前5年内的未弥补亏损和国债利息收入等。

企业应交所得税的计算公式为：

$$应交所得税 = 应纳税所得额 \times 所得税税率$$

5. 结转本年利润的方法

会计期末结转本年利润的方法有表结法和账结法两种。

（1）表结法

在表结法下，各损益类账户每月月末只需结计出本月发生额和月末累计余额，不结转到"本年利润"账户，只有在年末时才将全年累计余额结转入"本年利润"账户。但每月月末要将损益类账户的本月发生额合计数填入利润表的本月数栏，同时将本月末累计余额填入利润表的本年累计数栏，通过利润表计算反映各期的利润（或亏损）。在表结法下，年中损益类账户无须结转入"本年利润"账户，从而减少了转账环节和工作量，同时并不影响利润表的编制及有关损益指标的利用。

（2）账结法

在账结法下，每月月末均需编制转账凭证，将在账上结计出的各损益类账户的余额结转入"本年利润"账户。结转后"本年利润"账户的本月合计数反映当月实现的利润或发生的亏损,"本年利润"账户的本年累计数反映本年累计实现的利润或发生的亏损。账结法在各月均可通过"本年利润"账户提供当月及本年累计的利润(或亏损)额,但增加了转账环节和工作量。

6.结转本年利润的会计处理

企业应设置"本年利润"账户核算企业本年度实现的净利润(或发生的净亏损)。会计期末,企业应将"主营业务收入""其他业务收入""营业外收入"等账户的借方余额分别转入"本年利润"账户的贷方,将"主营业务成本""其他业务成本""税金及附加""销售费用""管理费用""财务费用""资产减值损失""营业外支出""所得税费用"等账户的贷方余额分别转入"本年利润"账户的借方。企业还应将"公允价值变动损益""投资收益"账户的净收益转入"本年利润"账户的贷方,将"公允价值变动损益""投资收益"账户的净损失转入"本年利润"账户的借方。结转后,"本年利润"账户如为贷方余额,表示当年实现的净利润;如为借方余额,表示当年发生的净亏损。年度终了,企业还应将"本年利润"账户的本年累计余额转入"利润分配——未分配利润"账户,如"本年利润"账户为贷方余额,则借记"本年利润"账户,贷记"利润分配——未分配利润"账户;如为借方余额,编制相反的会计分录。结转后,"本年利润"账户应无余额。

二、利润分配的基本原则

1.依法分配原则

为规范公司的利润分配行为,国家制定并颁布了若干法规,这些法规规定了公司利润分配的基本要求、一般程序和重大比例。公司的利润分配必须依法进行,这是正确处理公司各项财务关系的关键。

2.资本保全原则

资本保全原则要求公司进行利润分配时必须确保所有者权益的完整,绝不能在亏损、无利润可分的情况下用资本金(包括实收资本或股本和资本公积)向投资者分配利润,这是公司产权制度的客观要求。随着公司所有权和经营权的分离,只要存在所有者和经营者之分,就必须确保所有者权益不受侵害。按照这一原则,一般情况下,公司如果存在尚未弥补的亏损,应首先弥补亏损,再进行其他分配。资本保全是责任有限的现代企业制度的基础性原则之一。

3.兼顾各方面利益原则

公司除依法纳税外,投资者作为资本投入者、公司所有者,依法享有净利润的分配权。公司的债权人在向公司投入资金的同时也承担了一定的风险,公司的利润分配中应当体现出对债权人利益的充分保护。另外,公司的员工是公司净利润的直接创造者,公司的收益分配应当考虑员工的长远利益。因此,公司在进行利润分配时,涉及投资者、经营者、职工等多方面的利益，应统筹兼顾，维护各利益相关者的合法权益，并尽可能地保持稳定的利润分配。

4.分配与积累并重原则

公司的利润分配，要正确处理长期利益和近期利益这两者的关系，坚持分配与积累并重。公司除按规定提取法定盈余公积金以外，可适当留存一部分利润作为积累，这部分未分配利润仍归公司所有者所有。这部分积累的净利润可以为公司扩大生产筹措资金，增强公司发展能力和抵抗风险的能力；同时，还可以在未来年度进行分配，平抑利润分配数额波动，稳定投资报酬率，使利润分配真正成为促进企业发展的有效手段。

三、利润分配的程序

利润分配程序是指公司制公司根据适用法律、法规或规定，对公司一定期间实现的净利润进行分配必须经过的先后步骤。公司向投资者分配利润，应按一定的顺序进行。

弥补以前年度的亏损，计算可供分配的利润。按我国财务和税务制度的规定，公司的年度亏损，可以由下一年度的税前利润弥补，下一年度税前利润尚不足以弥补的，可以由以后年度的利润继续弥补，但用税前利润弥补以前年度亏损的连续期限不超过5年。5年内弥补不足的，用本年税后利润弥补。将本年利润（或亏损）与年初未分配利润（或亏损）合并，计算出可供分配的利润。如果可供分配的利润为正数（本年累计盈利），公司可进行后续分配；如果可供分配的利润为负数（亏损），则不能进行后续分配。

提取法定盈余公积金。可供分配的利润大于零是计提法定公积金的必要条件。如果公司年初未分配利润为借方余额，即年初累计亏损，法定公积金以净利润扣除以前年度亏损为基数（本年净利润——年初未分配利润借方余额），按10%提取；如果公司年初未分配利润为贷方余额时，法定公积金计提基数为本年净利润，按10%提取，未分配利润贷方余额在计算可供投资者分配的净利润时计入。当公司法定公积金达到注册资本的50%时，可不再提取。法定公积金主要用于弥补公司亏损和按规定转增资本金，但转增资本金后的法定公积金一般不低于注册资本的25%。

提取任意盈余公积金。任意盈余公积金是根据公司发展的需要，经股东会或股东大会决议，从公司的税后利润中提取。计提比例由股东会或股东大会决议根据需要决定。任意盈余公积金不是法定必须提取的，是否提取及计提的比例由股东会或股东大会决议。

向投资者分配利润。公司本年净利润扣除弥补以前年度亏损、提取法定公积金和任意公积金后的余额，加上年初未分配利润贷方余额，即为公司本年可供投资者分配的利润，按照分配与积累并重原则，确定应向投资者分配的利润数额。

四、股利支付的程序和方式

1. 股利支付的程序

公司股利的发放必须遵守相关要求，按照日程安排来进行。一般情况下，先由董事会提出分配预案，然后提交股东大会决议通过才能进行分配。股东大会决议通过分配预案后，要向股东宣布发放股利的方案，并确定股权登记日、除息日和股利发放日。

（1）股利宣告日，即股东大会决议通过并由董事会将股利支付情况予以公告的日期。公告中将宣布每股应支付的股利、股权登记日、除息日以及股利支付日。

（2）股权登记日，即有权领取本期股利的股东资格登记截止日期。凡是在指定日期收盘之前取得公司股票，成为公司在册股东的投资者，都可以作为股东享受公司分派的股利；在这一天之后取得股票的股东则无权领取本次分派的股利。

（3）除息日，即领取股利的权利与股票分离的日期。在除息日之前购买的股票才能领取本次股利，而在除息日当天或是以后购买的股票，则不能领取本次股利。由于失去了"付息"的权利，除息日的股票价格会下跌。

（4）股利发放日，即公司按照公布的分红方案向股权登记日在册的股东实际支付股利的日期。

2. 股利支付的方式

股利支付方式可以分为不同的种类，主要有以下四种。

（1）现金股利

现金股利是以现金支付的股利，它是股利支付的最常见方式。公司选择发放现金股利除了要有足够的留存收益外，还要有足够的现金，而现金充足与否往往会成为公司发放现金股利的主要制约因素。

（2）财产股利

财产股利是以现金以外的其他资产支付的股利，主要是以公司所拥有的其他公司的有价证券，如债券、股票等，作为股利支付给股东。

（3）负债股利

负债股利，是以负债方式支付的股利，通常以公司的应付票据支付给股东，有时也以发放公司债券的方式支付股利。

财产股利和负债股利实际上是现金股利的替代，但这两种股利支付形式在我国公司实务中很少使用。

（4）股票股利

股票股利是公司以增发股票的方式所支付的股利，我国实务中通常也称其为"红股"。股票股利对于公司来说，并没有现金流出公司，也不会导致公司的财产减少，只是将公司的留存收益转化为股本。但股票股利会增加流通在外的股票数量，同时降低股票的每股价值。它不改变公司股东权益总额，但会改变股东权益的构成。

第二节 股利理论

公司的股利分配方案既取决于公司的股利政策,又取决于决策者对股利分配的理解与认识,即股利分配理论。股利分配理论是指人们对股利分配的客观规律的科学认识与总结,其核心问题是股利政策与公司价值的关系。市场经济条件下,股利分配要符合财务管理目标。人们对股利分配与财务目标之间关系的认识存在不同的流派与观念,还没有一种被大多数人所接受的权威观点和结论。围绕着公司股利政策是否影响公司价值这一问题,主要有股利无关论和股利相关论两类不同的股利理论。

一、股利无关论

股利无关论认为,在一定的假设条件限制下,股利政策不会对公司的价值或股票的价格产生任何影响,投资者不关心公司股利的分配。公司市场价值的高低,是由公司所选择的投资决策的获利能力和风险组合所决定的,而与公司的利润分配政策无关。

由于公司对股东的分红只是盈利减去投资之后的差额部分,且分红只能采取派现或股票回购等方式,因此,一旦投资政策已定,那么,在完全的资本市场上,股利政策的改变仅仅意味着收益在现金股利与资本利得之间分配上的变化。如果投资者按理性行事的话,这种改变不会影响公司的市场价值以及股东的财富。

二、股利相关论

与股利无关理论相反,股利相关理论认为,公司的股利政策会影响股票价格和公司价值。

(一)"一鸟在手"理论

"一鸟在手"理论认为,用留存收益再投资给投资者带来的收益具有较大的不确定性,并且投资风险随着时间的推移会进一步加大。因此,厌恶风险的投资者会偏好确定的股利收益,而不愿将收益留存在公司内部,去承担未来的投资风险。该理论认为,公司的股利政策与公司的股票价格是密切相关的,即当公司支付较高的股利时,公司的股票价格会随之上升,公司价值将得到提高。

(二)信号传递理论

信号传递理论认为,在信息不对称的情况下,公司可以通过股利政策向市场传递有关公司未来获利能力的信息,从而影响公司的股价。一般来讲,预期未来获利能力强的公司,往往愿意通过相对较高的股利支付水平吸引更多的投资者。对于市场上的投资者来讲,股利政策的差异或许是反映公司预期获利能力的有价值的信号。如果公司连续保持较为稳定的股利支付水平,那么,投资者就可能对公司未来的盈利能力与现金流量抱有乐观的预期。另外,如果公司的股利支付水平在过去一个较长的时期内相对稳定,而现在却有所变动,投资者将会把这种现象看作公司管理层将改变公司未来收益率的信号,股票市价将会对股利的变动做出反应。

(三)所得税差异理论

所得税差异理论认为,由于普遍存在的税率和纳税时间的差异,资本利得收入比股利收入更有助于实现收益最大化目标,公司应当采用低股利政策。一般来说,对资本利得收入征收的税率低于对股利收入征收的税率。再者,即使两者没有税率上的差异,由于投资者对资本利得收入的纳税时间选择更具有弹性,投资者仍可以享受延迟纳税带来的收益差异。

(四)代理理论

代理理论认为,股利政策有助于减缓管理者与股东之间的代理冲突,即股利政策是协调股东与管理者之间代理关系的一种约束机制。该理论认为,股利的支付能够有效降低代理成本。首先,股利的支付减少了管理者对自由现金流量的支配权,这在一定程度上可以抑制公司管理者的过度投资或在职消费行为,从而保护外部投资者的利益;其次,较多的现金股利发放,减少了内部融资,导致公司进入资本市场寻求外部融资,从而接受资本市场上更多的、更严格的监督,这样便通过资本市场的监督减少了代理成本。因此,高水平的股利政策降低了公司的代理成本,但同时也增加了外部融资成本。理想的股利政策应当使两种成本之和最小。

(五)公司股利分配缺乏连续性

股利分配不连续是指上市公司在生产条件和经营成果无剧烈变动的情况下,无根据地调整其股利政策,现金股利分配不连续,忽高忽低,股利政策波动大。大多数上市公司没有明确的股利分配目标,根据大股东和管理层的偏好来决定,缺乏对公司发展的长远打算,现金分配带有盲目性和随意性。

公司派现的年数随着时间的延长在减少,连续性比较差,不能直接进行比较,但是通过这些研究结果可以表明股利连续性的情况。有以下两点可以说明:

1. 我国上市公司股利分配连续性较差,过度注重短期效益,没有将股利政策与公司的长期发展规划相挂钩,造成分配局面较混乱,随意性较大。相比较国外的上市公司,结果表明,保持相同股利政策公司的数量要大于不断改变股利政策公司的数量,原因在于西方的证券市场发展比较成熟和规范,通过股利来传递信息的作用要明显胜于我国证券市场。

2. 我国资本市场在不断完善,公司也越来越重视股利分派的信息传导作用,也更加重视自己在社会中承担的责任。

(六)少数公司异常高派现

异常高派现,可定义为每股现金股利大于每股收益,或者大于每股经营性净现金流量的一种行为。派现作为评估一家上市公司投资价值的重要指标受到上市公司的普遍重视,相比一些上市公司一味圈钱、热衷造假行为,注重股东回报的派现显得较为可贵。然而有些公司却不根据公司的实际情况,异常高派现。他们不仅将本年的净利润全部作为现金股利进行发放,而且还动用以前年度的未分配利润,这种行为确实让人有点匪夷所思,似乎是大股东为了保护中小股东的利益而做出的牺牲。

异常高派现似乎给中小股东带来了希望,但我国的上市公司大都由大股东控权,他们会出于自身利益最大化的角度来影响公司的派现决策。这些大股东掌握的股权集中度较高且完全流通,通过上市公司实施高派现的行为,最大限度地分配上市公司的可分配利润,或者一边实施高派现,另一边进行再融资。高派现本应得到投资者的喜爱和追捧,但实际上从股价和市盈率来看其效果并不理想,相反还给投资者带来了亏损。因此上市公司还应该以公司发展为战略点,统筹考虑,制订出切合实际的股利分派方案。

三、造成问题的根源分析

(一)宏观经济和国家政策的导向作用

从我国资本市场的发展历程和我国上市公司股利分配表现出来的特点来看可以明显得出公司股利分配深受宏观经济的影响。当宏观经济运行良好的时候,国家选择实施积极的财政政策和稳健的货币政策,鼓励投资,公司资金筹集比较容易,渠道畅通,发展也较快,形成经济欣欣向荣的景象,公司收益提高,现金股利发放比例就会大幅上涨。反之当经济出现危机,国家选择实施紧缩的金融政策,公司对外筹集资金流难度增大,则会较少分配股利。

(二)上市公司内部治理缺陷

公司想要得到良好的发展需要健全的治理机制,公司治理可以分为外部治理和内部治理,而内部治理又是其核心。内部治理的健全与否会影响公司现金股利的发放,而内部治理又受公司股权结构的影响。由于我国的特殊国情,上市公司的股权结构从开始之日起就分类出了国家股、法人股、公众股和内部职工股等。诸多上市公司大股东为获取最大化的利益,便会发放现金股利,这成为满足他们资金需求的工具,从而损害了中小股东的利益。

但是控股股东也会理性考虑自身的利益与公司利益的关系,全部掏空公司现金会使公司发展受限,未来的收益将无法保证,若通过增发新股来筹集资金又会稀释控制权,出于多种因素的考虑,他们也会操纵股利支付率的方向和大小。不同性质的控股股东对股利支付率的操纵行为也会有所区别。对法人投资者而言,由于担心控制权稀释和避免让外部小股东受益等方面的因素,通常会选择较低的股利支付率;而对一些公众股等有社会公众参与的股票，他们可能会更加考虑社会对他们的监督，争取更多公众支持及信号传递作用的因素等，进而会选择较高的股利支付率。

我国公司内部治理存在严重问题，但由于代理机制和信号传递机制的作用又会迫使公司在现金股利分配方面采取更加合理的措施，也使得公司治理存在一定的补救措施。

（三）上市公司筹资渠道受限

我国证券市场自成立以来发展至今，相比西方发达国家证券市场百年历史而言，还处于不成熟的阶段，市场还不完善。目前我国上市公司主要有内部利润留存、银行借款和股权融资这三种筹资渠道，而发达国家普遍采用的则是企业债券融资、租赁融资和可转债融资，相比而言我国筹资方式受限，融资渠道比较单一。在我国三种筹资方式中，内部利润留存虽然成本最低，但远远不能满足公司发展所需；银行借款是我国目前采用比较多的一种方式，但受国家宏观经济调控的影响，同时对企业的资质要求比较高，筹资承担的成本较高；发行股票这种股权融资行为所带来的成本要低于银行贷款、发行债券等债务融资成本，但发行股票以及上市融资要受各级政府部门、证监会和证交所上市委员会等层层审批，且发行条件比较苛刻，公司必须满足才可发行。因此公司往往会选择留存内部利润，不分配现金股利。

（四）法制不健全，监管力度不大

证券市场自成立之初，国家就出台相应的法律法规相配套，来制约其中的不合理行为，也成立了证监会等管理机构来管理和规范上市公司的行为。但是建立股市初期，我国成立股票市场只是为解决国有企业的体制改革，服务对象仅限国有企业这种法案有一定的误导性，那些质量不高的国有企业成为股市主体，股市的投资和融资功能受到了严重损害，真正质量较好的企业并未获得这种特权，使得发展有所偏向。

同时证监会这些监管主体在监管过程中也存在较大漏洞，严惩措施力度不大，出现了各种问题。上市公司圈钱行为比较严重，各种虚假行为和套利行为成为股票市场的主要公害。由于惩罚力度不大，虽然这些公司被曝光，但是利用上市渠道牟取私利的行为仍然不绝。

大股东的股权滥用和中小股东的股权意识淡薄，独立董事和监事会又被架空，内部就会缺乏有效的监督。在外部监管方面，从西方发达国家有效监管的经验来看，经理市场、兼并与收购活动和市场退出是三种重要的外部约束机制，能够促使管理者认真工作，迫使控股股东减少损害上市公司利益的行为。但在我国，由于股权过于集中致使上市公司收购市场发展过于缓慢，上市公司收购市场的弱化使得外部监管机制的有效方法之一已经失去作用。同时，我国上市公司受到地方政府和母公司的保护，也没有相应的退市制度作为企业可以退市的依据，风险制度欠缺，股市环境难于净化。

第三节　股利政策

股利是股息和红利的总称，是公司向股东分配的公司盈余。股息是股东定期按一定的比率从上市公司分取的盈利，红利则是在上市公司分派股息之后按持股比例向股东分配的剩余利润。显然，股息率是固定的，而红利率是不固定的。

公司发行的股票有普通股与优先股之分，因而，股利也就有普通股股利和优先股股利之分。一般地，关于优先股股利的支付方法在公司章程中早就有规定，公司管理层只需按章程规定办法支付即可。因此，这里所讨论的股利仅指普通股股利。

制订和实施股利政策是股份有限公司财务管理的一项重要内容，它不仅仅会影响股东的财富，而且关系着公司在资本市场的形象，进而会影响公司投资、筹资以及股票的价格等，制订合理的股利政策对公司以及股东来说非常重要。

一、股利政策

股利政策是指为指导企业股利分配活动而制订的一系列制度和策略，内容涉及公司是否发放股利、发放多少股利以及何时发放股利等方面。

（一）影响股利政策的因素

1. 法律因素

为了保护有关各方的权益不受侵犯，各国法律都对企业股利分配做出了一定的限制，主要有：

（1）资本保全的限制

资本保全的限制，要求企业发放的股利或投资分红不得来源于原始投资（股本和资本公积），而只能来源于企业当期利润或留存收益。这样是为了保全公司的股东权益资本，以维护债权人的利益。

（2）企业积累的限制

企业积累的限制，是指公司必须按净利润的一定比例提取法定公积金，只有当提取的法定公积金达到注册资本的50%时，才可以不再计提。这也是为了增强企业抵御风险的能力，维护投资者的利益。

（3）企业利润的限制

净利润的限制，是指只有在企业以前年度的亏损全部弥补完之后，若还有剩余利润，才能用于分配股利，否则不能分配股利。

（4）偿债能力的限制

偿债能力是指企业按时足额偿付各种到期债务的能力。基于对债权人的利益保护，企业在分配股利时，还必须考虑到企业的现金是否充足。如果一个公司已经无力偿付负债或股利支付会导致公司失去偿债能力，则不能支付股利。

2. 公司自身因素

公司在制订股利政策时应考虑到自身投资需要和筹资能力等方面，主要包括：

（1）资产的流动性

资产流动性是制约现金股利发放的重要因素之一，由于股利发放代表现金流出，利润和现金是两个不同的概念，实现利润并不一定能带来现金流量的增加。公司在分配现金股利时，必须考虑到现金流量以及资产的流动性，如果企业的资产流动性较差，即使收益可观，也不宜分配过多的现金股利。

（2）举债能力

举债能力是企业筹资能力的一个重要方面，不同的企业在资本市场上的举债能力会有一定的差异。具有较强举债能力的公司，因为能够及时地筹措到所需的现金，有可能采取高股利政策；而举债能力弱的公司则不得不多滞留盈余，因而往往采取低股利政策。

（3）投资机会

在企业有良好的投资机会时，企业就应当考虑较少发放现金股利，增加留存利润用于再投资，这样可以加速企业的发展，增加企业未来的收益，这种股利政策往往也易于为股东所接受。当企业缺乏良好的投资机会时，保留大量的盈余会造成资金的闲置，可适当增大分红数额。

（4）资金成本

资金成本是企业选择筹资方式的基本依据。留用利润是企业内部筹资的一种重要方式，与发行新股相比，保留盈余不需花费筹资费用，资本成本较低。从这个角度考虑，如果公司有扩大资金的需要，应当采取低股利政策。

（5）盈余的稳定性

企业的股利政策应具有一定的稳定性，而稳定的股利政策要根据企业收益的稳定性程度而定。盈余相对稳定的企业有可能支付较高的股利，而盈余不稳定的企业一般采用低股利政策。盈余相对稳定的公司面临的经营风险和财务风险较小，筹资能力较强，具有较高的股利支付能力；相反，盈余不稳定的公司对保持较高股利支付率没有信心。

3. 股东因素

股利政策必须经过股东大会决议通过才能实施，股东在控制权、税负、收益等方面的意愿会直接影响公司股利政策。一般来说，影响股利政策的股东因素主要有以下几方面：

（1）稳定收入考虑

企业股东的收益包括两部分，即股利收入和资本利得。一些依靠股利维持生活的股东，往往要求公司支付稳定的股利，反对保留较多的盈余。

（2）控制权稀释考虑

有的大股东持股比例较高，对公司拥有一定的控制权，如果公司的股利支付率高，意味着将来发行新股的可能性加大,而发行新股会稀释大股东对公司的控制权。因此,他们宁愿少分现金股利,较多地保留盈余,也不愿看到自己的控制权被稀释。

(3)规避所得税考虑

在我国,股东从公司分得的股息和红利应按20%的税率缴纳个人所得税,而对股票交易所得目前还没有开征个人所得税,因此,高收入阶层的股东为了避税往往反对公司发放过多的现金股利,而低收入阶层的股东因个人税负较轻,可能会趋向于公司多分红利。

(4)规避风险考虑

有些股东是"一鸟在手论"的支持者,他们认为增加留存收益引起股价上涨而获得资本利得是有风险的,还是取得现实的股利比较稳妥,可以规避风险,因此,这些股东也倾向于多分配股利。

4.其他因素

除了上述几个方面外,股利政策的制订还受到其他因素的影响,如企业长期借款合同中保护性条款对企业现金支付的限制性规定通货膨胀等宏观环境的影响等等。

(二)股利政策类型

影响股利分配的因素很多,不同的股利政策也对公司的股票价格产生不同的影响,公司对此应具有足够重视,确定适宜的股利政策。股利政策的核心是确定分配与留存的比例,即股利支付比例问题。目前,公司常采用的股利分配政策有以下几种类型:

1.剩余股利政策

剩余股利政策是指在公司具有良好的投资机会时,在企业确定的最佳资本结构下,税后净利润首先要满足投资的需求,若有剩余才用于分配股利。

这是一种投资优先的股利政策。采用剩余股利政策的先决条件是企业必须有良好的投资机会,并且该投资机会的预计报酬率要高于股东要求的必要报酬率,这样才能为股东所接受。

采用剩余股利政策时,应按如下步骤进行操作:

(1)根据选定的最佳投资方案,确定投资所需的资金数额。

(2)设定目标资本结构,即确定权益资本与债务资本的比率,目标资本结构下的综合资本成本应是最低水平。

(3)按照企业的目标资本结构,确定投资需要增加的股东权益资本的数额。

(4)最大限度地利用保留盈余来满足投资方案所需的权益资本数额。

(5)满足投资需要后的剩余部分用于向股东分配股利。

在这种政策下,留存收益优先保证投资的需要,有助于保持最佳的资本结构,降低资金成本,实现公司价值的长期最大化。但由于公司各期的利润和投资机会具有不确定性,每年股利发放额会随着投资机会和盈利水平的波动而波动,不利于投资者安排收入与支出,也不利于公司树立良好的形象,容易引起股价的大起大落。该政策一般适用于公司初创阶段。

2. 固定股利或稳定增长股利政策

固定股利或稳定增长股利政策是指公司的股利发放在一定时期内保持稳定，并稳中有增的一种股利分配政策。这一股利政策要求把握住以下两点：

（1）将每年发放的股利固定在一定水平上并保持长期不变。

（2）当公司确信未来的利润将显著增长，而且这种增长趋势是不可逆转时，才提高股利发放额。

该股利政策的目的是避免发生由于企业经营波动而削减股利的情况，其优势在于：一方面，稳定的股利向市场传递着公司正常发展的信息，有利于树立公司的良好形象，增强投资者对公司的信心，稳定股票的价格；另一方面，稳定的股利额有助于投资者安排股利收入和支出，有利于吸引那些打算进行长期投资并对股利有很高依赖性的股东。但由于要保持一定股利支付，会对企业造成很大的财务压力，尤其在净利润下降或现金紧张时，为了保持固定股利的支付，容易导致资金短缺，使财务状况恶化。该政策通常适用于经营比较稳定或正处于成长期的企业，很难被长期采用。

3. 固定股利支付率政策

固定股利支付率政策是指企业将当期可供分配的利润数额按固定的比例计算来确定向股东支付股利的政策。

这是一种变动的股利政策，企业每年都从净利润中按固定的股利支付率发放股利。这一股利政策使企业的股利支付与企业的盈利状况密切相关，盈利状况好，则每股股利额就增加；盈利状况不好，则每股股利额就下降，股利随经营业绩"水涨船高"。但是，这种政策下各年的股利变动较大，极易使人对公司产生经营状况不稳定的感觉，对于稳定股票价格是不利的。因此，这种股利政策一般适用于盈利状况较为稳定的企业。

4. 低正常股利加额外股利政策

低正常股利加额外股利政策，是指公司每年都支付稳定但相对较低的股利额，当公司盈余较多、资金较为充裕时再向股东发放额外股利。

这种股利政策每期都支付稳定的较低正常股利额，其优势在于：一方面，该政策赋予公司较大的灵活性，使公司在股利发放上留有余地，并具有较大的财务弹性；另一方面，该政策使那些依靠股利度日的股东每年可以得到比较稳定的股利收入，从而吸引住这部分股东，使灵活性与稳定性较好地结合，因而被许多企业所采用。

总之，不同的股利政策有不同的适用条件，其中起主要作用的还是公司的收益能力。公司在分配股利时可借鉴上述理论及决策思想，制订出符合公司实际情况的股利政策。

二、股利支付形式和程序

企业决定发放股利后，还要确定股利发放的形式，发放时，必须遵循法定程序进行。

（一）股利支付形式

股利支付形式很多，常见的有以下几种：

1. 现金股利

现金股利，是指用现金资产支付股利的形式，这是支付股利的最主要形式。由于现金股利的多少可直接影响股票的市场价格，公司必须依据实际情况对其全面衡量，并制订合理的现金股利政策。现金股利发放的多少主要取决于公司的股利政策和经营业绩。

现金具有极强的流动性，且现金股利还向市场传递一种积极的信息，因此，现金股利的派发有利于支撑和刺激企业的股价，增强投资者的投资信心。但现金股利对企业资产的流动性形成较大的财务压力，只有在企业有足够的留存收益且有足够的现金时，才能发放现金股利。

2. 股票股利

股票股利，是指企业将应分配给股东的股利以股票的形式发放。股票股利对企业的影响是双重的。可以用于发放股票股利的，除了当年的可供分配利润外，还有公司的盈余公积金。发放股票股利会给企业带来以下几点影响：

（1）发放股票股利可使股东分享公司的盈利而无须分配现金，使公司留存了大量的现金，便于进行再投资，有利于公司的长期发展。

（2）由于这种方式通常按现有普通股股东的持股比例增发普通股，所以它既不影响公司的资产和负债，也不增加股东权益的总额。但是股票股利增加了流通在外的普通股的数量，每股普通股的权益将被稀释，从而可能会影响公司股票的市价。一方面，发放股票股利往往会向社会传递公司将会继续发展的信心，从而提高投资者对公司的信心，在一定程度上稳定股票价格；但另一方面，发放股票股利也会被认为是公司资金周转不灵的征兆，从而降低投资者对公司的信心，加剧股价的下跌。

（3）对于股东来说，虽然分得股票股利没有得到现金，但是，如果发放股票股利之后，企业依然维持原有的固定股利水平，则股东在以后可以得到更多的股利收入，或者股票数量增加之后，股价并没有成比例下降，而是走出了填权行情，这样股东的财富会随之增长。

3. 财产股利

财产股利，是指以现金以外的资产作为股利发放给股东的股利支付形式。具体有：

（1）实物股利，即发给股东实物资产或实物产品。通常情况下，企业在现金支付能力不足时，所采取的补救措施就是发给股东实物资产甚至企业所生产的产品，股东收到公司发放的实物股利，收到的信号即公司经营状况不佳，因而，实物股利形式在实际中不经常采用。

（2）证券股利，即公司用所持有的其他公司发行的债券、股票等证券资产来向股东支付股利的一种特殊股利支付形式。由于证券的流动性及安全性比较好，仅次于货币资金，投资者愿意接受。对于企业来说，把证券作为股利发给股东，既发放了股利，又保留了对其他公司的控制权，可谓一举两得。

4. 负债股利

负债股利，是指以应付票据和应付债券等负债形式向股东发放的股利。以这种形式发放股利，对于股东来说，他们成为了公司的债权人。对公司来说，资产总额不变，负债增加，资产净值减少。负债股利适用于那些有盈利但现金不足的企业，但实际上企业只有在万不得已的情况下才会采用这种方式。

（二）股利支付程序

股份公司股利分配一般是先由董事会提出分配预案，然后提交股东大会决议通过才能进行分配。股东大会决议通过分配预案之后，要向股东宣布发放股利的方案，并确定股权登记日、除息日和股利发放日。

1. 股利宣告日

股利宣告日就是股东大会决议通过并由董事会宣布发放股利的日期。股利宣告日公告的内容主要涉及股利分配额、股利的支付方式、股权登记日、股权的除权日和股利发放日等。在宣布日，股份公司应登记有关股利负债（应付股利）。

2. 股权登记日

股权登记日是有权领取本期股利的股东资格登记截止日期。由于工作和实施方面的原因，自公司宣布发放股利至公司实际将股利发出会有一定的时间间隔。因为股票是经常流动的，公司股东会随着股票交易而不断易人，企业规定股权登记日是为了确定股东能否领取股利的日期界限，凡在股权登记日之前（含登记日当天）列于公司股东名单上的股东，都将获得此次发放的股利，而在这一天之后才列于公司股东名单上的股东，将得不到此次发放的股利，股利仍归原股东所有。

3. 除息日

除息日指领取股利的权利与股票分离的日期。在除息日之前购买的股票才能领取本次股利，而在除息日当天或是以后购买的股票，则不能领取本次股利。由于失去了"付息"的权利，除息日的股票价格会下跌。股权登记日后的第一个交易日就是除息日。

4. 股利发放日

股利发放日是上市公司按公布的股利分配方案向股权登记日在册的股东实际支付股票股利和现金股利的日期。

三、股票分割和股票回购

（一）股票分割

股票分割指将一股面值较高的股票换成数股面值较低股票的行为。例如，将原来的一股股票换成两股股票。股票分割不能算是某种股利分配的方式。股票分割时，发行在外的股数增加，使得每股面值降低，每股盈余下降，但公司的价值不变，股东权益总额、权益各项目的金额及其相互间的比例也不会改变。

企业进行股票分割主要是出于以下动机:

1. 股票分割有利于提高企业股票的市场流通性

股票分割会在短时间内使公司股票每股市价降低,买卖该股票所必需的资金量减少,易于增加该股票在投资者之间的换手,并且可以使更多的资金实力有限的潜在股东变成持股的股东。因此,股票分割可以促进股票的流通和交易。

2. 股票分割的信息效应有利于股价的提高

股票分割可以向投资者传递公司发展前景良好的信息,有助于提高投资者对公司的信心,因而会刺激股价的上扬。

3. 股票分割有利于新股的发行

股价的高低往往是影响新股发行顺利与否的关键性因素,公司股票价格太高,会对许多潜在的投资者造成心理压力,从而不敢轻易对公司的股票投资。在新股发行之前,利用股票分割降低股票价格,有利于提高企业股票的可转让性,促进股票市场交易的活跃,更广泛地吸引各层次投资者的注意力。

4. 股票分割有利于抑制恶意收购

股票分割带来股票流通性的提高和股东数量的增加,会在一定程度上加大对公司股票恶意收购的难度。

(二)股票回购

股票回购是指公司按一定的程序购回发行或流通在外的本公司股份的行为。公司在股票回购完成后可以将所回购的股票注销,但在绝大多数情况下,公司将回购的股票作为"库存股"保留,以达到减资或调整股本结构的目的。股份回购与分拆、分立同属于资本收缩范畴,它是国外成熟证券市场一种常见的资本运作方式和公司理财行为。

1. 股票回购的动机

(1)提高每股收益

由于每股收益指标是以流通在外的股票总数作为分母计算的,在企业净利润不变的情况下,分母减少则可以提高每股收益的数值。有些企业为了维护自身形象和满足股东期望的高回报等,会采取股票回购的方式来减少实际流通的股份总数,从而达到提高每股收益指标的目的。

(2)股票回购可以满足企业兼并或收购的需要

许多股份有限公司的大股东为了保证其所持有的公司控制权不被改变,往往采取直接或间接的方式回购股票,从而巩固既有的控制权,因此股票回购在国外经常作为一种重要的反收购措施而被运用。回购可以提高本企业的股价,减少在外流通的股份,这样可以防止流通在外的股票落入收购企业的手中。

2. 股票回购的方法

(1)按照股票回购的地点不同,可分为场内公开收购和场外协议收购两种场内公开收购是指上市公司把自己等同于任何潜在的投资者，委托在证券交易所有正式交易席位的证券公司，代自己按照公司股票当前市场价格回购。在国外较为成熟的股票市场上，这种方式较为流行。

场外协议收购是指股票发行公司与某一类（如国家股）或某几类（如法人股、B股）投资者直接见面，通过在店头市场协商来回购股票的一种方式。协商的内容包括价格和数量的确定，以及执行时间等。很显然，这种方式的缺陷在于透明度比较低，有违股市"三公"原则。

（2）按照筹资方式不同，可分为举债回购、现金回购和混合回购

举债回购是指企业通过向银行等金融机构借款的办法来回购本公司股票。其目的无非是防御其他公司的敌意兼并与收购。

现金回购是指企业利用剩余资金来回购本公司的股票。这种方法可以分配企业的超额现金，起到替代现金股利的目的。

混合回购是指企业既动用剩余资金，又向银行等金融机构借贷来回购本公司股票。

（3）按照回购价格的确定方式不同，可分为固定价格要约回购和荷兰式拍卖回购

固定价格要约回购是指企业在特定时间发出的以某一高出股票当前市场价格的价格水平，回购一定数量股票的要约。为了在短时间内回购数量相对较多的股票，公司可以宣布固定价格回购要约。它的优点是赋予所有股东向公司出售其所持股票的均等机会，而且通常情况下公司享有在回购数量不足时取消回购计划或延长要约有效期的权利。固定价格要约回购通常被认为是更积极的信号，其原因可能是要约价格存在高出市场当前价格的溢价。但是，溢价的存在也使得固定价格回购要约的执行成本较高。

荷兰式拍卖回购。此种方式的股票回购在回购价格确定方面给予公司更大的灵活性。在该方法下，企业首先向市场发布企业进行股票回购计划，包括回购时间安排、回购股票数量、最高和最低收购价格等内容。接到股东报价后，企业按由低到高的顺序排列并决定最终股票的回购价格。与固定价格购买方式相比，该方法在股票价格方面有更大灵活性，在一定程度上避免了固定价格购买的超额认购风险。

第七章 资金与项目投资管理

为了提高项目投资的成功率，首先要做的就是保证项目投资管理的科学性和有效性，同时也要制订科学的决策，准确地投入项目投资管理中的应用。但是许多企业在进行项目投资决策时，由于缺少专业性的投资决策人员，经常会出现投资失误的现象。因此，在项目投资中，必须有效地结合项目管理方法和投资管理，以此形成科学完善的项目投资管理体制。利用项目投资管理体制，提高投资决策的有效性、客观性和准确性。本章主要介绍了资金的相关理论知识和对项目投资的管理内容。

第一节 资本成本

一、资本成本的概念

企业从事生产经营活动必须用到资金，在市场经济条件下又不可能无偿使用资金，因此，企业除了必须节约使用资金外，还必须分析并把握各种来源的资金的使用代价。

资本成本是资金使用者对资金所有者转让资金使用权利的价值补偿，我们有时也以如下思维方式考虑问题：投资者的期望报酬就是受资者的资本成本。

资本成本与资金时间价值既有联系又有区别，其联系在于两者考虑的对象都是资金，区别在于资本成本既包括资金时间价值，又包括投资风险价值。

资本成本是企业选择筹资来源、方式，拟定筹资方案的依据，也是评价投资项目可行性的衡量标准。

资本成本既可以用绝对数表示，也可以用相对数表示。资本成本用绝对数表示资本总成本，它是筹资费用和用资费用之和。由于它不能反映用资多少，因此较少使用。资本成本用相对数表示即资本成本率，它是资金占用费与筹资净额的比率，一般讲资本成本多指资本成本率。

由于资本具有时间价值，即资本在周转使用过程中能带来增值，资本提供者让渡这种增值机会当然就要求获得相应的报酬。在有风险的情况下，资本提供者还会要求额外的风险报酬。因此，公司要获得资本的使用权，必须付出相应的代价，这种代价可以理解为资本这种特殊商品的市场价格。另外，公司在筹集资本的过程中可能还需要支付一定的费用。

综上所述，资本成本是指公司筹措和使用资本而付出的代价，也称为资金成本，一般包括筹资费用和用资费用两部分。

筹资费用是在资本筹集过程中为获取资本而支付的各项费用，如发行股票、债券支付的印刷费用，以及发行手续费用、宣传广告费用、律师费用、资信评估费、公证费和担保费等。这些费用一般是在公司筹资时一次性支付的，在资本使用过程中不再发生，因而可以视为对筹资数额的一项扣除。

用资费用是公司为了占用资本而付出的代价。例如，向债权人支付的利息、向股东分派的股利等。用资费用在资本使用期间会反复发生，并随着使用资本数额的大小和期限的长短而变动。

二、资本成本的类型与作用

资本成本有多种表现形式，根据不同的使用情况，一般有个别资本成本、加权平均资本成本和边际资本成本三种。

1. 个别资本成本

个别资本成本是指公司所筹集的各种长期资本各自的成本，不同的资本形式具有不同的个别资本成本。公司的长期资本由权益资本和债务资本两部分构成，其成本也分别被称为权益资本成本和债务资本成本。

个别资本成本可以用来比较各种筹资方式的优劣。长期资本的筹集有多种方式可以选择，可以把不同筹资方式下的资本成本作为比较的指标之一。

2. 加权平均资本成本

加权平均资本成本即所有资本的成本。它根据各种资本的个别资本成本以个别资本占全部资本的比重为权数进行加权平均计算，也可称为综合资本成本。投资公司通常通过多种渠道、采用多种方式筹措资本。此时，个别资本成本已经无法反映公司的整体资本成本水平，这就需要计算公司各种不同资本的加权平均资本成本。加权平均资本成本在公司的经营决策当中具有非常重要的作用：

（1）加权平均资本成本是进行筹资组合决策的依据。企业长期资本通常是采用多种方式的筹资组合构成的，通过比较每种筹资组合方案的总体资本成本，可以进行不同筹资组合方案的选择。

（2）加权平均资本成本是评价投资项目、比较投资方案的标准。一个投资项目，只有投资报酬率高于资本成本，该项投资才是有利可图的。因此，可以将资本成本视为最低报酬率，作为分析投资项目可行性、选择投资项目的取舍标准。

1）在利用净现值指标进行决策时，常以资本成本作为贴现率。当净现值为正时，投资项目可行；反之，则不可行。因此，采用净现值指标评价投资项目时，离不开资本成本。

2）在利用内含报酬率指标投资决策时，一般以资本成本作为基准率。即只有当投资项目的内含报酬率高于资本成本时，投资项目才可行；反之，则投资项目不可行。因此，国际上通常将资本成本作为是否采用投资项目的取舍依据，是比较、选择投资方案的主要标准。

（3）加权平均资本成本是衡量企业经营业绩、制订激励报酬计划的基准。如果企业经营的利润高于资本成本，应当认为经营得好，对相关人员给予适当激励；反之，应当认为经营不善，必须加以改进，并对责任人进行一定惩罚。

3. 边际资本成本

边际资本成本是指资本每增加一个单位而增加的成本。个别资本成本和加权平均资本成本是公司过去筹集的或目前正在使用的资本的成本。然而，随着时间的推移或筹资条件的变化，尤其是随着筹资规模的变化，个别资本成本和加权平均资本成本都要发生变化。因此，公司在未来追加筹资时，还要考虑新筹集资本的成本，这就需要计算边际资本成本。

边际资本成本是企业进行追加筹资决策的依据。企业为扩大经营规模，必然增加筹资数量。当筹资数量增加，资本的边际成本超过了企业的承受能力时，企业就不能再增加筹资数额。

资本成本作为财务管理中最重要的概念之一，直接影响着企业的筹资、投资和经营决策。从筹资的角度而言，筹资者都力求选择资本成本最低的筹资方式，资本成本是其选择资金来源、确定筹资方案的重要依据。从投资的角度而言，投资者的投资决策必须建立在资本成本的基础上，资本成本是投资者评价投资项目、决定投资取舍的一个重要标准。从企业经营角度而言，资本成本是用来衡量企业经营成果的一个重要标准，企业的经营利润率应该高于资本成本，否则则认为企业的经营业绩不佳。因此正确理解资本成本是企业进行决策的一个重要前提。

三、机会成本与资本成本

1. 机会成本的概念

要理解资本成本的概念，首先得理解成本中机会成本的概念。成本由于其所涉及的范畴不同，对其理解也不同。经济学家认为成本是为达到一种目的而放弃另一种目的所牺牲的经济价值，张五常就指出，"成本是所放弃的价值的最高选择"。因此，经济学家眼中的成本就是典型的"机会成本"。所谓的机会成本，是指决策者在进行决策时，面临两个或两个以上的决策方案，而在这些决策方案中，只能选择其中一个。决策者在进行决策时，选择其中一个决策方案是以放弃其他决策方案为代价的，其所选决策方案的成本就是决策者所放弃的其他决策机会的经济价值。很显然，如果没有选择机会，就没有机会成本，而且这个选择决策很明显是面向未来的，因此决策时所发生的成本应该是一种典型的机会成本。在企业理财活动中无论是筹资决策还是投资决策，都是面向未来时所做的决策，作为财务决策标准的资本成本，也应该是面向未来的一种机会成本。

2.资本成本的概念

在任何经济交易中至少要有两方,一方所支付的成本就是另一方所获取的报酬。对于资本的交易来讲也是一样的,有筹资者和投资者,要正确理解资本成本的概念,需要从两个不同角度来理解。

首先,从筹资者的角度而言,资本成本是企业为筹集和使用资金所支付的代价,即企业为了获取资本的使用权所支付的代价,也就是筹资者为了达到其特定目的而耗用的经济资源。对于资金的提供者而言,筹资者所支付的成本不一定符合投资者的意愿,因此筹资者所支付的资本成本取决于投资者所期望得到的报酬。

其次,从投资者的角度而言,资本成本是一种典型的面向未来的机会成本,它是投资者投资所要求的必要报酬率或最低报酬率。投资者在做投资决策选择时,是期望未来获得相应的报酬的,在选择将资金投向某个企业或某个项目时,投资者很显然放弃了其他的投资机会,其所放弃的其他投资机会中收益最高的,就是其选择投资该公司或该项目所要求的最低报酬率,也就是投资者所要求获得的一个必要报酬率。因此,此时的资本成本是投资者为了达到其特定目的而放弃其他资源的价值。

从理论上讲,筹资者所支付的资本成本与投资者所获得的报酬率应该是相等的,因为企业支付给投资者的资本成本与投资者所要求的必要报酬率或最低报酬率其实是一个问题的两个方面。但现实生活中,筹资者所筹资金的资本成本与投资者所要求获得的报酬率并不完全相等,这主要是因为:一是所得税的影响;二是交易费用的存在。如果没有税收,没有交易费用,两者应该是相等的。因此,企业在计算所筹资金的资本成本时,所得税与交易费用是影响资本成本的两个重要因素。

四、债务资本成本与权益资本成本

企业的资本来源渠道主要有两种:一是股东投入的资本,形成了企业有普通股股本和优先股股本;二是债权人投入的资本,形成了企业的债务。这些不同的资本来源于不同的投资者,每个投资者所要求获得的必要报酬率是不尽相同的,而企业的资本成本又受投资者所期望得到的报酬率的影响。下面分别对债务资本与权益资本的成本进行分析。

1.债务资本成本

企业的债务资金主要通过向债权人借款或发行债券等形式筹集,要正确理解债务资本成本首先要理解两个概念:债务人的承诺收益与债权人的期望收益。

所谓债务人的承诺收益是指债务人在筹集债务资金时向债权人承诺支付的收益,一般对此会在借款合同或债券发行条款中予以明确的规定。而债权人的期望收益是指由于债权人将资金提供给企业或债务人,由此导致了其失去其他投资机会的收益,这是一个典型的机会成本,这个机会成本是债权人所要求获得的一个最低必要报酬率。如果在同等条件水平下,只要别的筹资者所支付的利率高于该筹资者,债权人显然会将资金转投向其他筹资者，这是由资本的逐利属性所决定的。

在正常情况下从债务人的角度来看，只要债务人按期如实履约，支付其事先承诺的收益，此时债务人承诺的收益其实与债权人所期望的收益相差无几，债务人承诺的收益其实也就相当于债权人所期望的收益，因此，实务中通常把债务人的承诺收益率当作其债务资本的成本。但从债权人角度而言，却不然。当债权人的投资获得成功时，其获得的是债务合同中所规定的本金和利息，也就是债务人的承诺收益兑现，而一旦投资失败，债务人可能会出现违约风险，此时债权人无法获得债务人先前承诺的收益，债务人的承诺收益可能远远低于债权人的期望收益。因此在正常情况下，可以将债务人的承诺收益视作其筹集债务资本的成本。而一旦债务人处于财务困境或财务状况不佳，此时由于债务人的违约风险加大，债权人可能不愿意投资，债务人为了筹集资金，可能会大幅度提高其承诺收益，出现债务人的承诺收益率高于债权人的期望收益率。例如各种垃圾债券的利率要高于同期的普通债券，但债务人承诺的收益很显然也伴随着很高的违约风险。

对于债务资本成本而言，由于其确定性比较强，计算相对于权益资本更容易。这是因为就债权人而言，其让渡资金的使用权有确定的期限，因此其所获得的报酬有上限要求，并且其所要求获得的报酬率一般会事先在债务合约中明确，这些约定的利率既是债务人承诺支付给债权人的收益率，也是债权人在投资时所要求获得的一个机会成本或者是最低报酬率。

2.权益资本成本

企业主要通过向股东发行股票筹集权益资本，要正确理解权益资本成本同样也要厘清两个概念：企业实际支付的报酬与股东所期望的报酬。

企业实际支付的报酬是指企业在经过一系列生产经营后，将其生产经营的成果分配给投资者，这取决于企业的生产经营状况以及财务状况，因此企业所支付的报酬具有很大的不确定性，企业所实际支付的报酬并不是权益资本的真实成本。

股东所期望的报酬是一个典型的机会成本，它包含股利和股价上升两大部分，而无论是股利的发放还是股价的上升都取决于未来公司经营状况与财务状况的质量。公司为了从股东手中获取权益资本，必须使股东相信，股东所投资本的投资报酬率至少应该大于或等于其所放弃的其他投资机会（同等风险水平）的报酬率。因此，股东所要求的报酬率，应该是一种事前的期望报酬率，而不是已经获得的实际报酬率。企业所支付的实际报酬率可能高于，也可能低于股东所期望的报酬率。企业在进行权益资金筹资时，对于股东所期望的报酬率是否能够实现不做任何保证，这就要求权益投资者根据公司的现有状况以及将来的运营前景等相关信息，对公司将来的经营状况与收益水平进行评估，估计其将来可能获得的报酬，以及该期望报酬所能够实现的可能性，再决定是否投资。

对于权益资本而言，其资本成本不是前面所述企业所实际支付的报酬率，而应该是满足股东所期望的必要报酬率，这个报酬率是确保投资者不离场撤资的机会成本。只有满足了股东所期望得到的报酬率，投资者不至于选择用脚投票，进而使企业股票价格保持不变。如果将企业实际支付的报酬看作是权益资本的成本，就会产生很多误区。比如有些上市公司会认为只要不分配现金股利,权益资金就无须支付成本,对于这部分资金的使用就是零成本,其实这是错误的。如果企业所支付的报酬与投资者所期望的报酬相去甚远,对于机构投资者而言,会通过公司治理机制对其生产经营决策进行干预;对于中小投资者而言,可能就会撤资离场。

权益资本成本在计算时,相对于债务资本要困难、复杂得多,这是因为对于股东而言,其资金使用权的让渡是永久性的,因此其所要求的报酬率不容易确定,这主要体现在股东所要求的报酬率来源于股利和股价上升两大部分。无论是股利的发放还是股价的变动水平都取决于未来公司经营状况与财务状况的质量,而这具有很大的不确定性。

五、公司资本成本与项目资本成本

资本成本一般可以分为公司资本成本与项目资本成本,但对于这两者有时经常会混淆,因此有必要对这两个概念进行正确的区分。

对于公司而言,其资本来源于不同的渠道,这些不同来源的资本成本是不一样的。公司的资本成本是指在公司资本结构中不同资本来源的成本的组合,也就是公司各种资本要素成本的加权平均数,即加权平均资本成本。在资本结构一定的条件下,加权平均资本成本的高低是由个别资本要素的成本所决定的。从投资者角度来看,公司的资本成本应该是投资者针对公司全部资产所要求的最低报酬率。公司资本成本一般是公司在进行筹集决策时,所需要考虑的计算成本。

项目资本成本是投资者投资于特定的投资项目所要求的最低报酬率。由于不同投资项目的风险不同,投资者所要求的最低报酬率也不同,对于风险高的投资项目,投资者所要求获得的报酬率也更高。显然投资者所要求的最低报酬率的高低取决于资金运用于什么样的项目,而不取决于资金的来源渠道。如果公司新的投资项目风险与公司现有资产平均风险相同,则项目的资本成本与公司资本成本相同,如果公司新的投资项目风险高于公司现有资产的平均风险,则项目的资本成本高于公司资本成本;反之亦然。也就是说,每个投资项目都有其对应的资本成本,它是项目风险的函数。因此,在项目投资决策中,如果将公司资本成本作为贴现率来计算项目的净现值,很显然是不合适的。

(一)影响资本成本的因素

1. 总体经济环境

总体经济环境和状态决定企业所处的国民经济发展状况和水平,以及预期的通货膨胀。总体经济环境变化的影响,反映在无风险报酬率上,如果国民经济保持健康、稳定、持续增长,整个社会经济的资金供给和需求相对均衡且通货膨胀水平低,资金所有者投资的风险小,预期报酬率低,筹资的资本成本相应就比较低。相反,如果国民经济不景气或者经济过热,通货膨胀持续居高不下,投资者投资风险大,预期报酬率高,筹资的资本成本就高。

2. 资本市场条件

资本市场效率表现为资本市场上的资本商品的市场流动性。资本商品的流动性高，表现为容易变现且变现时价格波动较小。如果资本市场缺乏效率，证券的市场流动性低，投资者投资风险大，要求的预期报酬率高，那么通过资本市场筹集的资本，其资本成本就比较高。

3. 企业经营状况和融资状况

企业内部经营风险是企业投资决策的结果，表现为资产报酬率的不确定性；企业融资状况导致的财务风险是企业筹资决策的结果，表现为股东权益资本报酬率的不确定性。两者共同构成企业总体风险，如果企业经营风险高，财务风险大，则企业总体风险水平高。投资者要求的预期报酬率高，企业筹资的资本成本相应就大。

4. 企业对筹资规模和时限的需求

在一定时期内，国民经济体系中资金供给总量是一定的，资本是一种稀缺资源。因此，企业一次性需要筹集的资金规模越大、占用资金时限越长，资本成本就越高。当然，融资规模、时限与资本成本的正向相关性并非线性关系，一般说来，融资规模在一定限度内，并不引起资本成本的明显变化，当融资规模突破一定限度时，才引起资本成本的明显变化。

（二）个别资本成本的计算

个别资本成本是指单一融资方式的资本成本，包括银行借款资本成本、公司债券资本成本、融资租赁资本成本、普通股资本成本和留存收益成本等，其中前三类是债务资本成本，后两类是权益资本成本。个别资本成本率可用于比较和评价各种筹资方式。

1. 资本成本计算的基本模式

（1）一般模式。为了便于分析比较，资本成本通常不考虑时间价值的一般通用模型计算，而是用相对数即资本成本率表达。计算时，将初期的筹资费用作为筹资额的一项扣除，扣除筹资费用后的筹资额称为筹资净额，通用的计算公式是：

$$资本成本率 = 年资金占用费 / 筹资总额 - 筹资费用$$
$$= 年资占用费 / 筹资总额 \times (1 - 筹资费用率)$$

若资金来源为负债，还存在税前资本成本和税后资本成本的区别。计算税后资本成本需要从年资金占用费中减去资金占用费税前扣除导致的所得税节约额。

（2）折现模式。对于金额大、时间超过 1 年的长期资本，更准确一些的资本成本计算方式是采用折现模式，即将债务未来还本付息或股权未来股利分红的折现值与目前筹资净额相等时的折现率作为资本成本率。即由：

$$筹资净额现值 - 未来资本清偿额现金流量现值 = 0$$

得：

$$资本成本率 = 所采用的折现率$$

2. 银行借款资本成本的计算

银行借款资本成本包括借款利息和借款手续费用。利息费用税前支付，可以起抵税作用，一般计算税后资本成本率，税后资本成本率与权益资本成本率具有可比性。银行借款的资本成本率按一般模式计算为：

$$K_b \frac{年利率 \times (1-所得税税率)}{1-手续费率} \times 100\% = \frac{i(1-T)}{1-f} \times 100\%$$

式中：K_b 为银行借款资本成本率；i 为银行借款年利率；f 为筹资费用率；T 为所得税税率。

对于长期借款，考虑时间价值问题，还可以用折现模式计算资本成本率。

3. 普通股资本成本的计算

普通股资本成本主要是向股东支付的各期股利。由于各期股利并不一定固定，随企业各期收益波动，因此普通股的资本成本只能按贴现模式计算，并假定各期股利的变化具有一定的规律性。如果是上市公司普通股，其资本成本还可以根据该公司的股票收益率与市场收益率的相关性，按资本资产定价模型法估计。

（1）股利增长模型法。假定资本市场有效，股票市场价格与价值相等；假定某股票本期支付的股利为 D_0，未来各期股利按 g 速度增长，目前股票市场价格为 P_0，则普通股资本成本为：

$$K_s = \frac{D_0(1+g)}{P_0(1-f)} + g = \frac{D_1}{P_0(1-f)} + g$$

（2）资本资产定价模型法。假定资本市场有效，股票市场价格与价值相等；假定风险报酬率为 R_y，市场平均报酬率为 R_f，某股票贝塔系数为 R_m，则普通股资本成本率为：

$$K_s = R_S = R_f + \beta(R_m - R_f)$$

4. 留存收益资本成本的计算

留存收益是企业税后净利形成的，是一种所有者权益，其实质是所有者向企业的追加投资。企业利用留存收益筹资不需要发生筹资费用。如果企业将留存收益用于再投资，所获得的收益率低于股东自己进行一项风险相似的投资项目的收益率，企业就应该将其分配给股东。留存收益的资本成本率，表现为股东追加投资要求的报酬率，其计算与普通股成本相同，也分为股利增长模型法和资本资产定价模型法，不同点在于留存收益资本成本不考虑筹资费用。

（三）平均资本成本的计算

平均资本成本是指多元化融资方式下的综合资本成本，反映了企业资本成本整体水平的高低。在衡量和评价单一融资方案时，需要计算个别资本成本；在衡量和评价企业筹资总体的经济性时，需要计算企业的平均资本成本。平均资本成本用于衡量企业资本成本水平，确立企业理想的资本结构。

企业平均资本成本，是以各项个别资本在企业总资本中的比重为权数，对各项个别资本成本率进行加权平均而得到的总资本成本率。

平均资本成本的计算，存在着权数价值的选择问题，即各项个别资本按什么权数来确定资本比重。通常，可供选择的价值形式有账面价值、市场价值、目标价值等。

1. 账面价值权数

即以各项个别资本的会计报表账面价值为基础来计算资本权数，确定各类资本占总资本的比重。其优点是资料容易取得，可以直接从资产负债表中得到，而且计算结果比较稳定。其缺点是，当债券和股票的市价与账面价值差距较大时，导致按账面价值计算出来的资本成本，不能反映目前从资本市场上筹集资本的现时机会成本，不适合评价现时的资本结构。

2. 市场价值权数

即以各项个别资本的现行市价为基础来计算资本权数，确定各类资本占总资本的比重。其优点是能够反映现时的资本成本水平，有利于进行资本结构决策。但现行市价处于经常变动之中，不容易取得，而且现行市价反映的只是现时的资本结构，不适用未来的筹资决策。

3. 目标价值权数

即以各项个别资本预计的未来价值为基础来确定资本权数，确定各类资本占总资本的比重。目标价值是目标资本结构要求下的产物，是公司筹措和使用资金对资本结构的一种要求。对于公司筹措新资金，需要反映期望的资本结构来说，目标价值是有益的，适用于未来的筹资决策，但目标价值的确定难免具有主观性。

以目标价值为基础计算资本权重，能体现决策的相关性。目标价值权数的确定，可以选择未来的市场价值，也可以选择未来的账面价值。选择未来的市场价值，与资本市场现状联系比较紧密，能够与现时的资本市场环境状况结合起来，目标价值权数的确定一般以现时市场价值为依据。但市场价值波动频繁，可行方案是选用市场价值的历史平均值，如30日、60日、120日均价等。总之，目标价值权数是主观愿望和预期的表现，依赖于财务经理的价值判断和职业经验。

边际资本成本是企业追加筹资的成本。企业的个别资本成本和平均资本成本，是企业过去筹集的单项资本的成本和目前使用全部资本的成本。然而，企业在追加筹资时，不能仅仅考虑目前所使用资本的成本，还要考虑新筹集资金的成本，即边际资本成本。边际资本成本，是企业进行追加筹资的决策依据。筹资方案组合时，边际资本成本的权数采用目标价值权数。

第二节 杠杆效应

一、杠杆效应的含义

杠杆效应是物理学中的概念，财务管理中也存在类似的杠杆效应，表现为由于特定费用（如固定成本与固定财务费用）的存在而导致的。当某一财务变量以较小幅度变动时，另一相关变量会以较大幅度变动。合理运用杠杆原理，有助于企业合理规避风险，提高资金营运效率。

财务管理中的杠杆效应有三种形式，即经营杠杆、财务杠杆和综合杠杆，要了解这些杠杆的原理，首先需要了解成本习性、边际贡献和息税前利润等相关概念。

二、成本习性

成本习性是指成本总额与业务量之间在数量上的依存关系。成本根据习惯可划分为固定成本，变动成本和混合成本三类。

1. 固定成本

固定成本是指其总额在一定时期和一定业务量范围内不随业务量发生任何变动的那部分成本。单位固定成本将随产量的增加而逐渐变小。属于固定成本的主要有按直线法计提的折旧费、保险费、管理人员工资、办公费等。

固定成本总额只是在一定时期和业务量的一定范围内保持不变。这里所说的一定范围通常为相关范围，超过了相关范围，固定成本也会发生变动。因此，固定成本必须和一定时期、一定的业务量联系起来进行分析。

2. 变动成本

变动成本是指其总额随着业务量成正比例变动的那部分成本。直接材料、直接人工等都属于变动成本，但从产品单位成本来看则恰恰相反，产品单位成本中的直接材料、直接人工将保持不变。

变动成本也存在相关范围，即只有在一定范围内，产量和成本才能同比例变化，即完全的线性关系，超过一定的范围，这种关系就不存在了。

3. 混合成本

有些成本虽然也随业务量的变动而变动，但不能同比例变动，不能简单地将其归入变动成本或固定成本，而是称为混合成本。混合成本按其与业务量的关系又可分为半变动成本和半固定成本。

三、经营杠杆

1. 经营风险

企业经营面临的各种风险，可划分为经营风险和财务风险两类。经营风险是指由于经营上的原因导致的风险，即未来的息税前利润的不确定性。经营风险因具体行业、具体企业以及具体时期而异，市场需求、销售价格、成本水平、对价格的调整能力、固定成本等因素的不确定性影响经营风险。

由于固定成本的存在而导致息税前利润变动率大于产销量变动率的杠杆效应，称为经营杠杆。经营杠杆效应产生的原因是当销售量增加时，变动成本将同比例增加，销售收入也同比例增加，但固定成本总额不变，单位固定成本以反比例降低，这就导致单位产品成本降低，每单位产品利润增加，于是利润比销量就会增加得更快。经营杠杆常被用来衡量经营风险的大小。

2. 经营杠杆的计量

只要企业存在固定成本，就存在经营杠杆效应的作用。经营杠杆的大小一般用经营杠杆系数表示，它是企业计算利息和所得税之前的利润（简称息税前利润）变动率与销售量变动率之间的比率。

3. 经营杠杆与经营风险的关系

一般来说，在其他因素一定的情况下，固定成本越高，经营杠杆系数越大，企业经营风险也就越大。如果固定成本为零，则经营杠杆系数等于1。

在影响经营杠杆系数因素发生变动的情况下，经营杠杆系数一般也会发生变动，从而产生不同程度的经营杠杆和经营风险。由于经营杠杆系数影响着企业的息税前利润，从而制约着企业的筹资能力和资本结构。因此，经营杠杆系数是资本结构决策的一个重要因素。

企业一般可以通过增加销售额，降低产品单位变动成本、降低固定成本比重等措施使经营杠杆系数下降，降低经营风险，但这往往受诸多条件的制约。

四、财务杠杆

1. 财务风险，也称筹资风险，是指企业在经营活动过程中与筹资有关的风险，尤其是指在筹资活动中利用财务杠杆可能导致企业股权资本所有者收益下降的风险，甚至可能导致企业破产的风险，主要表现为丧失偿债能力的可能性和股东每股收益，即 EPS 的不确定性。

当息税前利润增大时，每1元盈余所负担的固定财务费用（如利息、融资租赁租金等）就会相应减少，就能给普通股股东带来更多的盈余。这种由于固定财务费用的存在而导致普通股每股收益变动率大于息税前利润变动率的杠杆效应，称作财务杠杆。

只要在企业的筹资方式中有固定财务费用支出的债务，就会存在财务杠杆效应。与经营杠杆作用的表示方式类似，财务杠杆作用的大小通常用财务杠杆系数表示。

杠杆经营，已经成为现代企业经营的基本逻辑起点。做生意是需要本钱的，起步阶段，生意往往是不赚钱的，现代金融体系建立之前，做生意的门槛很高，主要靠家族集资，小本生意、慢慢积累。而如果一开始就想建立比较有规模和影响力的企业，只能借助现代金融体系的帮助。在现代金融体系中，企业可以引入风险投资、可以公开发行股票、可以发债，还可以向银行申请贷款。

拿别人的钱来投资，既解决了资金问题，让新创意、新产品快速落地，降低经营门槛，激发经济活力，也有效分散了风险，一旦经营失败，风险由提供资金的多方共同承担。

在这个过程中，金融体系发挥了三个功能：动员资金、配置资金和分散风险，这三个功能就是金融服务实体经济的典型表现。

理解了这一点，就能理解"金融活，经济活；金融稳，经济稳"这十二个字的内涵了。

就个人来讲，也会常常与杠杆打交道。我们在年轻的时候，积累的财富有限，但消费需求正旺盛，很多都是刚需，如购房需求、孩子教育需求、买车需求等等；一旦步入中年，财富倒是积累得越来越多了，花钱的需求却少了，也没时间花钱了。

所以，年轻时正是花钱的时候，也是借钱需求最旺盛的时候，"拿未来的钱满足当下需求"，就有了消费贷款的繁荣。

不过，借钱是把"双刃剑"。借钱是要支付利息的，只要投资项目的收益率大于贷款利率，贷款的杠杆效应也能发挥作用，否则投资赚的钱还不够付利息，就是亏本的买卖。

一般来讲，经济步入下行期时，投资项目收益率下降甚至为负，这个时候，负债很容易从助力变成压力，很多企业会在债务压力下倒闭，由债务问题引发经济问题。

所以，一些经济学家会把经济周期称为债务周期或杠杆周期，宏观经济管理部门，也会十分警惕杠杆率的快速提升。

企业借钱是钱生钱，个人借钱，除了房贷以外，基本是用于消费，不会产生财富增值效应，负债过多，会带来偿债压力。

所以，监管机构对于个人负债的快速增长，一般会更加警惕。

所以，借钱具有两面性，用得好，是助力；用不好，是破坏力。

就借钱这件事来说，一般的原则是量力而行、适度负债，过度借贷，几乎都会变成悲剧。

2. 经营杠杆和财务杠杆具有联动效应，单独分析一个杠杆并以此做出管理决策是不科学的。因为财务杠杆系数较大就坐立不安，寻求降低风险的方法，以及经营风险较大就不敢负债经营都是片面的做法。

3. 杠杆效应和企业的风险状况密切相关。在奉行全面风险管理的今天，对企业杠杆效应做精益分析是必然选择。总杠杆系数表示经营杠杆和财务杠杆联动效应强弱，反映了企业现阶段的风险敞口。管理者可将该数据与风险管理部门确定的风险容忍度相比较，如果低于容忍度，企业可增加长期投资或加大负债比率，使风险敞口逐渐接近风险容忍度，通过资本运作实现策略上的价值增值，提高资本的利用效率和效果。如果高于企业的容忍度，起到风险预警作用，表明企业现实承担风险过高，管理者要予以充分关注，采取措施提高销量或减少资本投资或降低负债比例，使风险敞口接近企业的风险容忍度。此外，也可以通过协调经营杠杆效应和财务杠杆效应，实现风险管理。企业风险容忍度一定的情况下，若企业的经营风险过高，管理者可降低负债比例降低财务风险，减少财务失败可能带来的毁灭性打击；反之，若经营风险较低，企业则可提高负债比例，加大财务杠杆效应，增大财务风险获取更高股东报酬。

4. 企业的销售管理、长期投资、资本结构决策和企业价值创造密切相关。杠杆效应的发挥涉及的因素有销售（销售量 Q 或销售额 S）、固定成本和固定财务费用，且最终的效果归结在 EPS 上，即股东价值上。这表明企业的销售管理、长期投资和资本结构决策和企业价值增加密切相关。企业经营者在围绕股东价值的创造努力时，重点关注它们必然会产生事半功倍的效果。

5. 杠杆效应是一把"双刃剑"，既有提升企业价值的作用，也有毁损企业价值的可能。经营杠杆中销售的增加会使 EBIT 的增加速度更快，但反过来的结果也是客观的；销售的减少会使 EBIT 的降低速度更快。而在财务杠杆中利息的抵税作用固然诱人，但相伴而生的是到期偿债的压力和未来破产发生的可能。

6. 特别注意：在用本—量—利法分析企业杠杆作用时，建立在严格的假设基础上（这些假设可以参阅任一本管理会计或财务管理教程）。不过企业的实际情况和假设条件会有许多的不吻合，因而根据一般线性公式分析的结果仅具有决策参考信息的意义。信息呈报者要根据实际情况对数据进行调整，并提请决策者注意自己能力不及的地方。要想信息更具管理意义，在信息平台和人力资源平台上的投资是必要和明智的。

财务杠杆效应的第一种表现：利息抵税效应。

一方面，负债相对于权益资本最主要的特点是它可以给企业带来减少上缴税金的优惠，即负债利息可以从税前利润中扣除，从而减少应纳税所得额而给企业带来价值的增加。世界上大多数国家都规定负债免征所得税。所以在既定负债利率和所得税税率的情况下，企业的负债额越多，利息抵税效用也就越大。另一方面，由于负债利息可以从税前利润中扣除，减少了企业上缴所得税，也就相对降低了企业的综合资金成本。

财务杠杆效应的第二种表现：高收益效应。

债务资本和权益资本一样获取相应的投资利润，虽然债权人对企业的资产求偿权在先，但只能获得固定的利息收入和到期的本金，而所创造的剩余高额利润全部归权益资本所有，提高了权益资本利润率，这就是负债的财务杠杆效用。需要注意的是，财务杠杆是一种税后效用，因为无论是债务资本产生的利润还是权益资本产生的利润都要征收企业所得税，所以，财务杠杆的最终效用可以用公式来表示：

财务杠杆效用 = 负债额 × (资本利润率 — 负债利率) × (1 — 所得税税率)

在负债比率、负债利率、所得税税率既定的情况下，资本利润率越高，财务杠杆效用就越大；资本利润率等于负债利率时，财务杠杆效用为零；小于负债利率时，财务杠杆效用为负。所以，财务杠杆也可能给企业带来负效用，企业能否获益于财务杠杆效用、收益程度如何，取决于资本利润率与负债利率的对比关系。

财务杠杆效应的第三种表现：财务危机效应。

负债一方面会增加企业固定的成本费用，给企业增加定期支付的压力。首先本金和利息的支付是企业必须承担的合同义务，如果企业无法偿还，还会面临财务危机，而财务危机又会增加企业额外的成本，减少企业所创造的现金流量。财务危机成本可以分为直接成本和间接成本。直接成本是企业依法破产时所支付的费用，企业破产后，其资产所有权将让渡给债权人，在此过程中所发生的诉讼费、管理费、律师费和顾问费等都属于直接成本。直接成本是显而易见的，但是在破产宣布之前企业可能已经承担了巨大的间接财务危机成本。例如，由于企业负债过多，不得不放弃有价值的投资机会，失去期望的收益；消费者可能因此会对企业的生产能力和服务质量质疑提出，最终放弃使用该企业的产品或服务；供应商可能会拒绝向企业提供商业信用；企业可能会流失大量优秀的员工。所有这些间接成本都不表现为企业直接的现金支出，但给企业带来的负面影响是巨大的，并且随着企业负债额的增加，这种影响会越来越显著。另一方面会导致企业资不抵债甚至破产。企业的负债总额过大，资不抵债，或者是无力归还到期的流动负债，都会导致债权人催要债务，甚至向法院起诉，最终导致企业的破产。

财务杠杆效应的第四种表现：利益冲突效应。

即过度的负债有可能会引起所有者和债权人之间的利益冲突。一方面，债权人利益不受损害的一个前提条件是企业的风险程度要处于预测所允许的范围之内，而在现实的经济生活中，所有者往往喜欢投资于高风险的项目。因为如果项目成功，债权人只能获得固定的利息和本金，剩余的高额利润均归所有者，于是就实现了财富由债权人向所有者的转变；如果高风险项目失败，则损失由所有者和债权人共同承担，有的债权人的损失要远远大于所有者的损失，这就是所谓的"赌输债权人的钱"。

另一方面，企业为了获得新的债务资本，往往会给新债权人更优先的索偿权，也会损害原债权人的利益，使原债权人承担的风险加大。而债权人为保护自己的利益，把风险限制在一定的程度内，往往会要求在借款协议中写入保证条款来限制企业增加高风险的投资机会；为了防止发行新债，债权人也会在契约中加入回售条款，即如果发行新债，允许原债券持有者按面值将证券还给公司。这样就限制了企业的正常投资和融资，给企业带来一种无形的损失。

五、企业财务杠杆效应的实现

1. 合理选择企业的债务规模与债务期限结构

企业的债务规模选择和债务期限结构应该考虑企业的生产投资周期、产品经营市场的前景及负债成本等因素。

首先，企业的生产投资周期的长短应该与企业的债务期限结构相适应。短期债务的成本较低，契约成立的时间成本和经济成本都较低，而且具有条款设计的灵活性与简约性，对企业投资经营的影响较低。所以，在考虑企业的生产周期的条件下，企业可以优先考虑进行短期融资，以降低企业的财务风险与财务成本。

其次，当企业的产品市场前景较好，企业的经营风险较低时，也就是企业的资本回报率较高时，企业可以选择较大的负债规模。相反，当企业的经营状况不佳时，企业应该慎重选择债务融资，以免给企业带来更加沉重的债务负担与财务风险。

最后，应该结合负债成本的高低与股权融资成本的高低，合理选择有利于企业的融资方式，使企业能够实现效益最大化。

2. 合理选择最佳资本结构

首先，由于处于导入期，企业的经营风险非常高，产品的稳定性与质量得不到保障，企业的市场份额不确定，仍旧处于研究与开发的阶段。这时，企业选择债权融资会增加企业的财务风险，加重企业的经营成本，不利于企业产品迅速进入市场，所以企业最好选择股权融资方式来扩充企业的资本规模。

其次，当企业进入成长期时，由于产品销量节节攀升，产品市场需求的扩大引起利润率的提高，企业此时的经营目标则是扩大市场份额，在众多竞争者中脱颖而出，并坚持到成熟期的到来。所以，处于成长期的企业应该扩大自身的资本规模，扩大市场份额。相应地，企业应该引入一定规模的债务融资成本，利用财务杠杆效应扩大企业的经营规模。

再次，当企业进入成熟期时，产品的市场规模达到最高点，企业的成长率下降，企业的销售额、市场份额及盈利水平都处于比较稳定的状态，现金流量比较容易预测，企业的经营风险进一步降低。因此，处于成熟期的企业由于其稳定的经营状况与现金流量，可以考虑利用更大规模的债务资本来代替权益资本，降低企业的财务成本，增加企业的净收益水平。

最后，当企业处于衰退期时，产品的价格会降低，市场份额会萎缩。此时企业所采取的战略途径是控制成本，尽早退出市场。所以，处于衰退期的企业应该适当地减少负债融资规模，降低企业的财务风险，实现完美退出的目的。

3. 提高企业债务融资的风险管理水平

企业的债务融资风险是指企业在负债筹资经营的方式下，由于经营管理不善、市场需求状况的恶化及内部控制制度的不合理等原因，引起企业不能偿还到期债务的财务风险。要顺利发挥企业的财务杠杆效应，就应该提高企业的债务风险管理水平，这是企业实现财务杠杆的后盾与保障，是企业优化资本结构的条件。企业可以通过以下途径来提高企业的风险管理水平：

第一，加强经营管理，降低财务风险。企业经营状况的好坏是影响企业财务风险的根本因素，只有通过加强管理，提高企业的利润水平，才能发挥企业的财务杠杆效应，降低企业的财务风险，提高股东的资本回报率，使企业实现价值最大化。

第二，建立完善的风险识别与风险评估机制，增强企业的财务风险管理水平。企业应该重视风险管理，建立完备的内控机制与风险管理机制，加强应对风险的能力与管理风险的水平。

第三，增强企业使用资金的责任感，提高资金使用效益。企业应增强资金使用意识，把资金管理作为重点，确保投资效益，实现资金结构良性循环，降低企业收不抵支的可能性和破产风险。

第三节 资本结构

一、资本结构的含义

资本结构是指企业各种来源的长期资金的构成比例及比例关系。资本结构是否合理会影响企业资本成本的高低、财务风险的大小及投资者的利益，它是企业筹资决策的核心问题。企业资金来源多种多样，但总地来说，可分成权益资金和债务资金两类。资本结构问题主要是负责比率问题，适度增加债务可能会降低企业资本成本，获取财务杠杆利益，同时也会给企业带来财务风险。

二、资本结构的优化

资本结构的优化意在寻求最优资本结构，使企业综合资本成本最低、企业风险最小、企业价值最大。从理论上讲，最佳资本结构是存在的，但由于企业内部条件和外部环境的经常性变化，保持最佳资本结构十分困难。因此在实践中，目标资本结构通常是企业结合自身实际进行适度负债经营所确立的资本结构。

每股收益无差别点法又称为"EBIT-EPS 分析法"。可以用每股收益的变化来判断资本结构是否合理，即能够提高普通股每股收益的资本结构，就是合理的资本结构。每股收益受到经营利润水平、债务资本成本水平等因素的影响，分析每股收益与资本结构的关系，可以找到每股收益的无差别点。

在每股收益无差别点上，无论是采用债务还是股权筹资方案，每股收益都是相等的。当预期息税前利润或业务量水平大于每股收益无差别点时，应当选择财务杠杆效应较大的筹资方案，反之亦然。

公司价值分析法是在充分反映公司财务风险的前提下，以公司市场价值的大小为标准，经过测算确定公司最佳资本结构。即能够提升公司价值的资本结构，就是合理的资本结构。与平均资本成本法和每股收益无差别点法相比，公司价值分析法充分考虑了公司的财务风险和资金成本等因素的影响，进行资本结构的决策以公司价值最大为标准，更符合公司价值最大化的财务目标；但其测算原理及测算过程较为复杂，通常用于资本规模较大的上市公司。

公司价值等于其未来净收益（或现金流量，下同）按照一定的折现率折现的价值，即公司未来净收益的折现值。这种测算方法的原理有其合理性，但因其中所包含的不易确定的因素很多，难以在实践中加以应用。

公司价值是其股票的现行市场价值。公司股票的现行市场价值可按其现行市场价格来计算，有其客观合理性，但一方面，股票的价格经常处于波动之中，很难确定按哪个交易日的市场价格计算；另一方面，只考虑股票的价值而忽略长期债务的价值不符合实际情况。

公司价值等于其长期债务和股票的折现值之和。这种测算方法相对比较合理，也比较现实。

从财务学关于资本结构的讨论来看，负债与权益的主要差别就是使用成本与求偿力的不同：负债具有明确的到期期限、事先确定的使用成本，债权人的求偿权利受到法律保护，如果企业到期不能偿还，债权人有权通过法律渠道来强制求偿；与之相比，权益持有人拥有的只是剩余索取权，包括求偿力及回报要求都是在优先偿付债权人之后才能考虑。这些差别是资本结构研究中权衡理论优序融资理论等的制度依据。

换言之，资本结构研究中对负债的讨论，隐含了这样几个前提：有息有期、有约束力。基于负债的这三个特征不同，笔者将企业资产负债表上的所有负债项目分为刚性债务、次强性债务和非约束性债务三个部分。①刚性债务主要是指那些有明确到期日（精确到天）且需要支付利息的债务项目，例如银行债务就可以归为这一类，包括短期借款、交易型金融负债、应付票据、一年内到期的非流动负债、长期借款、应付债券、长期应付款等；应付利息是因为银行借款或公司债券等衍生的，它也具有刚性（银行将不能如期付息视为贷款五级分类的标志性因素）。这些项目或者是直接向银行借入，或者需要银行或其他金融机构作为中介并承担一定的义务，如担保责任（如应付债券、长期应付款），因此，后文也称之为银行债务。这部分债务对企业具有刚性约束，企业违约成本高。②次强性债务是指企业经营过程中所形成的各种往来项目，如应付账款、应交税金、应付职工薪酬、应交税费、应付股利等。这些项目有确定的债务期限，但通常不计息，企业到期偿还的约束力比银行债务要小，比如，应付账款的拖欠就是一个经常性现象；应付股利特别是上市公司的应付股利，一旦宣布，它就有约束力，但是否发放、发放多少股利，是企业的行为。也正因为如此，将应付股利归为约束力低于应付利息的债务。③资产负债表上剩余的负债项目，就是非约束性债务，因为它们或者到期偿还的约束力较弱，或者只是复式簿记规则所形成的贷方余额，包括预收款项（尽管对预收款项的偿付，需要企业交付产品或劳务，但它是企业盈利能力的标志，盈利能力越强，预收款项越多）、其他应付款（部分来自关联方欠款，还有部分是会计上的预提）、其他流动负债、专项应付款等。

资本结构研究中经常使用的指标是债务期限结构。由于中国上市公司面临的选择较少且长期借款的取得不是银行单方面对企业盈利能力风险水平评估的结果，企业必须将长期借款与具体的固定资产建设项目联系起来，要取得包括发改委等多个部门的审批，才能获准。这样，债务期限结构在中国制度环境下就具有完全不同的含义。

包括财务学、会计学在内的经验研究，从工具上看，主要就是实践研究和关联关系研究。其中关联关系研究的一个重要领域，是借助资本市场的经验数据，检验或验证若干个现象之间的关系，比如，目前财务、会计研究中常见的公司治理、政治关系、股权结构、控制人性质、代理成本、资本结构、公司绩效等，通过不同组合，可以形成不同的研究方向，如政治关系资本结构与公司价值等。

这种源自西方的研究话题是否能够在中国复制本身就值得讨论。因为，美国的制度环境与中国存在较大的差异，这种差异不仅会影响到对相关问题的理论分析（比如，政治关系对公司价值的作用原理与传导机制不同），同样会影响到数据和取值。用负债对总资产的比值作为企业的资本结构，一个基本前提是负债的刚性约束。我国企业资产负债表上的负债项目，并不都具有约束力，如其他应付款、专项应付款等。数据的经济含义与相应的界定不一致，那么即便统计上两个变量之间存在显著关系，也并不必然就是研究讨论所要认定的研究发现。

近年来，我国经济发展进入新常态，经济结构持续优化升级、创新驱动发展为个人、企业提供了新的战略性机遇，重庆市高新区企业也搭上打造"双创"的顺风车，转移就业观念，实行产业升级。因为区域经济和本身企业发展迅速与积累形成的矛盾也日益显著，导致这些企业的资本结构不合理、资产负债率过高，这就直接影响到企业的生存和发展。所以该地区的资本结构布局很重要，布局合理，企业价值会最大化，也是目前我国需要解决的重要问题。

资本结构，是指企业各种资本的价值构成及其比例关系，是企业一定时期筹资组合的结果。广义的资本结构是指企业全部资本的构成及其比例关系。企业一定时期的资本可分为债务资本和股权资本，也可分为短期资本和长期资本。狭义的资本结构是指企业各种长期资本的构成及其比例关系，尤其是指长期债务资本与（长期）股权资本之间的构成及其比例关系。最佳资本结构便是使股东财富最大或股价最大的资本结构，也是使公司资金成本最小的资本结构。

商业信用是短期债权融资中一种比较普遍的融资方式，具体是指在商品交易中由于延期付款或预收货款所形成的企业间的借贷关系。商业信用最大的优点在于手续简单且附加条件不多，一般都不用抵押和担保之类的，容易获得，是一种比较好的融资方式，同时融资成本很低。所以建议企业在筹资过程中，应该首先考虑商业信用融资。

三、我国上市公司资本结构现状

1. 相关概念界定

（1）上市公司

上市公司属于股份有限公司，具有股份有限公司的一般特点，如股东承担有限责任、所有权和经营权分离、股东通过选举董事会和投票参与公司决策等。与非上市股份有限公司相比，上市公司最大的特点在于可利用证券市场进行筹资，广泛地吸收社会上的闲散资金，从而迅速扩大企业规模，增强产品的竞争力和市场占有率。因此，股份有限公司发展到一定规模后，往往将公司股票在交易所公开上市作为企业发展的重要战略步骤。

（2）资本结构

资本结构是指企业各种资金的价值构成及其比例关系。在企业筹资管理活动中，资本结构有广义和狭义之分：广义是指企业全部资金价值的构成及其比例关系，包括长期资金和短期资金；狭义是指企业各种长期资金价值的构成及比例关系，尤其是指长期的股权资金与债务资金的构成及其比例关系。财务管理中所说的资本结构是指长期资金中长期债务资金和权益资金各占多大的比例。

最佳资本结构是使股东财富最大或股价最大的资本结构，也是使公司资金成本最小的资本结构。但在实际工作中，企业所关心的并不是最佳资本结构的具体数值，而是企业资本结构的合理范围。一般来说，企业难以确定一个具体数值作为最佳资本结构，而是将资本结构控制在一个相对合理的范围内，不使负债对权益的比率太高或太低。

资本结构的合理与否在很大程度上决定着企业的偿债能力和再筹资能力，从而决定企业未来的盈利能力，是企业财务状况的一项重要指标，直接影响着企业的价值。

2. 我国上市公司资本结构的现状

我国上市公司资本结构的一个突出特点就是偏好股权资本。从长期资金来源构成看，企业长期负债比率极低，有些企业甚至无长期负债。特别是在连续数次降息，在债务成本不断下降的背景下，长期债务比例不升反降，并一直维持在低水平上，这不能不说明我国上市公司具有明显的选择股权融资方式的偏好。根据融资顺序偏好理论和西方有效资本市场的融资顺序，一般应先内部融资，其次是无风险或低风险的举债融资，最后是新的股权融资。然而，我国上市公司的融资顺序则与之几乎相反。

从内源融资与外源融资的关系看，我国企业严重依赖外源融资。内源融资在上市公司融资中所占比例非常低，远远低于外源融资。在外源融资结构中，股权融资又占优势，优先于债务融资，具有强烈的股权融资偏好，融资的顺序一般表现为股权融资、短期负债融资、长期负债融资。通过分析我国上市公司的总体融资行为，不难发现我国上市公司明显对股权融资比重更加偏好。目前，我国的非上市公司融资偏好于争取首次公开发行，上市公司的再融资则偏好于配股和增发新股，如果不能如愿，则会改为具有延迟股权融资特征的可转换债券，设置宽松的转换条款，从而获得股权资本，不得已才通过债权融资。这些都说明我国上市公司生产经营规模的扩大并非主要依靠其自身的内部积累，我国上市公司创造盈利和自我扩张的能力还有待大幅度提高。

3. 我国上市公司资本结构现状的成因

（1）对负债经营缺乏正确认识

长期以来，我国企业自有资本不足，资金短缺，要依赖大量举债来维持生产经营，导致企业负债经营比例极高。因为过去的负债率所造成的压力而影响到现在的经营决策，使经营者认为债务利息侵占公司利润，或害怕经营不善而导致财务危机，一旦被改组上市，成为股份制企业，首选的筹集资金方式就是大量发行股票，增加所有者权益资本，而不愿或很少通过举债的方式筹集资金。

（2）股权融资成本较低

股权融资成本较低是企业倾向于股权融资的经济动力。债务融资的付息"硬约束"和股权融资分红的"软约束"，使我国债务融资的成本大大高于股票融资。

（3）股票市场投资者的过度投机行为

股票市场投资者的过度投机行为也加剧了股票市场的非理性发展。长期以来，股票发行的"卖方市场"和"赚钱效应"，使股票发行到目前为止还很少遇到发行失败的先例。因而在上市时追求高额的股票发行，上市后推出高比例的配股，发生亏损后采取股权重组来吸收新资本的注入，这种"一年发股、二年配股、三年重组"已成为众多公司股权融资的真实写照，也正是市场治理机制失衡的反映。

（4）我国债券市场发展缓慢

我国债券市场发展极其缓慢，尤其是公司债券的发展。我国资本市场上长期存在"强股市、弱债市；强国债、弱企业债"的结构失衡特征。一方面，股票市场与债券市场发展具有不平衡性。我国企业债券发行规模明显小于其股票发行规模。另一方面，企业债券在整个债券市场中所占的规模一直很小。

四、上市公司资本结构影响因素

1. 宏观影响因素

（1）行业特征

行业因素是影响资本结构的重要因素。国外对资本结构的研究分析发现，同行业企业具有相似的资本结构，不同行业的资本结构则有差别。国内也有学者对这方面进行了研究，他们将沪深 A 股上市公司进行行业分类，以长期负债率为指标，比较全面地证实了不同行业上市公司的资本结构具有显著差异。

（2）政府税收

由于债务的利息属于免税费用，可以计入企业的财务费用，从纳税所得中扣除，减少计算所得税的税基，因此在考虑政府税收的前提下，负债经营的企业总可以在税收上得到优惠，即抵税收益，从而增加企业价值。

（3）金融市场的运行状况

金融市场作为市场体系的重要组成部分，是资本合理流动及社会资源合理配置的市场基础。金融市场的运行状况与现代公司财务密切相关，对公司的筹资方式有很大的影响，是公司资本结构决策的重要外部因素。

（4）贷款人和信用评级机构的态度

公司的外界评估及信用等级对资本结构的影响不可忽视。在我国，各地区也都有一些信用评估机构对企业进行信用评级。每位企业财务经理虽然对公司如何运用财务杠杆进行资本结构决策有自己的分析判断，但贷款人和信用评估机构的态度实际上往往成为决定公司资本结构的关键因素。

（5）通货膨胀率

通货膨胀率或者说价格波动使公司的销售量、产品价格和成本结构的波动性加大，导致公司收入的波动性加大，从而增加了企业的经营风险。另外，价格波动使得公司预期从投资项目中获得的现金流量变得不确定，迫使公司在对投资项目进行评估时使用更高的折现率，这往往会导致只有很少的项目被采用，损害企业的成长性，这对资本结构也会产生间接的影响。

2. 微观影响因素

（1）公司规模

非对称信息资本结构理论认为，相对小企业，人们对大企业的了解更多、信息不对称的程度更低。企业的规模越大，说明公司经营的业务范围越广，业务的广泛性可以降低公司的经营风险，从而公司破产的可能性越小，破产成本也就越低，因此企业的规模代表着一个企业规避风险的能力和信誉程度。公司的破产成本与公司的资本结构密切相关，破产成本低的公司倾向于负债融资。因此公司的规模一般与公司负债融资的比例正相关。

（2）盈利能力

企业融资的一般顺序是内部融资、发行债券、发行股票。因此，当企业获利能力较强时，企业就有可能保留较多的盈余，因而就可更少地发行债券。相反，若其获利能力不足，就不可能保留足够的盈余，只能依赖于其他方式融资。许多研究结果都显示，公司盈利能力与总资产负债率、流动负债率之间存在负相关关系，这一方面表明内源融资是企业的首选目标，另一方面也表明亏损企业由于得不到股权融资的机会，所以只能用大量短期借债来解决资金需求问题。

（3）成长性

虽然资本结构的代理理论认为，企业的成长能力应该与企业的资本结构呈正相关关系，成长能力强的企业对资金的需求量较大，同时负债的增加会增加企业的利息支出，减少企业的自由现金流，从而也约束管理人员的行为。但是有些学者认为企业的成长能力对企业的负债情况并无显著的影响。究其原因在于，我国上市公司的成长性较差，很多上市公司的第一大股东是国有股，这些国有股股东的代理人很多又同时兼任这家上市公司的经理人，因此国有股股东不会用提高负债水平来加强对企业管理人员的约束。

（4）股东结构

国有股比例与流通股比例对公司资本结构和不同的负债水平几乎没有影响，虽然我国上市公司的股东结构存在二元割裂，大部分上市公司都具有控制地位的国有股股东或国有法人股股东，但这些大股东对上市公司的负债期限和水平选择并没有影响，负债决策是管理者的决策。并且，银行是否给予上市公司信贷支持也不受上市公司是不是国有控股的影响。这与传统上我们认为国有企业更容易从银行获得贷款的观点是不一致的，至少对上市公司而言，银行并没有因为上市公司的国有控股背景而给予特别照顾。

（5）公司治理因素

国内外学者多从狭义上的公司治理，即公司内部治理结构来研究。内部治理是所有者对经营管理者的一种监督，主要特点是通过股东大会、董事会、监事会和管理层所构成的公司治理结构。虽然我国进行了股权分置改革，国有股和法人股由不流通股变成了限售股，但上市公司股权结构不合理，国有股一股独大、所有者缺位、内部人员控制现象依然严重。股东大会、董事会、监事会和管理层之间的监督制衡作用发挥尚不理想。以独立董事为例，虽然我国目前上市公司中独立董事制度已得到较好落实，但独立董事应有的独立性仍是问题。大部分独立董事来自大股东推荐，独立董事与公司管理层存在较强的利益关联。上市公司独立董事基本已按制度要求在董事会中占到规定比例，但独立董事能否真正负起应有的监督制衡作用，是一个从理论研究到制度实践都任重而道远的问题。

3. 上市公司资本结构的优化

我国正处于经济转型时期，企业的资本结构所依赖的微观和宏观经济基础与国外企业存在着一定的差异，为优化我国上市公司的资本结构，可采取以下措施：

（1）根据所处行业，合理确定资本结构

实际工作中，不同行业及同一行业的不同公司，在运用债务筹资的策略和方法上大不相同，从而也会使资本结构产生差别。在资本结构决策中，应掌握公司所处行业资本结构的一般水准，作为确定本公司资本结构的参照。如果一个行业被为数不多的公司所垄断，那么投资该行业或在该行业赖以生存发展必须以雄厚的资本投入为前提，对投资实力有较高的要求，纵观国际市场，汽车工业就是一个明显的例子。与之相对应的是投资少、公司多、收益快的行业，如零售业、服务业。就具体行业来说，产品需求的变化既意味着行业风险，同时也孕育着行业机遇。一般情况下，钢铁、金融、地产等行业，破产风险小，即使公司破产，投资本金的损失也不会太大，故可以保持较高的"负债/权益"比率；而电子化工等高科技行业，投资风险较大，保持太高的负债率或太多的流动负债是不明智的，"负债/权益"比率应比较低。在竞争激烈行业中的公司，有太多的不稳定因素，其"负债/权益"

比率应低一点，以谋取稳定的财务状况，否则，应该高一些。这就需要根据具体情况进行合理地调整。

（2）重视政府税收因素影响

企业的价值是由股东权益的价值和其他债权人的价值共同决定的，在不考虑政府税收的前提下，企业资产带来的收益是由股东和债权人两个利益集团分配。尽管收益的分配可能导致股东权益的价值和企业债权人价值的此消彼长，但其价值总和不变，而实际上企业资产带来的收益是由股东、债权人和政府方面来分配的。在总收益一定的情况下，政府收入越多，股东和债权人的收益就越少，企业价值就越低；反之，政府收入越少，股东和债权人的收益就越多，企业价值就越高。通常情况下，公司发行股票、发行债券及银行借贷等筹资方式所面临的税收优惠是不一样的。这样，公司在资本结构选择过程中应尽可能选择能够享受税收优惠的筹资方式，以降低筹资成本，增加公司市场价值。因此政府对公司筹资方面的税收机制，在一定程度上影响了公司筹资行为，使其对公司筹资方式做出有利于自身利益的选择，通过利用利息抵税作用来影响企业的资本结构。因此企业所得税税率越高，负债资本抵税利益就越大，税收因素对增加负债资本的客观刺激作用也就越明显。如果所得税率越高，负债的好处越多，企业可以适度增加"负债／权益"比率提高企业价值；反之，如果税率很低，则采用举债的方式减税利益就不十分明显，"负债／权益"比率相应要低些。

（3）充分考虑金融市场发展水平的影响

我国金融市场极不完善，相对而言，银行信贷市场较为发达，但是，债券市场和股票市场与银行信贷市场并不对称。股票市场和债券市场的融资、风险转移和资源配置等多项功能并没有完全发挥作用。如果货币市场相对资本市场来说发达、完备、健全，公司可以适当降低公司筹资成本，这样公司资本结构中流动负债比例相对较高。反之，就需扩大长期资金的规模，以减少筹资风险。任何决策都是面向未来的，并且会有或多或少的风险。金融市场的不稳定将增大企业的财务风险，进而增大企业的总风险，影响企业的稳定性。在决定企业的资本结构时，需要权衡风险和报酬，才能获得较好的结果。

（4）重视贷款人和信用评级机构的态度

一般而言，在涉及较大规模的债务筹资时，公司财务管理人员都会与贷款人和信用评级机构商讨确定其财务结构，并充分尊重他们的意见，否则贷款人可能拒绝提供贷款或只能以较高利率提供贷款。因此，企业在确定资本结构时，不仅取决于企业管理人员和股东的态度，而且取决于企业的信用等级和债权人的态度。通常情况下，如果公司的信用等级比较高，债权人愿意借债给企业，这样企业"负债／权益"比率就能得到更合理配置。

（5）关注通货膨胀率

在一个价格极不稳定的环境下，公司现金流量变动率会增加，若增加资本结构中的负债比例，经营环境会更加恶化，因而公司在选择外部资源时往往就必须以较为不利的价格发行新股。同时，价格波动提高了公司经营风险，也增大了企业丧失抵税收益的可能性。

在一个不确定的环境下，当融资超过了一定界限，与债务使用相联系的抵税收益就会变得高度不确定，这时公司应降低"负债/权益"比率来控制风险。

（6）合理控制企业规模，提高企业盈利能力

多元化经营和规模的扩张可以降低公司的经营风险，但是大量的事实也证明了过度扩张给企业带来的往往是灾难性的后果。为保证企业的可持续增长，必须审时度势、量力而行，对企业规模进行合理的控制。企业的盈利能力一方面为企业提供最便捷的资金来源渠道，另一方面也是企业其他各种融资式的基础。合理的企业规模和充足的盈利能力是企业保持合理资本结构的前提条件，只有保证了这两个前提，企业才能有充分的空间进行选择，以最合适的方式、最低的成本进行融资，使资本结构更合理，更有利于企业发展。

（7）注重公司的成长性

企业的成长机会具有不可预测性，为了分散这种风险，企业可以采用发行可转债的方式满足公司的资金需求。随着公司的成长，投资者会选择适当的时机将债券转化为股票，而转化成的股权资本也是支持企业成长的更有效的融资方式，这样的转换过程有利于资本结构的优化。

（8）完善公司治理结构

强化公司治理结构是企业参与高层次市场竞争的基础，也是优化上市公司资本结构的有效手段。由于我国上市公司内部控制的现象比较严重，国有股股东为了保持自身对公司的控制或者将风险更多地转嫁给债权人，就会强迫公司管理者做出非理性的融资决策，结果是举债远远超过公司的资产担保价值，而且在公司盈利能力较差的情况下，仍然大规模举债，无法充分发挥债务的利息抵税作用，不能实现企业价值最大化。因此，要提高融资效率，必须完善公司治理结构和公司治理机制，增强董事会的独立性，给予公司管理者以充分的自主决策权，才能保证我国上市公司资本结构的优化。

（9）优化上市公司股权结构

发达国家公司上市时，股权结构通常比较简单。而我国由于公司产权不清晰、股权结构不合理等多种原因，企业容易形成集团控股或相互持股等复杂的上市公司股权结构，导致我国公司资本结构不合理现象严重。对我国上市公司而言，优化公司的股权结构首先要解决国有股在上市公司总股本中比重过高的问题。随着国有股比重的降低、股权结构逐渐趋向分散化，公司的治理结构也将得到规范，公司管理层与市场之间的信息不对称程度将会降低，管理层将能够通过更多渠道来对公司的资本结构做出调整，有利于资本结构的优化。

（10）发展和完善我国资本市场体系

我国部分行业资产负债率偏高，而部分行业资产负债率偏低，其原因与资本市场发展得不完善有很大关系。资本市场作为企业融通资金的主要场所，发展结构失衡，股票市场和国债市场发展迅速，规模急剧扩张。而企业债券的发行手续繁琐，并实行额度管理，使企业债券的发行规模远远小于股票发行规模，债券市场发展严重滞后。另一方面，由于对

企业的信用难以评估，发放长期贷款风险较大，银行等金融机构通常偏好于发放短期贷款，这也是造成我国企业流动负债比率偏高的一个原因。对企业来说，流动负债高则会造成短期内偿还债务的压力加大，经营风险加大。因此要努力完善资本市场，加快企业债券市场的发展，改变目前债券市场品种单一的情况，简化审批手续，逐步扩大企业债券的规模。同时，建立良好的资信评估体系，为金融机构发放长期贷款提供准确、客观的信息，促进资本市场的发展，使企业尽快摆脱资本结构中短期负债比重过大的困扰。

（11）加强相关的法律制度建设

加强对上市公司及其相关中介机构行为规范的法律制度建设，增强监管的有效性。我国上市公司普遍由原企业部分资产或业务重组而来，不可避免地会形成一股独大的股权结构。因此，需要设置与发达国家成熟股票市场不同的监管规则。例如，通过界定关联程度（严重关联、轻度关联与一般关联），分别采用不同规则来处理。随着独立董事制度的实施，由独立董事进行重大交易的程序监督；对于大股东可能做出的对自己有利的投资或融资行为，通过提高对某些特定投资项目表决权的有效比例来限制，而不是简单采取大股东回避制度，避免形成小股东决定大股东命运的另一种极端。

五、影响资本结构的其他因素

资本结构是一个产权结构问题，是社会资本在企业经济组织形式中资源配置的结果。资本结构的变化，将直接影响社会资本所有者的利益。

1. 企业经营状况的稳定性和成长率

企业产销业务量的稳定程度对资本结构有重要影响：如果产销业务量稳定，企业可较多地负担固定的财务费用；如果产销业务量和盈余有周期性，则要负担固定的财务费用，将承担较大的财务风险。经营发展能力表现为未来产销业务量的增长率，如果产销业务量能够以较高的水平增长，企业可以采用高负债的资本结构，以提升权益资本的报酬。

2. 企业的财务状况和信用等级

企业财务状况良好，信用等级高，债权人愿意向企业提供信用，企业容易获得债务资本。相反，如果企业财务情况欠佳、信用等级不高、债权人投资风险大，这样会降低企业获得信用的能力，加大债务资本筹资的资本成本。

3. 企业资产结构

资产结构是企业筹集资本后进行资源配置和使用后的资金占用结构，包括长短期资产构成和比例，以及长短期内部资产的构成和比例。资产结构对企业资本结构的影响主要包括：拥有大量固定资产的企业主要通过长期负债和发行股票筹集资金；拥有较多流动资产的企业更多地依赖流动负债筹集资金；资产适用于抵押贷款的企业负债较多；以技术研发为主的企业则负债较少。

4.企业投资人和管理当局的态度

从企业所有者的角度看，如果企业股权分散，企业可能更多地采用权益资本筹资以分散企业风险。如果企业为少数股东控制，股东通常重视企业控股权问题，为防止控股权稀释，企业一般尽量避免普通股筹资，而是采用优先股或债务资本筹资。从企业管理者的角度看，高负债资本结构的财务风险高，一旦经营失败或出现财务危机，管理者将面临市场接管的威胁或者被董事会解聘。因此，稳健的管理者倾向于选择低负债比例的资本结构。

5.行业特征和企业发展周期

不同行业资本结构差异很大。产品市场稳定的成熟产业经营风险低，因此可提高债务资本比重，发挥财务杠杆作用。高新技术企业的产品、技术、市场尚不成熟，经营风险高，因此可降低债务资本比重，控制财务杠杆风险。在同一企业不同发展阶段，资本结构安排不同。企业初创阶段，经营风险高，在资本结构安排上应控制负债比例；企业发展成熟阶段，产品产销业务量稳定和持续增长，经营风险低，可适度增加债务资本比重，发挥财务杠杆效应；企业收缩阶段，产品市场占有率下降，经营风险逐步加大，应逐步降低债务资本比重，保证经营现金流量能够偿付到期债务，保持企业持续经营能力，降低破产风险。

6.经济环境的税务政策和货币政策

资本结构决策必然要研究理财环境因素，特别是宏观经济状况。政府调控经济的手段包括财政税收政策和货币金融政策，当所得税税率较高时，债务资本的抵税作用大，企业可以充分利用这种作用来提高企业价值。货币金融政策影响资本供给，从而影响利率水平的变动，当国家执行紧缩的货币政策时，市场利率较高，企业债务资本成本增大。

第四节 项目投资

一、项目投资的含义与类型

项目投资，广义地说是指企业为了在未来取得收益而发生的投入财力的行为。它包括用于机器、设备、厂房的购建与更新改造等生产性资产的投资，简称项目投资；也包括购买债券、股票等有价证券的投资和其他类型的投资。

项目投资主要分为新建项目和更新改造项目两种。

1.新建项目

新建项目是以新建生产能力为目的的外延式扩大再生产。新建项目按其涉及内容又可细分为单纯固定资产投资项目和完整工业投资项目。

单纯固定资产投资项目简称固定资产投资，其特点如下：在投资中只包括为取得固定资产而发生的垫支资本投入，而不涉及周转资本的投入。

完整工业投资项目，其特点如下：不仅包括固定资产投资，而且涉及流动资金投资，甚至包括无形资产等其他长期资产投资。

2. 更新改造项目

更新改造项目是以恢复或改善生产能力为目的的内涵式扩大再生产。因此，不能将项目投资简单地等同于固定资产投资。项目投资对企业的生存和发展具有重要意义，是企业开展正常生产经营活动的必要前提，是推动企业生产和发展的重要基础，是提高产品质量、降低产品成本不可缺少的条件，是增加企业市场竞争能力的重要手段。

二、项目投资的特点

项目投资是指以特定建设项目为投资对象的一种长期投资行为。与其他形式的投资相比，项目投资具有投资内容独特（每个项目都至少涉及一项形成固定资产的投资）、投资数额大、影响时间长（一年或一个营业周期以上）、发生频率低、变现能力差和投资风险高的特点。

从宏观角度看，项目投资有以下两个方面的积极意义。

第一，项目投资是实现社会资本积累功能的主要途径，也是扩大社会再生产的重要手段，有助于促进社会经济的长期可持续发展。

第二，增加项目投资，能够为社会提供更多的就业机会，提高社会总供给量，不仅可以满足社会需求的不断增长，而且会拉动社会消费的增长。

从微观角度看，项目投资有以下三个方面的积极意义：

第一，增强投资者的经济实力。投资者通过项目投资，扩大其资本积累规模，提高其收益能力，增强其抵御风险的能力。

第二，提高投资者的创新能力。投资者通过自主研发和购买知识产权，结合投资项目的实施，实现科技成果的商品化和产业化，不仅可以不断地获得技术创新，而且能够为科技转化为生产力提供更好的业务操作平台。

第三，提升投资者的市场竞争能力。市场竞争不仅是人才的竞争、产品的竞争，而且从根本上说是投资项目的竞争。一个不具备核心竞争能力的投资项目是注定要失败的。无论是投资实践的成功经验还是失败的教训，都有助于促进投资者自觉按市场规律办事，不断提高其市场竞争力。

三、项目投资的程序

1. 投资项目的设计

投资规模较大、所需资金较多的战略性项目，应由董事会提议，由各部门专家组成专家小组提出方案并进行可行性研究。投资规模较小、投资金额不大的战术性项目，由主管部门提议，并由有关部门组织人员提出方案并做可行性研究。

2. 项目投资的决策

项目投资的决策包括以下几点：

（1）估算出投资方案的预期现金流量。

（2）预计未来现金流量的风险，并确定预期现金流量的概率分布和期望值。

（3）确定资本成本的一般水平，即贴现率。

（4）计算投资方案现金流入量和流出量的总现值。

（5）通过项目投资决策评价指标的计算，做出投资方案是否可行的决策。

3. 项目投资的执行

对已做出可行决策的投资项目，企业管理部门要编制资金预算，并筹措所需要的资金，在投资项目实施过程中，要进行控制和监督，使之能够按期按质完工，投入生产，为企业创造经济效益。

四、投资项目的可行性研究

1. 可行性研究的概念

可行性是指一项事物可以做到的、现实行得通的、有成功把握的可能性。就企业投资项目而言，其可行性就是指对环境的不利影响最小、技术上具有先进性和适应性、产品在市场上能够被容纳或被接受、财务上具有合理性和较强的盈利能力、对国民经济有贡献、能够创造社会效益。

广义的可行性研究是指在现代环境中，组织一个长期投资项目之前，必须进行的有关该项目投资必要性的全面考察与系统分析，以及有关该项目未来在技术、财务乃至国际经济等诸方面能否实现其投资目标的综合论证与科学评价。它是有关决策人（包括宏观投资管理当局与投资当事人）做出正确可靠的投资决策的前提与保证。

狭义的可行性研究专指在实施广义可行性研究过程中，与编制相关研究报告相联系的有关工作。

2. 广义的可行性研究的内容

广义的可行性研究包括机会研究、初步可行性研究和最终可行性研究三个阶段，具体又包括环境与市场分析、技术与生产分析和财务可行性评价等主要分析内容。

（1）环境与市场分析

1）建设项目的环境影响评价。在可行性研究中，必须开展建设项目的环境影响评价。所谓建设项目的环境，是指建设项目所在地的自然环境、社会环境和生态环境的统称。建设项目的环境影响报告书应当包括下列内容：建设项目概况；建设项目周围环境现状；建设项目对环境可能造成影响的分析、预测和评估；建设项目环境保护措施及其技术、经济论证；建设项目对环境影响的经济损益分析；对建设项目实施环境监测的建议；环境影响评价的结论。

建设项目的环境影响评价属于否决性指标，凡未开展或没有通过环境影响评价的建设项目，不论其经济可行性和财务可行性如何，一律不得采用。

2）市场分析。市场分析又称市场研究，是指在市场调查的基础上，通过预测未来市场的变化趋势，了解拟建项目产品的未来销路而开展的工作。

进行投资项目可行性研究，必须从市场分析入手。因为一个投资项目的设想，大多是来自市场分析的结果或源于某一种自然资源的发现和开发，以及某一项新技术、新设计的应用。即使是后两种情况，也必须把市场分析放在可行性研究的首要位置。如果市场对于项目的产品完全没有需求，项目仍不能成立。

市场分析要提供未来运营期不同阶段的产品年需求量和预测价格等预测数据，同时要综合考虑潜在或现实竞争产品的市场占有率和变动趋势，以及人们的购买力及消费心理的变化情况。这项工作通常由市场营销人员或委托的市场分析专家完成。

（2）技术与生产分析

1）技术分析。技术是指在生产过程中有系统的科学知识、成熟的实践经验和操作技艺综合而成的专门的学问和手段。它经常与工艺通称为工艺技术，但工艺是指为生产某种产品所采用的工作流程和制造方法，不能将两者混为一谈。

广义的技术分析是指在构成项目组成部分及发展阶段一切与技术问题有关的分析论证与评价。它贯穿于可行性研究的项目确立、厂址选择、工程设计、设备选型和生产工艺确定等各项工作，成为与财务可行性评价相区别的技术可行性评价的主要内容。狭义的技术分析是指对项目本身所采用的工艺技术、技术装备的构成，以及产品内在的技术含量等方面的内容进行的分析研究与评价。

技术可行性研究是一项十分复杂的工作，通常由专业工程师完成。

2）生产分析。生产分析是指在项目确保能够通过对环境影响评价的前提下，所进行的厂址选择分析、资源条件分析、建设实施条件分析、投产后生产条件分析等一系列分析工作。厂址选择分析包括选点和定址两个方面的内容。前者主要是指建设地区的选择，主要考虑生产力布局对项目的约束；后者主要是指项目具体地理位置的确定。在厂址选择时，应通盘考虑自然因素（包括自然资源和自然条件）、经济技术因素、社会政治因素和运输及地理位置因素。

生产分析涉及的因素多、问题复杂，需要组织各方面专家分工协作才能完成。

（3）财务可行性分析

财务可行性分析，是指在已完成相关环境与市场分析技术与生产分析的前提下，围绕已具备技术可行性的建设项目而开展的，有关该项目在财务方面是否具有投资可行性的一种专门分析评价。

第五节　财务可行性要素的估算

一、项目投资的内容

从项目投资的角度看,原始投资(又称初始投资)等于企业为使该项目完全达到设计生产能力、开展正常经营而投入的全部现实资金,包括建设投资和流动资金投资两项内容。建设投资,是指在建设期内按一定生产经营规模和建设内容进行的投资,具体包括固定资产投资、无形资产投资和其他资产投资三项内容。

固定资产投资是指项目用于购置或安装固定资产应当发生的投资。

无形资产投资是指项目用于取得无形资产应当发生的投资。

其他资产投资是指建设投资中除固定资产投资和无形资产投资以外的投资,包括生产准备和开办费投资。

流动资金投资是指项目投产前后分次或一次投放于流动资产项目的投资增加额。

二、现金流量

现金流量又称现金流动,在项目投资决策中,指投资项目在其计算期内因资本循环而可能或应该发生的各项现金流入与现金流出的统称。它以收付实现制为基础,以反映广义现金(货币资本)运动为内容,是计算投资决策评价指标的主要依据和关键信息之一。

1. 现金流量的优点

以现金流量作为长期投资的重要信息有如下几个方面的优点:

(1)现金的收支运动可以动态地反映投资的流向与回收的投入产出关系,使决策者处于投资主体的立场上,便于更完整、更全面地评价投资的效益。

(2)采用现金流量可以回避在贯彻权责发生制时,必然要遇到的因存货估价及费用摊配的会计方法不一致而导致的不同方案利润指标相关性差、透明度不高的缺陷,使不同投资项目具有可比性。另外,还因提出了非现金收付内部周转的资本运动形式而简化了计算过程。

(3)利用现金流量使应用货币时间价值的形式进行动态投资效果的综合评价成为可能。

2. 现金流量的内容

不同类型的投资项目,其现金流量的具体内容存在差异。

(1)单纯固定资产投资项目的现金流量

单纯固定资产投资项目是指只涉及固定资产投资而不涉及无形资产投资、其他资产投资和流动资金投资的建设项目。它以新增生产能力、提高生产效率为特征。其现金流量具体表现在以下几个方面：

1）现金流入量。单纯固定资产投资项目的现金流入量包括增加的营业收入和回收固定资产余值等内容。

2）现金流出量。单纯固定资产投资项目的现金流出量包括固定资产投资、新增经营成本和增加的各项税款等内容。

（2）完整工业投资项目的现金流量

完整工业投资项目简称新建项目，是以新增工业生产能力为主的投资项目，其投资内容不仅包括固定资产投资，而且还包括流动资金投资。其现金流量具体表现在以下几个方面：

1）现金流入量。完整工业投资项目的现金流入量包括营业收入、补贴收入、回收固定资产余值和回收流动资金。

2）现金流出量。完整工业投资项目的现金流出量包括建设投资、流动资金投资、经营成本、营业税金及附加维持运营投资和调整所得税。

（3）固定资产更新改造投资项目的现金流量

固定资产更新改造投资项目可分为以恢复固定资产生产效率为目的的更新项目和以改善企业经营条件为目的的改造项目两种类型。其现金流量具体表现在以下几个方面：

1）现金流入量。固定资产更新改造投资项目的现金流入量包括因使用新固定资产而增加的营业收入、处置旧固定资产的变现净收入，以及新旧固定资产、回收固定资产余值的差额等内容。

2）现金流出量。固定资产更新改造投资项目的现金流出量包括购置新固定资产的投资、因使用新固定资产而增加的经营成本、因使用新固定资产而增加的流动资金投资和增加的各项税款等内容。其中，因提前报废旧固定资产所发生的清理净损失，进而发生的抵减当期所得税税额用负值表示。

3. 计算投资项目现金流量的假设

（1）全投资假设

全投资假设即假设在确定项目的现金流量时，只考虑全部投资的变动情况，不论是自有资金还是借入资金等具体形式的现金流量，都将其视为自有资金。

（2）建设期投入全部资金假设

建设期投入全部资金假设即项目的原始总投资不论是一次投入还是分次投入，均假设它们是在建设期内投入的。

（3）项目投资的经营期与折旧年限一致假设

项目投资的经营期与折旧年限一致假设，即指假设项目主要固定资产的折旧年限或使用年限与其经营期相同。

（4）时点指标假设

时点指标假设即现金流量的具体内容所涉及的价值指标，不论是时点指标还是时期指标，均假设按照年初或年末的时点处理。其中，建设投资在建设期内有关年度的年初发生；垫支的流动资金在建设期的最后一年年末即经营期的第一年年初发生；经营期内各年的营业收入、付现成本、折旧（摊销等）、利润、所得税等项目的确认均在年末发生；项目最终报废或清理（中途出售项目除外）、回收流动资金均发生在经营期最后一年年末。

（5）确定性假设

确定性假设即假设与项目现金流量估算有关的价格、产销量、成本水平、所得税率等因素均为已知常数。

4. 完整工业投资项目现金流量的估算

由于项目投资的投入、回收及收益的形成均以现金流量的形式表现，因此，在整个项目计算期的各个阶段，都有可能发生现金流量，必须逐年估算每一时点上的现金流入量和现金流出量。下面介绍以完整工业项目为代表的长期投资项目现金流量的估算方法。

（1）现金流入量的估算

1）营业收入是运营期最主要的现金流入量，应按项目在经营期内有关产品的各年预计单价和预测销售量（假定经营期内每期均可以自动实现产销平衡）进行估算。

2）补贴收入是与经营期收益有关的政府补贴，可根据按政策退还的增值税、按销量或工作量分期计算的定额补贴和财政补贴等予以估算。

3）在终结点上一次回收的流动资金等于各年垫支的流动资金投资额的合计数。回收流动资金和回收固定资产余值统称为回收额，假定新建项目的回收额都发生在终结点。

（2）现金流出量的估算

建设投资的估算。固定资产投资是所有类型的项目投资在建设期必然会发生的现金流出量，应按项目规模和投资计划确定的各项建筑工程费用、设备购置费用、安装工程费用和其他费用来估算。无形资产投资和其他资产投资应根据需要和可能，逐项按有关资产的评估方法和计价标准进行估算。

第八章 财务分析

在经济环境日益复杂、竞争日趋激烈的条件下，投资者、债权人、经营者要做出正确的决策离不开企业财务分析。财务分析是对企业过去及现在的经营状况、财务状况进行的分析活动，是企业生产经营管理活动的重要组成内容。本章主要对财务的能力和综合发展进行分析，以期为企业的财务管理做参考。

第一节 财务分析概述

一、财务分析的作用

财务分析在财务管理工作中有着重要的作用，主要表现在以下几个方面：

1. 为企业管理者提供财务分析信息

促进企业加强内部管理，通过财务分析可以评价企业财务状况的好坏，从而揭示企业财务活动中存在的矛盾，检查企业内部各职能部门、单位对各项指标的执行情况，考核工作业绩，总结经验教训，采取措施，挖掘潜力，制订正确的投资和经营策略，实现企业的理财目标。

2. 为企业外部投资和贷款人提供决策依据

企业外部投资者，需要通过对企业财务活动的分析来评价企业经营管理人员的业绩以考核他们作为资产的经营者是否称职，评价资本的盈利能力、各种投资的发展前景、投资的风险程度等，以此作为投资决策的依据。企业的债权人，也需要通过对企业的财务活动的分析来考核企业的财务状况、偿债能力、资产的流动性及资产负债率等。只有详细地掌握了企业经营成果及财务状况等各方面的信息并加以分析评价，才能做出正确的投资决策。

3. 有助于国家制定经济政策，促进社会资源的合理分配

通过财务分析，既可以评价一个企业为社会和国家所做贡献的大小、完成任务的好坏，又可以综合评价各行业的投资状况、收益状况、资金结构、资源流向及其发展趋势，从而有助于国家及时制定经济政策，调整经济结构，促使资金从低效益企业向高效益企业流动，实现社会资源的最佳配置。

二、财务分析的内容

财务分析的内容一般是以财务指标来加以表现的。尽管各有关主体对财务分析的要求各有侧重,但也有着共同的要求,即总结、评价、考核企业财务状况和经营成果。因此,财务分析的主要内容包括以下几个方面:

1. 企业资本结构分析

所谓资本结构是指某类资金占资金总额的比重。一般来讲,企业的各项资金应保持适当的比例关系,如资产与负债、长期资金与短期资金等,通过财务分析可以确定企业目前的资本结构及其发展趋势是否合理,以便企业正确地筹集资金,合理安排资金的使用,使资金的利用效果达到最佳状态。

2. 企业偿债能力分析

偿债能力是指企业偿还本身所欠债务的能力。偿债能力的大小,是任何与企业有关联的尤其是债权人所关心的主要问题之一,是判断企业财务状况是否良好的重要标志。企业偿债能力差,就会影响企业的信誉,造成资金紧张,丧失投资机会。因此通过财务分析可以促使企业适度负债,提高对债务资金的利用程度。

3. 企业资金营运能力分析

分析企业资产的分布情况和周转使用情况,可以明确企业运用资金是否充分有效。一般来讲,资金周转速度越快,资金使用效率越高,则企业营运能力越强;反之,则企业的营运能力就越差。

4. 企业获利能力分析

获利能力是企业赖以生存和发展的基本条件,是衡量企业经营好坏的重要标志。获利能力的强弱,本质上也体现了一个企业生命力的强弱,从一定意义上说,获利能力比偿债能力更为重要。这是因为两个方面:一方面,获利能力是衡量管理效能优劣的最主要的标志,获利能力的强弱直接影响到企业的信誉;另一方面,获利能力的强弱也决定了偿债能力的高低,除非有足够的抵押品,到头来企业的偿债能力还是寄托于经营前景。

5. 企业发展能力分析

任何企业的发展都会受内部和外部、客观和主观等因素变化的影响,从而导致企业发展过程中会出现高速、平缓甚至衰退的不同时期。企业所处的不同发展时期对财务策略有着不可忽视的影响。因此,企业只有根据财务分析及时调整财务策略,才能不断提高企业的发展能力,使企业在激烈的市场竞争中始终立于不败之地。

三、财务分析的方法

财务分析的方法较多,常用的主要有比较分析法、比率分析法、趋势比率分析法和因素分析法等几种。

（一）比较分析法

比较分析法是将报告期的某一项实际经济指标同某些选定的基准指标进行数量上的比较，确定其增减差异，用以评价企业财务状况及经营成果的方法。比较法是财务分析最基本的方法，通过经济指标的对比，揭示财务活动中的数量关系和存在的差距，从中发现存在的问题，为进一步分析原因、挖掘潜力指明了方向。在实际工作中，根据分析的目的和要求不同，比较法有以下三种形式。

1. 实际指标与计划指标比较

可以考虑企业实际完成计划的程度，通过分析实际与计划的差异，肯定成绩，发现不足，以利于进一步深入分析。

2. 本期实际指标同上期指标与历史最高水平比较

通过纵向指标的对比，可以考察企业经营状况，掌握财务活动发展变化的趋势，了解企业财务管理工作的改进情况，促进企业加强管理，不断提高经营管理水平。

3. 本单位指标与国内外同行业先进指标对比

通过比较，可以找出差距，弥补不足，明确目标，扬长避短，不断地学习先进的管理经验，迅速赶超先进水平。比较分析法具有简便、明了的优点，但在实际使用中，应注意比较指标的可比性，即比较指标之间要求口径相同。这里主要包括指标的内容、计算方法、评价标准、时间单位等方面要求一致性，也可以对指标进行适当的调整后再进行比较，以达到公正、合理的目的。

（二）比率分析法

比率分析法是通过经济指标之间的对比，求出比率来确定各经济指标间的关系及变动程度，以评价企业财务状况及成果好坏的一种方法。运用比率分析法，能够把在某些条件下的不可比指标变为可比指标来加以比较。例如在评价同行业盈利能力时，因为各企业的规模、地理位置、技术条件等因素各不相同，因此不能简单地以盈利总额进行对比，而应当用净资产收益率等相对指标进行对比说明，才能公正地评价企业经营管理水平及盈利能力的高低。

比率分析法分为以下三种形式。

1. 相关比率分析法

相关比率分析法是指同一时期两个相关的指标进行对比求出比率，用以反映有关经济活动、经济指标之间的相互关系的一种分析方法。如用流动资产与流动负债的比率来表明每1元流动负债有多少流动资产作为偿还的保证，用销售收入与流动资产平均占用额的比率来表明企业流动资产的周转速度，用利润额与资本金的比率来反映企业资金的盈利能力等。

2. 构成比率分析法

构成比率分析法又称结构比率分析法，所谓结构是指某一部分占总体的比重。计算公式为：

$$构成比率=\frac{某个组成部分数额}{总体数额}\times100\%$$

总体经济指标中各个组成部分安排得是否合理、结构比例是否协调，直接关系到企业经营活动是否正常运转。如总体资金中短期资金与长期资金应保持适当比例，短期资金过多会影响企业长远发展，短期资金过少又会使周转陷入困境。再如企业的利润总额中，产品销售利润与其他销售利润的比例应合理，如果其他销售利润的比例增大，则说明企业主营业务受阻、前景不乐观。

3. 效率比率

效率比率是某项经济活动中所费与所得的比率，反映投入与产出的关系。利用效率比率指标，可以进行得失比较，考察经营成果，评价经济效益。如将利润项目与营业收入、营业成本、资本等项目加以对比，可以计算出成本利润率、营业利润率及资本利润率等利润率指标，可以从不同角度观察比较企业获利能力的高低及其增减变化情况。

（三）趋势比率分析法

趋势比率分析法又称为动态比率分析法，是将不同时期的相同指标进行对比求出比率以考察其增减变动及发展趋势的一种方法。通常采用发展速度、增长速度等指标来加以分析。

运用财务比率能揭示企业财务活动各指标之间的内在联系，反映企业目前的实际情况。但要判明指标的优劣还需依据一定的标准。在分析中，常用的标准主要有预定标准、公认标准、历史标准、行业标准等，通过与标准指标进行比较才能找出差距、发现问题、查明原因，进而加以改进。

（四）因素分析法

因素分析法也称因素替代法，是用来确定几个相互联系的因素对分析对象某个经济指标的影响程度的一种分析方法。某个总体指标的变动往往是受很多个相互联系的因素共同变动所引起的，要弄清某个因素对总体指标的影响程度，必须假定其他因素不变，而只有在该因素发生变化的情况下才有可能。因此采用因素分析法首先要将总体指标分解成若干个小指标并列出关系式，然后依顺序用实际数去替代标准数，逐项确定各个因素对总体的影响程度。因素分析法的具体应用可以采用不同的形式。差额计算法是其中常用的一种，它利用各个因素实际数同标准数的差额来计算某因素发生差异对总体指标的影响，是因素分析法的简化形式。

第二节 财务能力分析

财务比率也称财务指标,是通过财务报表数据的相对关系来揭示企业经营管理的各个方面的问题,是最重要的财务分析方法。

一、偿债能力分析

企业的偿债能力是指在一定期间内清偿各种到期债务的能力。偿债能力分析是企业财务分析的一个重要方面,企业的管理者、债权人及股权持有者都很重视偿债能力的分析。偿债能力分析可分为短期偿债能力分析和长期偿债能力分析。

(一)短期偿债能力分析

短期偿债能力是指企业用其流动资产偿付流动负债的能力,它反映企业偿付即将到期债务的实力。流动负债对企业的财务风险影响较大,如果不能及时偿还,就可能使企业陷入财务困境,面临破产倒闭的风险。流动资产是偿还流动负债的保证,可以通过分析流动负债与流动资产之间的关系来判断企业的偿债能力。衡量企业短期偿债能力的指标有营运资金、流动比率、速动比率、现金比率等。

1. 营运资金

营运资金是指流动资产超过流动负债的部分,即流动资产与流动负债的差额。营运资金是计量企业短期偿债能力的绝对指标。其计算公式如下:

$$营运资金 = 流动资产 - 流动负债$$

计算营运资金使用的流动资产和流动负债可以直接取自资产负债表。资产负债表项目区分为流动项目和非流动项目,且按照流动性强弱排序,方便计算营运资金和分析流动性。一般情况下,企业应保持一定数额的营运资金,以防止流动负债超过流动资产,即保持营运资金大于0。该指标越高,代表企业短期偿债能力越强,财务状况越稳定。否则当流动资产小于流动负债,即营运资金为负时,企业部分非流动负债需以流动负债作为资金来源,就会存在不能偿债的风险。

衡量营运资金持有量的合理性,没有一个统一的标准,如零售业营运资金较大,餐饮业营运资金较小甚至为负数,制造业保持一定的营运资金水平。营运资金指标是一个绝对数,不便于不同企业之间的比较,在实务中很少直接使用营运资金作为偿债能力指标,多通过债务的存量比率来评价。

2. 流动比率

流动比率是流动资产与流动负债的比值。其计算公式如下:

$$流动比率 = 流动资产 \div 流动负债$$

流动比率是指在假设全部流动资产都可以用于偿还流动负债,全部流动负债都需要还清的前提下,表明每1元流动负债有多少流动资产作为偿债保障。通常认为生产企业合理的流动比率为2,因为流动资产中变现能力最差的存货金额约占流动资产总额的一半,其他流动性较大的流动资产至少等于流动负债,企业短期偿债能力才会有保证。

流动比率是相对数,排除了企业规模的影响,更适合同业比较及本企业不同历史时期的比较。

流动比率高并不意味着短期偿债能力一定很强,因为流动比率假设所有的流动资产都能变现清偿流动负债,而实际上流动资产的变现能力并不相同,变现金额与账面金额存在较大差异,流动比率只是对短期偿债能力的粗略估计,还需要进一步分析流动资产的构成项目。

计算出来的流动比率只有和同业平均流动比率、本企业过去流动比率进行比较,才能知道其高低,而且还需进一步分析流动资产和流动负债所包含的内容及经营因素才能判断这一指标过高或过低的原因。

营业周期、流动资产中的应收账款和存货的周转速度是影响流动比率的主要因素。营业周期短、应收账款和存货的周转速度快的企业,其流动比率低一些也是可以接受的。

流动比率比较容易被人为操纵,且没有揭示流动资产的构成,只能大致反映流动资产的整体变现能力。剔除了变现能力较弱的存货之后的比率所反映的短期偿债能力才更加可信,这个指标就是速动比率。

3. 速动比率

速动资产与流动负债的比值称为速动比率。其计算公式如下:

$$速动比率 = 速动资产 \div 流动负债$$

速动资产包括货币资金、交易性金融资产、各种应收款项,可以在短期内变现。非速动资产包括存货、预付账款、一年内到期的非流动资产、其他流动资产。

速动比率是指在假设全部速动资产都可以用于偿还流动负债的前提下,表明每1元流动负债有多少速动资产作为偿债保障。

速动比率经验值为1,因为通常认为存货占了流动资产的一半左右,因此剔除了存货影响的速动比率至少是1。与流动比率一样,不同行业的速动比率差别很大,如采用大量现金销售的商店,几乎没有应收款项,速动比率远低于1很正常;相反,一些应收款项较多的企业,速动比率可能会大于1。

影响速动比率可信性的重要因素是应收款项的变现能力。账面上的应收款项不一定能变现成现金,实际坏账可能比计提的准备要多;季节性的变化,可能使报表上的应收款项金额不能反映平均水平,计算出来的速动比率不能客观反映其短期偿债能力。

4. 现金比率

速动资产中,流动性最强、可直接用于偿债的资产称为现金资产。现金资产包括货币资金、交易性金融资产等。现金资产与流动负债的比值称为现金比率。其计算公式如下:

$$现金比率 =(货币资金 + 交易性金融资产)÷ 流动负债$$

现金比率是在假设现金可全部用于偿还流动负债的情况下，表明1元流动负债有多少现金资产作为偿债保障。由于流动负债是在一年内或一个营业周期内陆续清偿，所以并不需要企业时时保留相当于流动负债金额的现金资产。研究表明，可以接受0.2的现金比率。这一比率过高，就意味着企业过多的资源被占用在盈利能力较低的现金资产上，从而影响企业的盈利能力。

现金比率虽然能反映企业的直接支付能力，但在一般情况下，企业不可能也无必要保留过多的现金类资产。对于经营活动具有高度的投机性和风险性、存货和应收账款滞留的时间比较长的行业来说，对现金比率进行分析非常重要；对财务发生困难的企业，特别是在企业的应收账款和存货的变现能力存在问题的情况下，计算现金比率能更真实、更准确地反映企业的短期偿债能力。

5. 影响短期偿债能力的其他因素

分析企业的短期偿债能力，除了进行短期偿债能力指标的计算分析以外，还要对影响企业短期偿债能力的各种因素进行分析。

（1）增强短期偿债能力的因素包括可动用的银行贷款指标（贷款额度）；可以很快变现的长期资产；偿债能力的声誉及筹资环境。

（2）降低短期偿债能力的因素包括或有的负债（如未决诉讼、未决仲裁、债务担保、产品质量保证、环境污染整治、承诺、重组义务等）；担保责任引起的负债。

（二）长期偿债能力分析

长期偿债能力是指企业偿还长期债务的能力，是评价企业财务状况的重点内容。企业在长期内不仅要偿还流动负债，还要偿还非流动负债，因此，长期偿债能力衡量的是企业对所有负债的偿还能力，以便债权人和投资者全面了解企业的偿债能力及财务风险。反映企业长期偿债能力的指标有资产负债率、产权比率、权益乘数和利息保障倍数。

1. 资产负债率

资产负债率是负债总额与资产总额的比率，它表明在资产总额中，债权人提供资金所占的比重。用于衡量企业利用债权人资金进行财务活动的能力，以及在清算时企业资产对债权人权益的保障程度。其计算公式为：

$$资产负债率 =(总负债 ÷ 总资产)×100\%$$

资产负债率越低，企业偿债越有保证，贷款越安全。资产负债率代表企业的举债能力。当资产负债率高于50%时，表明企业资产来源主要依靠的是负债，财务风险较大；当资产负债率低于50%时，企业资产的主要来源是所有者，财务比较稳健。这一比率越低，说明资产对负债的保障能力越高，企业的长期偿债能力越强。

资产负债率的合理范围并没有严格的标准，不同行业、不同地区的企业，甚至同一企业的不同时期，对资产负债率的要求也是不一样的。

应站在不同的角度对资产负债率进行分析。不同的利益相关者对资产负债率的要求不同。例如，债权人希望较低的资产负债率；股东希望在风险可承受范围内保持适度的资产负债率，以充分发挥财务杠杆的作用，获得更大的收益；经营者需要权衡企业的资产结构与资本结构，权衡财务风险与收益。

2. 产权比率

产权比率又称资本负债率，是负债总额与所有者权益的比值，是企业财务结构稳健与否的重要标志。其计算公式为：

$$产权比率 = 负债总额 \div 所有者权益 \times 100\%$$

产权比率表明由债务人提供的资本与所有者提供的指标的相对关系，即企业的财务结构是否稳定；反映了债权人资本受股东权益保障的程度，或者是企业清算时对债权人利益的保障程度。这一比率越低，说明企业长期偿债能力越强，债权人权益保障程度越高。在分析时同样要求结合企业的具体情况进行分析，当企业的资产收益率大于负债成本率时，负债经营有利于提高资金收益率，获得额外的利润，此时的产权比率可以适当高一些。产权比率高，是高风险、高报酬的财务活动；产权比率低，是低风险、低报酬的财务结构。产权比率与资产负债率具有共同的经济意义，资产负债率中应注意的问题，在产权比率分析中也应引起注意。

产权比率与资产负债率的不同之处在于资产负债率侧重分析债务偿还时安全性的物质保障程度，产权比率侧重于揭示债务资本和权益资本的相互关系，说明所有者权益对偿债风险的承受能力。

3. 权益乘数

权益乘数是总资产与股东权益的比值，其计算公式为：

$$权益乘数 = 总资产 \div 股东权益$$

权益乘数表明每1元股东权益拥有的资产额。在企业存在负债的情况下，权益乘数大于1，企业负债比例越高，权益乘数越大。产权比率和权益乘数是资产负债率的另外两种形式，是常用的反映财务杠杆水平的指标。

对权益乘数的分析应该从不同的角度进行。权益乘数越小，企业的偿债能力就越强。

4. 利息保障倍数

利息保障倍数是指息税前利润对利息费用的倍数。其计算公式为：

$$利息保障倍数 = 息税前利润 \div 应付利息$$
$$= (净利润 + 利息费用 + 所得税费用) \div 应付利息$$

利息保障倍数表明每1元利息支付有多少倍的息税前利润做保障，它可以反映债务政策的风险大小和企业是否有足够的息税前利润去支付利息。

应付利息是指本期的全部应付利息，不仅包括计入财务费用的利息费用，还应包括计入固定资产成本的资本化利息；利息保障倍数反映的是企业支付利息的能力，体现企业举债经营的基本条件，不能反映债务本金的偿还能力。因此，在评价偿债能力时，还应结合债务本金、债务期限等因素综合评价。

利息保障倍数越高，企业长期偿债能力越强。从长期看，利息保障倍数至少要大于1（国际公认标准是3），即息税前利润至少要大于应付利息，企业才具备偿还债务利息的可能性。如果利息保障倍数过低，企业将面临亏损、偿债的安全性与稳定性下降的风险。在短期内，利息保障倍数小于1也仍然具有利息支付能力，计算息税前利润时，减去的一些折旧和摊销费用并不需要支付现金。但这种支付能力是暂时的，当企业需要重置资产时，势必发生支付困难。因此在分析时需要比较企业多个会计年度（如5年）的利息保障倍数，以说明企业付息能力的稳定性。

利息保障倍数减少，利息支付能力下降，但盈利能力还能支付将近3年的利息，有一定的偿还能力，但还需要与其他企业特别是本行业水平进行比较分析评价。

5. 影响长期偿债能力的其他因素

（1）长期租赁。当企业急需某种设备或厂房而又缺乏足够的资金时，可以通过租赁的方式解决。财产租赁的形式包括融资租赁和经营租赁。融资租赁形成的负债会反映在资产负债表中，而经营租赁的负债则未反映在资产负债表中。当企业的经营租赁额比较大、期限比较长或具有经常性时，就形成了一种长期性融资，因此，经营租赁也是一种表外融资。这种长期融资，到期必须支付租金，会对企业偿债能力产生影响。因此，如果企业经常发生经营租赁业务，应考虑租赁费用对偿债能力的影响。

（2）债务担保。担保项目的时间长短不一，有的影响企业的长期偿债能力，有的影响企业的短期偿债能力。

（3）可动用的银行贷款指标或授信额度。当企业有可以动用的银行贷款指标或授信额度时，这些数据不在财务报表内反映，但由于可以随时增加企业的支付能力，因此可以提高企业的偿债能力。

如果企业存在债务担保或未决诉讼等或有事项，则会增加企业的潜在偿债压力。同样各种承诺支付事项，也会加大企业的短期偿债能力。

二、营运能力分析

营运能力指企业资金周转状况，资金周转状况好，说明企业的经营管理水平高、资金利用效率高。因此营运能力指标可通过投入与产出之间的关系反映出来。营运能力分析主要包括流动资产营运能力分析、固定资产营运能力分析、总资产营运能力分析。

流动资产营运能力分析主要包括应收账款营运能力分析、存货营运能力分析、流动资产营运能力分析。这里只对流动资产营运能力分析中的应收账款营运能力分析和存货营运能力分析进行说明。

1. 应收账款营运能力分析

应收账款在流动资产中的地位举足轻重，及时收回应收账款，既能增强企业的短期偿债能力，也能反映出企业管理应收账款的效率。反映应收账款周转情况的比率有应收账款周转率（次数）和应收账款周转天数。

应收账款周转率（次数）是企业一定时期内赊销销售收入净额与应收账款平均余额的比率，表明一定时期内应收账款平均回收的次数。

应收账款周转天数表明从销售开始到收回现金平均需要的天数。应收账款周转天数越短，说明企业应收账款的周转速度越快。

理论上讲，分子应当用赊销净额，但是赊销数据难以取得，且可以假设现金销售是收账时间为零的应收账款，因此只要保持计算口径的历史一致性，使用赊销净额不影响分析。

分母应当为计提坏账准备前的应收账款余额，应收账款在财务报表上按净额列示，计提坏账准备越多，应收账款的周转率越高，周转天数越少，对应收账款管理欠佳的企业反而会得出应收账款周转情况更好的错误结论。

应收账款年末余额的可靠性问题，如应收账款是特定时点的存量，容易受季节性、偶然性、人为因素的影响等。在用应收账款周转率指标评价业绩时，最好使用多个时点的平均数，以减少这些因素的影响。

2. 存货营运能力分析

存货在流动资产中所占比重较大，存货的存货周转率（次数）是企业一定时期内销售成本（销售收入）与平均存货余额的比率。它可以反映企业存货变现能力和销货能力，是衡量企业购入存货、投入生产、销售收回等各环节管理效率的综合性指标。

存货周转速度越快，存货的占用水平越低，流动性越强，存货转换为现金或应收账款的速度就越快，企业的短期偿债能力即盈利能力就会增强。通过存货周转速度的分析，有利于找出存货管理中存在的问题，尽可能降低资金占用水平。

计算存货周转率时，若分析资产获利能力及各项资产的周转情况，则用"销售收入"计算存货周转率；若分析资产的流动性或存货管理的业绩，则用"销售成本"计算存货周转率。

存货周转天数不是越少越好，若存货周转率过低，可能存在存货管理水平太低、经常缺货或采购次数过于频繁、批量过小等问题；应关注构成存货的原材料、在产品、半成品、产成品和低值易耗品之间的比例关系；应结合应收账款周转情况和信用政策进行分析。

三、发展能力分析

企业发展能力是指企业未来一定时期内生产经营的增长趋势和增长水平。企业发展能力分析是从动态的角度评价和判断企业的成长能力，在根据过去的资料去评价企业发展成果的基础上推测企业未来的发展潜力。衡量企业发展能力的指标主要有销售收入增长率、总资产增长率、营业利润增长率等。

（一）销售收入增长率

销售收入增长率反映的是相对变化的销售收入增长情况，是衡量企业经营状况和市场占有能力、预测企业经营业务拓展趋势的重要指标。在实际分析时，需要考虑企业历年的销售水平、市场占有情况、行业未来发展及其他影响企业发展的潜在因素，或结合企业前三年的销售收入增长率进行趋势性分析判断。

销售收入增长率为正值，说明企业本期销售规模增加。该指标越大，表明企业销售增长得越快，市场开拓和客户发展情况越好，反之则越不好。该指标应结合销售增长的具体原因，分析销售增长的来源，是销售数量的增加，是单位产品售价的提高，还是产品销售结构的改变；该指标应与同行业水平横向比较，与本企业历史水平纵向比较，分析差异，改善营销管理的措施。

分析销售收入增长是否具有良好的成长性，是否具有效益性，只有当收入增长率大于资产增长率时，才具有效益性，否则说明销售方面的可持续增长能力不强；销售增长率受增长基数的影响，如果增长基数即上期营业收入较小，本期营业收入即使有较小增长，也会引起销售增长率的大幅提高，不利于企业之间的比较。因此还需要分析销售收入增长额、三年销售平均增长率。

（二）总资产增长率

总资产增长率是从企业总量扩张方面衡量企业的发展能力，表明企业规模发展水平对企业发展后劲的影响。

总资产增长率越高，说明企业年内资产规模扩张的速度越快、获得规模效益的能力越强，但要避免盲目扩张。

根据各项资产在总资产中的比重，制订合理的资产增长目标，使资产规模和资产增长速度相同，但由于资本结构不同，资金来源的资本成本不同，即使短期内表现较好的高增长指标，从长期来看也不利于企业的发展；总资产增长率高，并不意味着资产规模增长就适当，必须结合销售增长和收益增长进行分析；注意企业发展战略、会计处理方法、历史成本原则等对总资产增长率的影响。一些重要的资产无法体现在资产总额中，如人力资源、非专利技术、企业文化等，所以该指标无法反映企业真正的资产增长情况。

四、企业财务能力的特征分析

1. 资源性的特征

企业财务能力作为企业在发展过程中逐渐形成的财务综合能力，其直接地体现为企业在发展过程中所积累下来的财务资源，并呈现出了资源性的特征。特别是随着现代企业管理理念的发展和现代企业管理手段广泛运用，企业财务能力的资源性也越来越被人们所认同，并越来越被企业管理人员和企业财务人员所重视和关注。

2. 系统性的特征

企业财务能力之所以具有系统性的特征，是因为企业财务能力是企业能力系统中的一个子系统，一方面，企业能力能够决定企业的财务能力，但是反过来，企业的财务能力又反作用于企业能力。也就是说，企业财务能力作为企业能力系统中的一个子系统，系统性的特征始终是其本质特征之一。

3. 动态性的特征

企业财务能力的状况并不是一成不变的，其会随着企业外部环境的变化和企业内部条件的变化而不断变化。例如，企业的财务能力会随着社会经济的发展而发生变化，也会因为地区的不同、国家的不同、行业的不同以及发展阶段的不同呈现出千差万别的表现形式。也就是说，企业的财务能力始终是与企业在一定时期的管理模式、财务资源等变化高度相关的，这些变化会对企业的财务能力产生重要的影响。因此，对于企业来说，相同的时间、不同的发展阶段、不同的内外环境以及不同的条件下均有着不同的财务能力，而这一点也很好地反映了企业财务能力动态性的特征。

要提升企业财务能力，可以从如下几个方面入手：

一是应有计划地实施战略财务管理，培养企业可持续发展的财务能力。简单来说，战略财务管理，实际上指的就是企业的财务决策者根据企业的实际情况，再深入分析企业的外部环境和内部条件的基础上，所制订的财务整体战略，其是用来指导企业未来的财务管理工作的。战略财务管理，是企业可持续发展的基石，是立足于企业长远发展的需要所做出的判断，对于企业财务能力的最大化有着积极的促进作用。因此，在提升企业的财务能力时，一定要注意有计划地实施战略财务管理。

二是要重视财务创新，通过财务创新来促进企业财务能力的提升。财务创新，指的既是管理创新，也是制度创新，财务创新能够通过新的财务元素为企业财务工作注入新的活动，并推动企业的不断发展与进步。因此，企业在开展财务工作的过程中，一定要注意通过财务创新的方式来促进企业财务能力的提升。

三是要注意构建一个财务学习型组织。通过财务学习型组织的构建，让企业拥有更好的财务学习能力，并通过持续的学习活动，使企业的财务能力不断提升，保持持久的财务竞争优势。

第三节 财务综合分析

一、杜邦分析体系

杜邦分析体系是利用各个主要财务比率指标之间的内在联系来综合分析企业财务状况

的方法。这种方法是由美国杜邦公司最先采用的，利用这种方法可以将各种财务指标间的关系制成杜邦分析图，可以很容易地看出每项财务指标变动的原因及方向，及时发现问题所在，并加以解决。杜邦分析图为了统一标准，所有数值均按期末值计算。杜邦分析体系是对企业财务状况的综合分析。它通过几种主要财务指标之间的关系，全面系统地反映出企业的财务状况。通过杜邦分析图，可以了解以下一些主要的财务信息。

第一，净资产收益是一个综合性最强的财务比率，它反映的是企业所有者权益的获利能力，表明企业筹资、投资、资产最强的财务比率。净资产收益率受到总资产利润率和权益总资产率的影响，净资产收益率越高，企业财富越大。因此，该指标是财务分析的核心。

第二，销售净利率反映企业利润净额与销售收入的关系，企业盈利能力的高低主要取决于销售利润率的高低，而销售利润率的高低又取决于销售收入、资金周转及成本水平，只有不断地扩大收入、加速资金周转、降低产品成本，才能增强企业的获利能力，从杜邦分析图中所列各因素之间的关系能够了解企业收入及利润的变动情况及变动原因。

第三，企业总资产由流动资产和非流动资产构成。通过总资产构成和周转情况的分析，可以了解企业资产的营运能力。通过明细项目可以查明影响企业营运能力强弱的原因。

第四，企业总资金由所有者权益和负债两部分构成，通过对总资金结构的分析能了解企业的资金结构是否合理及财务风险的大小。在总资金一定的情况下，适当提高负债比例，可以提高净资产收益率，可以及时发现企业资产管理中存在的问题与不足，采取措施加以改进。

因此，通过杜邦分析图，可以判断企业筹资结构是否合理、是否有效地利用了财务杠杆，避免了财务风险，使企业财富达到最大化。

二、财务比率综合评分法

财务比率综合评分法是先分别计算企业主要财务指标的分数，然后求出汇总分数，将其与标准分数进行对比来评价企业财务状况的一种综合分析法。汇总分数如高于标准值，说明企业财务状况比较理想；相反，则为不理想。综合评分的计算程序如下：

1. 选择具有代表性的财务指标

由于财务指标繁多，故在计算时应选择那些能够说明问题的重要指标，选择那些能从不同侧面反映企业财务状况的典型指标，如流动比率、投资报酬率、存货周转率等。

2. 按照各项财务指标的重要程度确定各自分数值

企业应根据不同时期的管理要求及经营状况，按照企业有关各方的意向来确定选定指标的重要程度。重要的财务指标分数应高些；反之，则应低些。所有指标的分数之和应等于100。

3. 确定各项财务指标的标准值

标准值一般是指公认标准或行业理想标准。

4. 求出关系比率

关系比率是指实际值与标准值的比率，其计算公式如下：

$$关系比率 = \frac{指标的实际值}{指标的标准值}$$

5. 做出综合评价

一般而言，综合得分值如果为 100 或接近 100，说明企业财务状况基本符合标准要求，如果与 100 有较大的差距，则表明企业财务状况偏离标准要求。

三、财务风险分析

1. 风险的含义

有风险才有机会，风险是机会存在的基础。风险与风险敞口这两个名词在含义上有着细微的差别，尽管这两个名词经常可以互换使用。风险指的是损失的概率，而风险敞口指的是损失的可能性。风险的产生是风险敞口的结果。

金融市场风险敞口会直接或间接地影响许多企业。当某个企业具有金融市场风险敞口时，它有可能遭受损失，同时也有可能获得收益或利润。金融市场风险敞口可能会给企业带来战略性或竞争性的优势。

风险是市场价格变化这类事件引起的损失的概率。那些发生概率较小但能导致巨大损失的事件尤其令人头疼，因为这类事件通常无法预料。风险也可被描述为回报可能的波动性。

风险并不总能也没有必要被完全消除，因此理解风险这一概念对于决定如何进行风险管理至关重要。识别风险敞口与风险，是制订恰当财务风险管理战略的基础。

2. 财务风险的产生

财务风险产生于各种具有财务实质的交易之中，这些交易包括销售和购买、投资和借贷及其他各种各样的商业活动。法律行为、新项目、企业收购和兼并、举债筹资以及能源成本的变化，都有可能导致财务风险的产生。同样，管理层、利益相关者、竞争者和外国政府的活动甚至气候变化，也有可能导致财务风险的产生。

价格的剧烈变动会使企业的成本增加、收入减少，即会对企业的盈利能力产生负面影响。这种财务上的波动可能还会使计划和预算、产品和服务定价及资本配置变得更加困难。

财务风险有三个主要来源：

（1）企业在利率、汇率和商品价格等市场价格变化方面的风险敞口导致的财务风险。

（2）供应商、客户及衍生工具交易对方等其他企业的行为及与其进行的相关交易导致的财务风险。

（3）企业内部行为或失误，特别是人员、流程、系统方面的失误导致的财务风险。

3. 财务风险管理的含义

财务风险管理是应对金融市场导致的不确定性的过程。它包括评估企业面临的财务风险和制订财务风险管理战略两个部分。其中，管理战略的制订应与企业内部的工作重点和政策一致。提前应对财务风险能提高企业的竞争力，同时也能确保管理层、操作人员、利益相关者及董事会在有关风险的重大问题上达成一致。

要进行财务风险管理，企业必须确定哪些是可接受或不能接受的风险。

不采取任何措施的被动战略意味着默认接受了所有风险。

企业可利用多种战略和工具进行财务风险管理。企业需要理解如何根据自身的风险容忍度和风险目标，运用这些工具和战略来降低风险。

风险管理战略通常都涉及衍生工具。衍生工具是金融机构之间及场内交易中广泛应用的交易工具。期货、远期、期权及互换等衍生工具合约的价值，都是从其标的资产的价值中派生出来的。利率、汇率、商品、股票、固定收益证券、信用等，都可以作为标的资产。

市场参与者为管理财务风险所用的工具和战略，与投机者为提高杠杆作用和风险所用的工具和战略是一样的。尽管有人认为衍生工具的广泛应用加剧了财务风险，但衍生工具的存在确实能够让那些想降低风险的人将风险转移给那些寻求风险及其机会的人。

人们非常希望能够预测财务损失发生的可能性。然而，标准概率理论用于金融市场分析时却经常失效。风险通常并不是孤立存在的，若想理解财务风险是如何产生的，我们就不得不考虑数种风险敞口之间的相互作用。

有时候这些相互作用很难预测，因为它们最终取决于个体行为。

财务风险管理是一个持续进行的过程。财务风险战略的实施需要根据市场和条件的变化而不断进行调整，以反映出市场利率预期的变化、商业环境的变化或国际政治条件的变化等。一般而言，这一过程可以总结如下：

（1）识别主要的财务风险并排出优先顺序。

（2）确定合适的风险容忍度水平。

（3）实施与风险管理政策相一致的风险管理战略。

（4）对风险进行度量、报告、监控，并根据需要进行调整。

1）多元化

多年来，对某项资产的风险的评估只考虑了其回报的波动性。与之相反，现代资产组合理论不仅考虑该项资产的风险，而且还考虑将其添加到资产组合中后，它对该组合的总体风险的影响。通过分散风险，企业有可能降低风险。

从资产组合管理的角度来讲，向资产组合添加单项资产，能在一定程度上提高多元化程度。多元化的资产组合包含多种回报率不同的资产。换言之，这些资产彼此之间是弱相关或负相关的。企业可以将风险敞口资产组合，并且考察该组合的变化或资产的增加对总体潜在风险的影响。

多元化是财务风险管理的重要工具。将交易对方多元化可以降低违约等意外事件对企业造成负面影响的风险；将投资资产多元化可以降低由于某发行人破产而遭受的损失；将客户、供应商及融资渠道多元化，可以降低管理层所不能控制的外部因素变化对业务造成负面影响的可能性。尽管实行多元化后企业遭受损失的风险仍然存在，但多元化却能降低出现巨大不利结果的可能性。

2）风险管理过程

风险管理过程由一系列战略组成，这些战略使企业能够管理与金融市场相关的风险。风险管理是一个动态的过程，应该与企业及其业务共同发展。它涉及并影响企业的多个方面，包括资金管理、销售、营销、法律、税务、商品和公司理财等。

风险管理过程包括内部分析和外部分析。该过程的第一部分是识别企业面临的各种财务风险并排出优先顺序，理清它们之间的相互关系。为此，有必要考察企业及其产品、管理层、客户供应商、竞争者、定价，资产负债结构及行业趋势等因素。企业也有必要考虑利益相关者及其目标和风险容忍度。

一旦对风险的产生有了清晰的认识，企业就可以实施与风险管理政策相一致的风险管理战略。例如，可以改变开展业务的地点和方式，从而降低企业的风险敞口和风险；也可以利用衍生工具对现有风险敞口进行管理。

风险管理的另一种战略就是接受所有的风险和遭受损失的可能性。

无论在决策者采取战略降低风险之前或之后，风险度量和报告都为他们提供了实施决策和监控结果所需的信息。风险管理是一个持续的过程，风险报告和反馈可以用于调整和改进风险管理战略，从而使整个风险管理系统更加完善。

积极的决策制订过程是风险管理的重要组成部分。降低潜在风险和损失的决策，为讨论重大问题及利益相关者的不同意见奠定了基础。

4. 影响利率和价格的因素

利率和价格受到许多因素的影响。我们有必要首先对这些因素进行了解，因为它们最终会影响企业的潜在风险。

（1）影响利率的因素

利率是许多市场价格的关键组成部分，是经济状况的重要晴雨表。利率由实际利率加上预期通货膨胀率组成，因为通货膨胀会降低贷款人资产的购买力。期限越长，不确定性越大，利率也就越高。利率同时也反映了资金供求状况和信用风险。

利率对企业和政府来说尤为重要，因为利率是构成资本成本的关键因素。大多数企业及政府都需要通过发债来实现对资本项目的投资。利率上升会对借款人造成显著影响，同时，利率也影响着金融市场上的其他价格，因而利率变化的影响非常深远。

构成利率的其他因素还包括反映借款人信誉的风险溢价。例如，政治和主权风险的威胁会使利率上升，有时上升幅度还很大。因为这些情况会导致违约风险的提高，投资者理应要求得到额外的补偿。

影响市场利率水平的因素包括以下几种：

1）预期通货膨胀水平。

2）总体经济状况。

3）货币政策和中央银行的态度。

4）外汇市场活动。

5）外国投资者对债券的需求。

6）未偿国债的情况。

7）金融和政治稳定性。

（2）收益率曲线

收益率曲线通过图示反映不同期限的证券对应的收益率。例如，收益率曲线可以反映期限从1天（隔夜）到30年所对应的收益率。采用的收益率通常是零息政府债券的收益率。

因为当前利率是对未来预期的反映，因此收益率曲线可以提供市场对未来利率的预期的有用信息。利用收益率的曲线所包含的信息，我们可以计算出从未来某个时点开始的期限的隐含利率。例如，使用1年期和2年期利率，我们可以计算出1年后的预期1年期利率。

市场参与者对收益率曲线的形状进行了广泛的分析和监控。作为一种对预期的度量，收益率曲线常常被视为未来经济活动的预测器，这可能预示经济基本面即将发生的变化。

正常情况下收益率曲线是向上倾斜的，斜率为正。这是因为占用资金的期限越长，债权人/投资者对借款人所要求的利率就越高。

构成收益率曲线的利率同样受到预期通货膨胀率的影响。除了本金和风险溢价部分外，投资者至少要从借款人那里得到按预期通货膨胀率计算的利息。如果投资者预计未来通货膨胀率会升高，则期限越长，投资者要求的补偿这种不确定性的溢价就会越高。因此，在其他条件相同的情况下，期限越长，利率就越高，这致使收益率曲线向上倾斜。

个别情况下，如果短期资金需求猛增，短期利率就会上升，并可能超过长期利率，这就会引起收益曲线倒挂，变为向下倾斜。取得短期资金的高成本会减少本可以通过投资或扩张取得的收益，并且使经济趋于衰退或萧条。利率上升最终会降低对短期资金和对长期资金的需求。当经济衰退发生时，各种利率都会下降，收益率曲线的形状也可能重新恢复常态。

（3）利率决定理论

用于解释利率期限结构及收益率曲线的主要理论有以下几种：

1）预期理论认为，远期利率代表了预期的未来利率。因此，收益率曲线的形状及利率的期限结构是对市场总预期的反映。

2）流动性理论认为，如果给予投资者额外的收益作为对缺乏流动性的补偿，投资者就愿意接受较长的利率期限。因此，该理论认为远期利率中包含着流动性溢价和利率预期的成分。

3）习惯偏好理论认为，对于那些更偏好某种期限的投资者，只要给予恰当的补偿，就可以说服他改变对利率期限的选择。这意味着，收益率曲线的形状取决于市场参与者的策略。

4）市场分割理论认为，不同的投资者因其业务性质和投资限制的不同，具有不同的投资时间范围，并且不会为了获得利率上暂时的好处而过多改变到期日。因此，投资时间范围较长的公司可能不会对短期的利率收益感兴趣。

5. 影响汇率的因素

汇率由货币的供求决定，而货币的供求又受到经济中的要素、对外贸易和国际投资者活动的影响。资本流动由于其规模大，流动性强，也是决定汇率的重要因素。

在实行浮动汇率制即由市场决定汇率的国家，影响利率水平的因素也同样会影响汇率。汇率对利率变化、预期利率变化以及主权风险等因素相当敏感。影响汇率的主要因素有以下几种：

（1）不同货币实际利率的差值。
（2）以其他货币进行的贸易活动。
（3）国际资本和贸易流量。
（4）国际机构投资者的观点。
（5）金融和政治稳定性。
（6）货币政策与中央银行的态度。
（7）本国债务水平（如负债与 GDP 的比率）。

6. 影响商品价格的因素

实物商品的价格受供求关系的影响。与金融资产不同，商品价格同时还受到诸如物理状况和地理位置等因素的影响。

商品供给是产量的函数。如果出现与商品的生产或交付有关的问题（如粮食歉收或劳务纠纷），产量受到影响，供给就可能会下降。对于某些商品来说，供给和需求的季节性变动是很正常的，出现短缺也很正常。如果最终消费者能获得成本更低的替代品，商品的需求就会受到影响。如果存在供给或成本问题，消费者的偏好就可能在长期发生较大的转变，也会影响需求。

商品交易者对某些商品的价格变化趋势非常敏感，这可以体现出经济周期的不同阶段。比如，在经济周期的末期，由于经济扩张和需求的增加，基础金属的价格可能上涨。这些商品的价格被作为前导性指标而受到监测。

商品价格受到许多因素的影响，其中包括以下几种：

（1）预期通货膨胀水平，特别是贵金属的预期通货膨胀水平。
（2）利率。
（3）汇率，取决于汇率的决定方式。
（4）总体经济状况。
（5）生产成本和交付能力。

(6)替代品的可获得性、消费者偏好和消费方式的转变。

(7)天气(特别是农产品和能源产品)。

(8)政治稳定性(特别是能源产品和贵金属)。

四、财务风险预警

(一)财务危机的定义

财务危机(Financial Crisis)又称财务困境(Financial Distress)。企业因财务危机导致破产实际上是一种违约行为,所以财务危机又可称为"违约风险"(Default Risk)。有关财务危机的定义,国外学者有着不同的观点。企业的财务危机:其一是企业失败,即企业清算后无力支付债权人的债务;其二是法定破产,即企业和债权人向法院申请破产;其三是技术破产,即企业无法按期履行债务合约还本付息;其四是会计破产,即企业的账面净资产出现负数,即出现资不抵债的现象。

国内学术界在使用财务危机这个词时,也认为其含义是多样的,它主要包括以下两种情况:其一是企业现金流量不足以抵偿其现有债务的情况,这些债务包括应付未付款、诉讼费用、违约的利息和本金等;其二是企业现有资产价值不足以偿还负债价值(也就是说净资产出现负数)。从不同的角度来看,财务危机的含义是截然不同的。当企业经营现金流量不足以弥补现有债务(包括利息、应付账款等)时,反映企业资本流动能力的相对低下或流动资产与流动负债不匹配,公司通常面临重组和破产两种后果,这时企业可以通过出售主要资产、与其他企业合并、减少资本支出进行资产重组,或通过发行新股、与债权人协商谈判、进行债权换股权等债务重组使企业免于破产,当这些行动无效后,企业才进入破产程序。当企业现有资产价值不足以偿还负债价值时,则反映的是企业资本收益能力的严重下降,而破产是其必然结果。

因此,我们从防范企业财务危机的角度来研究财务危机的定义,应该侧重于考察企业的技术性破产,应把财务危机定义为"一个企业处于经营性现金流量不足以抵偿现有到期债务的状况"。

(二)财务危机发生前的早期特征

财务危机是由于企业财务状况的不断恶化生成的。因此,企业一定要十分注意那些可能导致财务恶化的早期特征,将那些可能会危及企业获利能力甚至生存的财务问题应及早解决,并随时注意可能引起财务危机的种种现象。一般说来,财务危机发生前主要有以下表现形式:

1. 销售量的非预期下跌

销售量的下降会引起企业各部门关注,但是,大多数人往往将销售量的下降看作是销售问题,会用调整价格、产品品种或加强促销来解决,而不考虑财务问题。事实上,销售量的下降会带来严重的财务问题,尤其是非预期的下降,只不过可能并不会立即反映出来。

比如，当一个销售量正在下跌的企业仍在扩大向其客户提供赊销时，管理人员就应该预料到其现金流量将面临的困境。

为什么销售量下降时，财务危机不会马上出现呢？主要是由于现金流量的滞后性。如一个企业月销售额流入量减少了，但企业仍要按正常销售支付采购费和其他开支，因而必定存在潜在问题。如果拿不出现金来填补缺口，就会使潜在问题变成现实问题。

2. 非计划的存货积压

企业管理人员应根据企业具体情况，掌握关于存货与销售比率的一般标准，任何一个月的存货与销售的比率如果高于这个标准，都可能是企业财务危机的早期信号，不少情况还与非预期的销售量下跌有关，必须通过增加销售量或削减采购等办法及早解决这一问题。

3. 平均收账期延长

较长的平均收账周期会吸收掉许多现金。当企业的现金余额由于客户迟缓付款而逐渐消失时，较长的平均收账期就会成为企业严重的财务问题。还有一些原因也会减少企业正常的营业现金余额，但管理人员应重视企业的收账期，从中可以找出主要问题，以免使问题变得更为严重。

4. 过度规模扩张

如一家企业同时在许多地方大举收购其他企业，同时涉足许多不同领域，可能使企业因负担过重、支付能力下降而破产。一个企业新建项目扩张或对原有的厂房进行大规模扩建，都是扩张业务的表现。一旦业务发展过程中企业未进行严密的财务预算与管理，很可能会发生周转资金不足的问题。因而，对于大举收购企业（或资产）的行为要多加注意，要能够透过繁华的表象发现财务危机的征兆。

5. 财务信息不能及时公开

财务报表不能及时报送，财务信息公开延迟一般都是财务状况不佳的征兆。但这只是提供一个关于企业财务危机发生可能性的线索，而不能确切地判断是否会发生财务危机。对这样的公司不仅要分析财务报表，还要关注财务报表附注及有关的内幕情况，防范风险。

6. 财务预测在较长时间内不准确

财务预测偶尔发生误差是十分正常的事情。但是如果预测结果与实际状况长时间存在很大差距，这说明企业即将发生财务危机。

7. 过度依赖贷款

在缺乏严密的财务预算与管理的情况下，较大幅度增加贷款只能说明该企业资金周转失调或盈利能力低下。

8. 过度依赖某家关联公司

子公司如对母公司过度依赖，一旦母公司根据战略的需要或者对整体投资回报率的考虑，觉得某子公司不再有利用价值，它们会立即停止对子公司的支持。子公司如果在销售、供应，甚至管理、技术各个方面都完全依赖于母公司的帮助，那么没有了支持，子公司很可能倒闭。

9. 其他特征

管理层重要人员、董事或财务会计人员的突然或连续变更、集体辞职等通常是企业存在隐患的明显标志。例如，美国安然公司在危机爆发之前的四五个月就相继出现CEO辞职、CFO离去的现象。此外，企业发生财务危机的其他特征还包括：信用额度或信用评级降低、资产注销、企业主要领导人的反常行为（拒接电话或总难找到人）、全新的竞争对手出现、士气低落等。

（三）财务危机预警功能

所谓财务危机预警，就是以企业信息化为基础，以企业的财务报表、经营计划及其他相关的财务资料为依据，通过设置一些敏感性财务指标的变化，并随时观察企业发生财务危机的早期特征，对企业在经营管理活动中的潜在财务风险进行实时地监控和管理控制。具体来说，财务危机预警主要有以下功能：

1. 信息收集功能

信息收集主要是通过收集与企业经营相关的产业政策、国内外市场竞争状况、企业本身的各类财务信息和生产经营状况信息并进行分析比较，判断是否进行财务危机的预警。

2. 监测功能

监测主要是通过跟踪企业的生产经营全过程，将企业生产经营的实际情况同企业预期的目标、计划、标准进行对比，对监测结果进行识别、判定，监测财务运行状态是属于何种状态及预示着何种状态。当危害企业的财务关键因素或事件出现时，及时对管理者提出警告，使其及早采取防范对策，以便最大限度地减少财务损失。

3. 诊断功能

诊断是财务危机预警的一项重要功能，该功能是根据对企业运营过程跟踪、监测结果，运用现代企业管理技术和企业诊断技术对企业的财务状况优劣做出判断，找出企业财务运行中的弊端和病根。例如，当企业疲于四处筹措资金以应付日常财务运行时，反映出该企业的流动比率趋向恶化，这就是导致企业发生财务危机的先兆。

4. 治疗功能

当企业财务发生潜在危机时，财务危机的预警系统还能及时寻找导致财务状况恶化的根源，使经营者采取有效措施，在寻求内部增收节支渠道的同时，积极寻求外部融资渠道，以阻止财务危机的进一步恶化。

5. 健身功能

通过财务危机预警分析，企业能系统而详细地记录财务危机发生的原因、处理经过、解除危机的各项措施，以及处理反馈与改进建议，以此作为处理类似危机事件的参考。这样就可以将企业纠正偏差与过失的经验进一步转化为企业经营管理活动的规范，避免重犯类似的错误，不断增强企业抵御财务危机的免疫能力。

由此可见，财务危机预警能够预先告知企业管理者和投资者有关企业内部财务营运体系隐藏的问题，使企业把有限的财务资源用于最需要或最能产生经济效益的领域。

（四）财务危机的形成及预警机制

1. 企业财务危机的形成过程

企业发生财务危机主要源于企业的内在因素、行业特征因素和外部经济环境。企业的内在因素主要包括经营者的管理能力、企业的组织结构、企业的财务结构、企业生产技术的先进性、企业的营销渠道等，这些因素大部分是可控制的。企业的行业特征因素主要包括所处行业的产品特性、产品销售的竞争程度、行业的变化情况、产品的生命周期等。企业的外部经济环境主要包括货币供应、汇率变动、利率水平、物价水平、国民就业状况及所在国的法律、文化、社会、政治等因素。企业的行业特征因素和外部经济环境因素大多是企业不可控制的因素。从企业发生财务危机的过程来看，可以分为三个阶段，即经营失调阶段、经营危机阶段、经营失败阶段，这三个阶段的划分依据是反映企业流动性、结构性、盈利性、效率性和成长性等财务指标的恶化程度。例如，企业在经营失调阶段主要表现为主营业务收入下降、流动资金紧张；在经营危机阶段主要表现为资金严重不足、周转困难、短期债务无法偿还；在经营失败阶段主要表现为企业经营活动几乎陷入停滞状态，负债总额超过资产总额，出现资不抵债的现象，除非进行大规模的资产重组，否则企业无法摆脱破产的困境。

2. 组织机制

为使预警功能够正常、充分地发挥，企业应建立健全预警组织机构，预警组织机构应相对独立于企业组织的整体控制。预警组织机构的成员是兼职的，由企业经营者、企业内熟悉管理业务、具有现代经营管理知识和技术的管理人员组成，同时要聘请一定数量的企业外部管理咨询专家。预警机构独立开展工作，不直接干预企业的经营过程，只对企业最高管理者（管理层）负责。预警组织机构的日常工作可由企业现有的某些职能部门（如财务部、企管办、企划部）来承担。采用预警组织机制可使预警分析工作经常化、持续化，只有这样才能产生预期效果。

3. 信息收集和传递机制

良好的财务预警系统能够预先防范财务危机的发生，必须建立在对大量资料进行统计、分析的基础上，这样才能抓住每一个相关的财务危机征兆。

财务危机预警资料包括内部数据和相关外部市场、行业等数据，这个系统应是开放性的，不仅有财会人员提供的财务信息，更有其他业务渠道产生的信息。这个系统不仅是一般意义上的企业会计核算报告系统，还包括对会计资料的加工处理、分析判断，以及诊断企业潜在的财务危机并及时消除财务危机的专家系统。

4. 分析机制

高效的预警分析机制是关键，通过预警分析可以迅速排除对财务影响小的风险，从而将分析人员的主要精力放在分析有可能造成重大影响的财务风险上，有针对性地分析财务风险的成因，评估其可能造成的损失。当风险的成因分析清楚后，就可以制订相应的措施防范财务危机的发生。为了保证分析结果的真实性,从事该项分析工作的部门或个人应保持高度的独立性。预警分析一般有两个要素:预警指标和扳机点。预警指标是指用于早期测评运营不佳状况的变动财务指标;扳机点是指控制变动指标的临界点,一旦预警指标超过预定的界限点,则应变计划要随之启动。

5. 处理机制

在财务危机原因分析清楚后,就应立即制订相应的预防、处理措施,尽可能减少财务危机带来的损失。企业财务预警制度若要能够真正有效运作,就必须建立企业管理信息系统(如企业资源计划 ERP),通过管理信息系统提供及时而完整的经营结果数据,企业管理者可以依据这些运营数据,与预先设定的财务预警指标进行比较。当有超出或低于预警指标的情形发生时,就表明企业财务状况有不良症状产生,企业管理当局应及早依据预警指标所代表的经营内涵做进一步的研究判断,找出蛛丝马迹,对症下药,以防财务危机继续恶化。

总之,我们可以把企业财务危机预警机制比作气象台的天气预报系统,它属于事前的财务危机监测,我们将这一机制融入企业的财务控制、考核、分析、决策中,通过采用定性预警分析和定量预警分析相结合的方法,建立一套切实有效的财务预警系统,这样就在瞬息万变的市场风险面前树立了一道防风墙,它让企业在市场竞争中占有了先机。

结 语

随着市场经济迅猛地发展,当前企业在实际的发展中,也越发意识到提升自身的运营效益的重要性,进而从各个层面找寻科学的、高效的管理方式。当前的企业在进行财务管理的过程中,越发地意识到提升管理水平、引入先进的管理方式的重要性。现阶段企业要想切实提升自身的发展层次,就要正视财务管理过程中的容易出现的各类问题,并及时、高效地解决,最终为企业的发展提供动力。

企业想要做好财务分析工作,也需要不断建立信息化财务管理水平,建立完善的企业内部财务管理网络平台,通过网络平台对企业财务部门各项工作进行连接,从而提高财务工作的效率,并且运用网络平台进行信息传递,提高财务信息传递的速度,确保财务信息的及时性。由于过去大多数企业财务人员都采用手工操作的方式,对新兴的网络化财务管理掌握程度不高,所以企业要开展这方面的培训工作,确保财务人员熟练掌握信息化管理的专业技术。

企业想要做好财务分析工作就必须不断优化财务分析方式方法,要及时找出企业财务分析方法中存在的不足,参考其他企业进行财务分析的方法,从而提高自身分析方法的科学合理性。制订财务指标时要考虑到企业实际经营情况,结合企业未来发展方向和历史经营状况,对不同财务活动制订具有针对性的财务指标,从而提高财务分析的准确性。通过对企业财务信息的分析,掌握企业经营管理和财务管理中存在的不足,了解企业财务活动的具体情况,从而制订科学有效的改善方法和未来发展决策,以便促进企业实现发展目标。

参考文献

[1] 杨忠智. 财务管理 [M]. 厦门：厦门大学出版社，2015.

[2] 王培，高祥，郑楠. 财务管理 [M]. 北京：北京理工大学出版社，2018.

[3] 肖作平. 财务管理 [M]. 沈阳：东北财经大学出版社，2018.

[4] 王雪珍，俞雪华. 财务分析与案例研究第 2 版 [M]. 苏州：苏州大学出版社，2019.

[5] 邬烈岚. 企业集团财务管理 [M]. 上海：立信会计出版社，2017.

[6] 张先治，牛彦秀. 财务学 [M]. 沈阳：东北财经大学出版社，2017.

[7] 桂玉娟. 财务分析 [M]. 上海：上海财经大学出版社，2017.

[8] 薄建奎，田欣欣. 财务管理基础 [M]. 沈阳：东北财经大学出版社，2018.

[9] 武建平，王坤，孙翠洁. 企业运营与财务管理研究 [M]. 长春：吉林人民出版社，2019.

[10] 彭亚黎. 财务管理 [M]. 北京：北京理工大学出版社，2017.

[11] 周浩，吴秋霞，祁麟. 财务管理与审计学习 [M]. 长春：吉林人民出版社，2019.

[12] 杨忠智. 财务管理第 3 版 [M]. 厦门：厦门大学出版社，2019.

[13] 林自军，刘辉，马晶宏. 财务管理实践 [M]. 长春：吉林人民出版社，2019.

[14] 王若男，张敏. 市场营销与财务管理 [M]. 天津：天津科学技术出版社，2019.

[15] 景秋云，吴萌，吴韶颖. 财务管理理论与实务研究 [M]. 北京：中国商业出版社，2018.

[16] 曹玉梅. 财务管理研究 [M]. 哈尔滨：黑龙江科学技术出版社，2018.

[17] 黄延霞. 财务会计管理研究 [M]. 北京：经济日报出版社，2018.

[18] 朱佳瑜. 大数据下行政事业单位的财务管理创新分析 [J]. 财经界，2021(36):114-115

[19] 吴井红. 财务预算与分析 [M]. 上海：上海财经大学出版社，2016.

[20] 刘媛，姜剑，胡琳. 企业财务管理与内部审计研究 [M]. 黄河水利出版社，2019.

[21] 王秀芳. 大数据视角下统计分析在财务管理中的应用及创新 [J]. 河北企业，2022(01):125-127

[22] 樊琼琼. 企业单位会计集中核算财务管理问题及措施分析 [J]. 中国市场，2022(01):165-166.

[23] 黄红梅. 企业财务管理中的成本控制工作分析 [J]. 中国市场，2022(01):167-168

[24] 乔焕颖. "互联网+"背景下的科研事业单位财务管理创新模式分析[J]. 商讯, 2022(01):57-60.

[25] 刘俊生. 关于企业集团财务集中管理的分析研究[J]. 商场现代化, 2021(24):126-128